路桥过渡段路基修筑技术

谢永利 杨晓华 著

人民交通出版社股份有限公司
北京

内 容 摘 要

本书以路桥过渡段差异沉降所致病害为研究对象,系统总结了作者多年来在路桥过渡段路基修筑技术方面取得的研究成果,主要包括大比例足尺地基沉降模拟试验系统与路基车辆荷载加速加载装置的研制、新型处治手段——楔形柔性搭板技术的研发和数值仿真计算模型及设计优化分析平台的建立等,本书对路桥过渡段路基的设计、施工与病害治理有重要理论意义和工程实用价值。

本书可供路桥工程领域的工程技术人员与研究人员阅读,也可作为高等学校相关专业教师和研究生的参考书。

图书在版编目(CIP)数据

路桥过渡段路基修筑技术 / 谢永利,杨晓华著. —北京:人民交通出版社股份有限公司,2020.12
ISBN 978-7-114-16995-3

Ⅰ.①路⋯ Ⅱ.①谢⋯ ②杨⋯ Ⅲ.①道路工程—公路路基—地基工程—研究 Ⅳ.①U416.1

中国版本图书馆 CIP 数据核字(2020)第 263890 号

书 名:	路桥过渡段路基修筑技术
著 作 者:	谢永利　杨晓华
责任编辑:	赵瑞琴
责任校对:	孙国靖　宋佳时
责任印制:	张　凯
出版发行:	人民交通出版社股份有限公司
地　　址:	(100011)北京市朝阳区安定门外外馆斜街 3 号
网　　址:	http://www.ccpcl.com.cn
销售电话:	(010)59757973
总 经 销:	人民交通出版社股份有限公司发行部
经　　销:	各地新华书店
印　　刷:	北京印匠彩色印刷有限公司
开　　本:	787×1092　1/16
印　　张:	20.25
字　　数:	499 千
版　　次:	2020 年 12 月　第 1 版
印　　次:	2020 年 12 月　第 1 次印刷
书　　号:	ISBN 978-7-114-16995-3
定　　价:	78.00 元

(有印刷、装订质量问题的图书由本公司负责调换)

前言
Preface

路桥过渡段是道路病害的多发地段,差异沉降一直是困扰公路建设的难题。目前针对差异沉降多注重于工程实践,较少进行系统的研究,对处治方法的作用机理和适应性没有搞清楚,即使立题研究,结果也往往只有宏观调查资料,而缺少试验结果分析和现场测试分析。本书针对这些情况,在研制大比例地基沉降模拟试验系统与路基车辆荷载加速加载装置的基础上,通过足尺模型试验结合数值仿真分析与现场测试,揭示了路桥过渡段路基差异沉降作用机理与变化规律,提出了楔形柔性搭板新型处治技术,建立了设计计算模型及优化分析平台等。全书共分十章,第一章对存在问题和研究现状的描述;第二章主要是总结分析路桥过渡段路基的沉降特性,为沉降平台的研制打好基础;第三章分析车辆荷载的作用性状与路基填土的动力特性;第四章研究路桥过渡段不同处治技术的适应性与作用机理;第五章主要介绍自主研发的路桥过渡段新型楔形柔性搭板处治技术;第六章主要整理路桥过渡段路基设计与施工技术,提出了方便实用的设计和施工技术要则;第七章主要说明大比尺沉降模拟试验平台系统的研制情况;第八章主要介绍所进行的大规模路桥过渡段路基差异沉降性状模型试验;第九章建立数值仿真计算模型,对路桥过渡段路基不同处治技术开展数值模拟分析;第十章结合工程实例,分析评价不同处治方法的技术适应性。

本书所涉研究工作依托国家自然科学基金项目"大变形固结理论及其有限元法"(No.59879021)和原交通部西部交通建设科技项目"路桥过渡段路基修筑技术研究"(No.200131881259)与甘肃省交通科技项目"黄土地区台后的处理对策及防治"而完成,实施过程中也得到了甘肃、四川、山西、陕西、新疆、广东、福建等地有关工程建设项目的大力支持,值该书出版之际,对上述机构和相关人员表达谢意。也借此机会,特别感谢项目组成员牛思胜、刘保健、张宏光、郁录平、余强、张维峰、冯金义、李又云、俞永华等的倾力奉献及屈战辉、巴仁基、顾良军、傅舰锋、林法力、周文欢等研究生的辛勤付出。同时也感谢岳夏冰博士协助完成组稿和图表制作工作。期望该书的出版能够对提高和完善我国路桥过渡段路基修筑技术贡献微薄之力。限于能力和水平，书中难免存在疏漏与不足，敬请批评指正。

著作者
2020 年 12 月

目录
Contents

第一章　绪论 ………………………………………………………………… 1
　一、研究背景 ……………………………………………………………… 1
　二、研究现状 ……………………………………………………………… 1
　三、主要研究进展 ………………………………………………………… 8
第二章　路桥过渡段路基沉降特性 ………………………………………… 16
　一、地基沉降特性分析 …………………………………………………… 16
　二、路堤沉降特性分析 …………………………………………………… 33
　三、路基工后沉降计算 …………………………………………………… 41
第三章　车辆荷载作用性状与路基填土动力特性 ………………………… 48
　一、车辆振动与冲击荷载特性测试 ……………………………………… 48
　二、车辆荷载作用性状分析 ……………………………………………… 53
　三、路基填土动力特性试验研究 ………………………………………… 59
　四、试验结果与分析 ……………………………………………………… 61
第四章　路桥过渡段处治技术适应性与作用机理 ………………………… 98
　一、刚性搭板的适应性分析 ……………………………………………… 98
　二、换填路基适应性分析 ………………………………………………… 101
　三、平面加筋技术适应性分析 …………………………………………… 106
　四、楔形柔性搭板适应性分析 …………………………………………… 112
　五、路桥过渡段路基加固体的拓扑优化 ………………………………… 122
　六、楔形柔性搭板的设计优化 …………………………………………… 125
第五章　路桥过渡段楔形柔性搭板处治技术 ……………………………… 136
　一、楔形柔性搭板的技术要点 …………………………………………… 136
　二、楔形柔性搭板的结构形式 …………………………………………… 136
　三、楔形柔性搭板的材料特性 …………………………………………… 137
第六章　路桥过渡段路基设计与施工技术 ………………………………… 163
　一、处治原则与技术标准 ………………………………………………… 163

二、搭板 ··· 164
　　三、路基换填技术 ··· 167
　　四、平面土工合成材料加筋技术 ··· 171
　　五、楔形柔性搭板技术 ·· 175
　　六、其他处治技术 ··· 178
　　七、处治技术的综合分析 ··· 188

第七章　大比尺沉降模拟试验系统 ·· 191
　　一、试验系统的研制 ·· 191
　　二、试验平台沉降系统设计 ·· 192
　　三、试验平台支撑系统 ·· 197
　　四、试验平台加载系统 ·· 206
　　五、试验平台控制系统 ·· 218

第八章　路桥过渡段模型试验 ·· 223
　　一、试验目的与内容 ·· 223
　　二、小比尺模型试验 ·· 224
　　三、大比尺模型试验 ·· 240

第九章　路桥过渡段数值模拟技术 ··· 280
　　一、数值仿真程序 ··· 280
　　二、计算模型确定 ··· 282
　　三、关键技术问题 ··· 285

第十章　工程实例分析 ··· 293
　　一、柳忠高速公路 ··· 293
　　二、古永高速公路 ··· 304
　　三、祁临高速公路 ··· 307
　　四、靖王高速公路 ··· 310
　　五、工程实例小结 ··· 313

参考文献 ··· 314

第一章 绪 论

一、研究背景

改革开放以来,我国的公路建设飞速发展,但从已交付的高等级公路特别是高速公路来看,存在一个普遍问题,在桥台构筑物与台后填土衔接处存在差异沉降,使得路面形成台阶或显著纵坡变化,这种现象几乎在每条高速公路上都有,只是数量多少和程度轻重的差别。差异沉降不仅影响了行车的舒适和快速(高速行驶的车辆通过时产生颠簸跳跃),降低了道路的通行能力,加速了桥台台背、桥头伸缩缝以及接缝路面的破坏,是道路交通安全的重要隐患之一。同时,对桥头路面大量的养护和维修不仅花费了大量的人力、物力,而且也产生了不良的社会影响。如沪嘉高速公路在建成一年后即开始进行桥头引道沉降处理,六年共五次对大多数桥头进行处理,工程总费用982.6万元。杭甬高速公路通车以来,花费在桥头路面治理的费用也十分惊人。而在美国大约25%的路桥过渡段受到桥头跳车的影响,每年为此花费的维修费用预计在1亿美元以上。因此,不均匀沉降病害已成为高速公路建设质量改善和提高的拦路虎,也是摆在各国工程技术人员面前的一大难题。

国外针对不均匀沉降病害所造成的庞大养护和维修费用及其所引起的不良社会反映,提出了一些预防措施。发达国家由于高速公路起步早,现有的方法主要是补救维修。同时,由于其高速公路的路堤填土高度较低,通道数量较少,且施工周期较长,所产生的工后沉降较小,相应产生的危害就小,处治的思路与处治费用就有其特点。国内也开展了很多这方面的研究工作,提出了一些处治方法,并在工程中积极推广应用。但有些方法处治机理不清,治标不治本;故有成功的案例,也不乏失效的报道。究其原因,主要是没有进行系统性的研究,对处治方法的作用机理和适应性没有搞清楚;即使立题研究,也往往因投入较少,只有宏观调查,而缺少试验分析和现场测试分析。因此,方法的推广应用就必然受到限制。因此,对这些问题开展深入系统性的研究,对于保证高速公路车辆的交通安全和舒适行驶、提高高速公路的社会效益、降低已建高速公路的养护维修费用以及改善待建高速公路的质量都具有十分重要的意义。

二、研究现状

(一)桥头差异沉降研究

桥头差异沉降产生的直接原因是刚性桥台和柔性路堤的刚度差异较大。桥头差异沉降的表现形式有两种,一是桥头不设搭板时桥台与路堤衔接处错台;二是桥头设置搭板时由于搭板路基端沉降引起的路桥过渡段纵坡变化。对于第一种形式,冯忠居等采用典型车辆在二级以上公路有桥头台阶路段实地行驶测试,结果表明,当车速在 60~140km/h 时,台阶高度在 1.5cm 以上时,车辆行驶速度将受到影响,同时产生颠簸,从而形成跳车。我国《公路养护技术规范》(JTG H10—2009)规定水泥混凝土路面错台高度 h 达到 12mm 则视为严重损坏,日本规定公路上超过 15mm 的错台必须修复。对于第二种形式,判定其严重与否的决定因素是搭板沉降前后的纵坡变化率。国内外多数根据现场行车调查确定搭板容许坡差。Moulton 建议对于连续桥跨结构和简支跨分别取 1/250 和 1/200;Stark 和 Wahls 建议统取 1/200。瑞典的标准是 4‰,法国规定为 3.8‰~6‰。宁通一级公路桥头行车调查表明,对 90~100km/h 的车速,搭板纵坡变化率在 4‰~6‰以下时,不会影响行车舒适性。京石公路桥头使用状况调查指出,对 60km/h 的车速,桥头纵坡变化率在 5‰以下时没有跳车感觉。张奎鸿建议工后沉降造成的纵坡变化率控制在 2‰~3‰之内会避免高速行车时的跳车感觉。叶见曙建议容许纵坡变化率为 4‰。

在理论分析方面,张洪亮等采用三自由度车辆模型,提出以人的最大瞬时振动值作为搭板容许坡差确定的控制指标,并分析了行进方向、车速、搭板坡差、搭板长度、载重和桥面沉降坡差因素对搭板容许坡差的影响。研究表明,搭板容许坡差的标准值应综合考虑上述影响因素而定。

周志刚等利用弹性地基梁理论对沥青路面和水泥混凝土路面结构对路基非均匀沉降敏感性进行分析,得出了纵坡变化率 3‰的最小值要求。

综上所述,虽然国内外对引起跳车的桥头纵坡变化率的认识有所差异,但一般可以认为,当桥头纵坡变化率大于 3‰~6‰时,就会产生不均匀沉降。

(二)差异沉降成因研究

路桥过渡段桥台与路堤两种材料刚度的较大差异是产生差异沉降的客观因素,同时,设计和施工中的一些不合理因素也加剧了差异沉降病害的发生。桥台台身大多数为水泥混凝土结构或圬工砌体,自身变形量可以忽略不计,桥台的沉降主要体现在基础的沉降,而高等级公路的桥梁主要以钻孔桩为主,即使是扩大基础,也是建在很好的地基上,因此,高速公路的桥台沉降往往很小。路堤的沉降由地基沉降和路基压缩沉降两部分组成。路堤沉降的原因是多方面的,一般来说它与地基的地质水文情况、处治方式、路堤设计和施工及预压时间有关。从桥头路堤的变形机理考虑,构成桥头路堤差异沉降的主要因素有以下两方面:

1. 桥头地基的固结变形

原先无荷载的桥头地基在较高路堤荷载作用下将发生固结沉降。由于地基固结存在时间效应,如果地基预压时间不足,则大部分地基沉降不能在路面施工前完成,路面竣工后的工后沉降将继续发展,在路面顶部将形成沉降差。在软土地段,地基的工后沉降是产生桥头差异沉降的主要因素。

2. 桥头路堤填土的压缩变形

路堤填土的压缩变形主要取决于填料性质、施工条件及台前(背)防护排水工程的设置情况等。桥头路堤一般填土较高,桥台附近又不宜压实,使填土的压实度较差,路面完成开放交通后,压实度不足的填土在行车荷载和路面及路基的恒载作用下产生压缩变形,从而导致沉降差。另一方面,根据有关资料的调查研究,当土堤压实度为95%时,每米填土工后的沉降为1cm,因此,即使桥头压实度满足要求,沉降差也不可避免。对于地基条件较好的桥头地段,桥头路堤填土的压缩变形是导致差异沉降的主要因素。

(三)路桥过渡段处治措施研究

如前所述,产生差异沉降的主要原因是桥台与台背填土之间的差异沉降。国内外很多科研机构和院校针对差异沉降开展了大量研究,也提出了不少新方法和新工艺,大致可归纳为表1-1。

差异沉降处治方法 表1-1

	处治思路	处治方法
桥头跳车处治方法	减小路基压缩变形	提高路基填土的压实度
		换填材料(砂砾石、碎石等)
		挤密桩
		加筋(土工网等)
	沉降过渡方法	桥头搭板
		渐变桩
		柔性桥台
	减少地基沉降	地基处理(粉喷桩、钢渣桩、超载预压等)
		采用轻质材料填筑路基[粉煤灰、聚苯乙烯泡沫塑料(EPS)和发泡珍珠岩等]
	路面处理	预设反向坡度
		设置过渡段路面

1. 设置桥头搭板

采用桥头搭板来防止差异沉降现象是目前一种比较常见的处治方法。搭板设计的基本思路是将桥台与路堤衔接处因较大差异沉降引起的路面纵坡突变通过设置桥头搭板进行缓和过渡,将路面纵坡变化限制在容许范围内,从而达到消除差异沉降的目的。搭板一般为钢筋混凝土结构,常见的设置方法为:板的一端搁置在桥台上,另一端搁置在路堤上(有时也在板下设置枕梁)。搭板的宽度与桥面板相同,厚度一般为20~40cm,大部分长度为5~12m。

桥头搭板应用较早,使用也最广泛,因此,针对桥头搭板的研究工作也开展最多,主要可分为以下三方面:

(1)应用有限元方法,进行搭板的内力计算、配筋设计及几何参数优化

郑传超应用有限元方法对桥头设置搭板和不设置搭板的路基路面结构受力特性进行了研究,并分析了搭板几何参数对搭板应力的影响。书中还讨论了搭板下地基脱空和非均匀对搭

板受力和变形的影响,通过计算得到了搭板配筋设计的诺谟图,最后给出了路桥过渡段的设计方法。

王康将搭板的计算分为均匀沉降和局部脱空两种,搭板均匀沉降时按弹性地基板计算,局部脱空时将搭板分为简支板和弹性地基板两区段,通过力的平衡条件计算内力。计算结果表明,搭板截面内力较大,配筋量较多,适宜长度为5~8m。

刘文全应用样条有限元法计算一端简支,三边自由的搭板,计算中以文克勒地基模型作为弹性支承的桥头搭板局部脱空以后的应力变化规律,书中并就脱空区长度等因素对搭板内力的影响进行了讨论。结果表明,搭板脱空区长度超过1m后,内力急剧增加。脱空区长度一定时,地基反应模量、搭板长度的变化以及是否设置枕梁都对搭板内力影响不大。

王淑波采用非线性有限元分析方法,对斜交搭板的受力特性及影响受力的各种因素进行了深入细致的分析。计算分析表明,搭板存在一个内力有效长度L_{ef},板长的增加对内力影响不大,板长宜取L_{ef};随着脱空区长度的增大,搭板内正弯矩迅速增加;枕梁以位于$L_{ef}/4$附近效果最好,搭板厚度以30cm为宜。

由于搭板下路堤变形的影响因素较多,使得搭板下脱空区的长度带有随机性且不便预测,目前通常的做法是将搭板进行分区段设计。日本高等级公路《设计要领》将搭板以顺桥向长度70%作简支梁计算,我国也有将设置枕梁的单段式板按90%的板长作为简支板计算。

(2)在总结工程实践经验的基础上,优化搭板的结构形式

程翔云较为系统地总结了桥头搭板的设计方法,包括搭板类型、搭板的构造与设计、搭板埋置方式、搭板与桥台的连接构造、搭板的简化计算以及枕梁设置等。

文献[27,28]根据具体的工程实践对搭板进行了设计优化,增加了搭板的设计长度和厚度、提高了配筋率。

(3)针对桥头搭板使用过程中出现的病害开展相应维修方法的研究

马炽藩介绍了用可抬升搭板处治差异沉降的方法,即在枕梁下预留工作井,采用千斤顶调整搭板的纵坡,从而消除差异沉降。起吊式搭板的处治思路也基本相同,只是具体施工工艺有所差异。

文献[30,31]介绍了应用压浆补强技术消除搭板下的脱空区,从而保证搭板不发生折断。

如前所述,为了达到消除沉降差的目的,避免产生行车的不舒适感,一般认为,保持坡度在3‰以下且能承受全部行车荷载的搭板是最有效的。因此,若假设工后沉降为10cm,坡度按5‰计,则板的长度需要20m以上,这对于高速公路中的大部分中小桥梁来说,是很不经济的。由于实际施工中搭板长度都较短(≤10m),因此,设置桥头搭板对于较大的差异沉降仍旧无能为力。另外,从已建高速公路的大量调查资料显示,桥头搭板对于过渡较小的沉降差效果明显,但较多的情况又增加了一些新的病害:

①尽管在路堤桥台衔接处无明显跳车,但沉降差从桥台处转移到路基与搭板之间或在枕梁处发生局部下沉而引起"二次跳车"现象;

②重交通荷载作用下的搭板由于脱空而发生折断,不仅未消除跳车现象,而且导致路面开裂雨水下渗使土基受到破坏;

③搭板在与桥台的衔接端拱起也会使路面破坏。

2. 土工格网加筋

利用土工加筋处治差异沉降,国外从20世纪80年代开始研究,已进行了大量室内和室外试验,取得了良好效果。在美国,怀俄明州公路局应用土工加筋处治了30多座桥台,结果表明加筋能起到减缓差异沉降的目的。在我国,作为交通部"八五"攻关项目,原长沙交通学院自1991年开始进行了土工网处理差异沉降的大量研究工作,包括室内模型试验、数值分析和原位测试。此后,随着土工加筋的推广应用,开展了设计理论的研究,并对设计方法及施工工艺进行了完善,编制了相应的计算程序进行优化设计。

土工网处理差异沉降的作用机理是:一方面,利用锚固的加筋材料一端的张拉作用,在台背局部范围,分层阻止填料顺台背的沉降。另一方面,由于土工网的作用,土颗粒受到约束,土体本身颗粒间以及土颗粒与土工网接触面间的摩擦咬合作用增强,土体中的部分应力得到扩散和转移,从而使土体的垂直应力和水平拉应力明显降低,而土体剪应力明显提高,土体的承载能力、抗变形能力因此得到明显提高。

研究表明,土工网铺网长度由下而上按1∶1的坡率增加,最上一层不宜小于9m,铺面层间距以50cm左右为宜,土工网格应张拉锚固于桥台背,填土的压实度以85%～90%比较有效。填料以砾石土、碎石土为宜;同时,土工隔网必须具有较高的抗拉刚度。

近几年,通过土工合成材料加筋处理差异沉降的方法正越来越多地受到人们的重视,并不乏成功的范例。我国《公路土工合成材料应用技术规范》(JTG/T D32—2012)中给出了桥头路堤加筋的两种形式,如图1-1、图1-2所示。其中土工格栅底部长度取2.5～4m,并从下至上以1∶1的坡度延长,给出了垂直方向的布置间距计算公式。

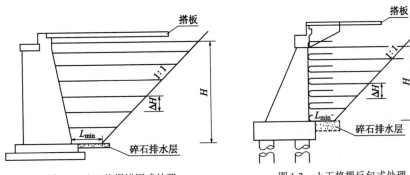

图1-1 土工格栅锚固式处理　　　　图1-2 土工格栅反包式处理

但土工格网作为一种平面结构,其对路基刚度的提高有限,而对填料的要求却比较高,更重要的是由于土工网的锚固作用只能阻止桥头较短距离内路堤填土的沉降,而对桥头路堤其他区域只能减小部分的路基压缩变形,不能消化由于地基沉降所产生的变形量,而地基沉降在大多数差异沉降中起着主要作用。因此,土工网对于减小由于桥头压实度偏低造成的附加变形较为有效,适用于地基条件较好情况下的差异沉降处理。

目前,设计部门较多采用的是将搭板与土工格栅加筋结合的方式处治差异沉降。文献[48]介绍了搭板与土工格栅联合的两种方式及其作用机理。

3. 软弱地基处理

桥头软弱地基在路堤填土荷载作用下产生的较大工后沉降是导致桥台与路堤沉降差的主

要因素,故高速公路桥头软土地基的处理不同于一般地基,它不仅要解决地基的强度问题,更重要的是由于桥头路堤对其工后沉降的严格要求,地基变形的控制往往是关注的重点。这就对地基处理提出了更为严格的要求。

我国高速公路沿线凡遇软土地段都采用了相应的措施。通过多年的工程实践和总结,现在高速公路的软基处理常用的有两类:一是排水固结法,二是复合地基法。排水固结法包括袋装砂井、塑料排水板、超载预压和真空堆载预压等,复合地基法包括水泥搅拌桩、粉喷桩和钢渣桩等。两类方法各有其适应性和特点,排水固结法工程造价较低,但预压工期较长,工后沉降较大,而搅拌桩复合地基可以大大减小地基总沉降量,并能使之在较短时间内趋于稳定,但其工程造价较高,且施工质量不能完全保证。

一些新型的桩基形式也在一些地区的桥头地基处治中得到应用,如杭甬高速公路加宽工程中,采用预应力管桩和Y形桩处治桥头软土地基,取得了一定的效果。但实践证明,软土地基沉降引起的差异沉降在大多数高速公路上并没有很好地得到解决。究其原因,一是由于工程造价和施工工艺的原因,桥头地基处治时,没有打穿软土层,从而导致软弱下卧层产生较大的工后沉降;二是软土地基路基堆载时间不充分。我国的高速公路建设,一般工期在3年以内,往往一旦开工就要求提前竣工,软土地基孔隙水压力没有得到充分消散,固结过程没有完成,从而导致过大的工后固结变形和次固结变形。因此,对于桥头软基处治而言,保证合理的工期,让软土地基在加载(超载)预压情况下有更长的时间固结沉降至关重要。

4. 台背换填

蒋功雪提出了"刚柔过渡"处治差异沉降的观点。其基本处治思路是使用某种处治方法在路堤与构筑物之间过渡两者的刚度差,从而使两者的差异沉降在这一范围内渐变,消除差异沉降。根据刚柔过渡原理选用半刚性材料(灰土和水泥改良土)进行台背回填,回填尺寸为:底长最短为2m,对于台背填土与路基原状土采用1:1坡度相接,对于路基土为回填土部分采用1:1.5相接,相关文献并从设计、施工、监理等方面给出了经验参考。

台背一定范围内采用模量比较大,容易压实、排水性能好的材料进行换填,例如级配碎石、砂粒等是一种应用广泛的台背填筑方法,从作用机理看,它也属于刚柔过渡原理的一种。这些填料经过压路机压实后,压缩模量大,水稳定好,可以大为减小路基的压缩变形,但很多地区尤其是西部地区,换填材料比较缺乏,从而导致造价偏高而不便应用。

由于路堤的沉降由路基沉降和地基沉降构成,通过台背回填可以减小路基自身的变形,但不能消化地基所产生的沉降,因此台背回填方法需结合其他处治方法才能较好地过渡桥台与路堤的沉降差。

5. 采用轻质填料

(1)采用泡沫聚苯乙烯EPS材料

EPS具有重量轻、稳定好、变形模量较大的优点,一般密度在$0.3kN/m^3$左右,为一般填土密度的1%~2%。日本、法国、挪威等国采用EPS成功解决了一些桥头路堤的差异沉降问题。国内,洪显诚等,对EPS材料在桥头软基处理中的应用进行了试验研究;研究表明,EPS用于填筑路堤可显著减小地基的附加应力,从而减小地基的沉降量,且具有足够的承载力,能满足上部路面结构层和行车荷载作用的强度要求,并且符合刚度要求。但EPS原材料价格较贵,会大大增加其工程造价,因此,国内应用 EPS 处治差异沉降的工程事例还较少。

(2) 采用粉煤灰

粉煤灰和一般细粒土相比,具有自重轻(减小 20% 以上)、强度高、压缩性小以及透水性能良好等特点。在一定的工艺条件下,可形成具有一定强度的整体性材料。用于填筑路堤,可有效减小桥头路堤的总沉降。但粉煤灰压实后基本无塑性,只有在一定含水率下才能成形,且干后会消散成粉末。其次,毛细水作用影响较大,雨水或内部渗流时易流失。因此,必须在设计中采取相应措施,发挥其有利因素,避免其不利因素。

刘松对粉煤灰中掺入一定剂量的石灰和水泥填筑桥涵台背来防止差异沉降的新方法进行论述,提出技术可行、经济合理的配合比,黄黄高速公路一座大桥台背用此方法处理取得了良好的效果。

文献[51]针对加筋粉煤灰混合料开展了工程力学性质的研究,并进行了加筋粉煤灰路堤的室内模拟试验,通过对试验工程的观测,结果表明采用地基综合处理与轻质整体性路堤相结合的技术措施能有效地治理差异沉降病害。

6. 挤密桩复合地基

采用挤密复合地基的方法来处理路基填土,是利用在填筑完毕的路基上成孔,通过挤密作用,使路基土密实度提高,然后在孔内填入材料并振动压实成桩。随着路基向桥台的靠近,可通过桩变长或减小桩间距的方式,使路桥过渡段刚柔得到过渡。由于桩的挤密和置换作用,路堤填土的密实度提高,应力减小,路堤整体刚度增大,从而减小了路堤的压缩变形。常用的挤密桩有砂桩、土和灰土桩及二灰土桩等。虽然土桩的材料较为低廉,但其需要一整套打入桩施工设备,故在经济上代价较高。

刘绍云等提出了采用渐变混凝土桩根治差异沉降的方法。首先在填筑完毕的路基上选适当长度范围内,用麻花钻机钻 $\phi=40cm$ 的干孔,平面布置成三组群桩(每组两排,每排 5 根桩),并且逐渐减短桩长,以此渐变路基变形量;然后灌入膨胀混凝土,使路基密实度增加。最后在混凝土桩顶铺设钢筋混凝土路面,由此形成渐变混凝土桩刚性过渡段。渐变混凝土桩属于刚性挤密桩的范畴,但相对于半刚性挤密桩造价偏高。

刘代全等应用半刚性挤密桩实现桥头刚柔过渡来处治差异沉降,如图 1-3 所示。该方法是利用半刚性挤密桩加固搭板枕梁基础及附近一定范围内的路堤,减小搭板路基端的沉降,从而实现沉降的过渡。

7. 设置柔性桥台

从作用机理看,柔性桥台基本等同于加筋土挡墙。采用柔性桥台结构(图 1-4)来降低桥台的刚度,缩小桥台和路堤的刚度差,使其衔接处的行车荷载压缩变形和填土固结沉降均匀过渡,以消除路面纵坡突变,防止差异沉降。国外也有这种柔性桥台的报道,甚至有多跨的桥墩也用加筋土做成柔性桥墩,但柔性桥台一般适用于个别简单桥梁结构形式,而且施工难度大。

对路面进行抛高处理等来减小桥头的纵坡突变在大多数高等级公路中只能是作为其他处理方法的辅助措施。

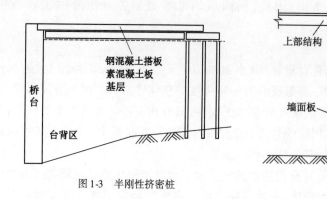

图 1-3　半刚性挤密桩　　　　　图 1-4　柔性桥台

三、主要研究进展

针对目前高等级公路路桥过渡段桥头跳车病害严重的现状,作者在广泛调研的基础上,通过研制地基沉降模拟系统和动力加载模拟系统,开展了大规模的足尺模型试验、小比尺模型试验、室内三轴试验、数值仿真分析和现场测试,对路桥过渡段路基修筑技术进行了深入研究,取得了以下研究成果。

(一)地基的沉降特征

通过对不同地基条件的现场沉降实测,结合有限元分析,给出了路基下地基的沉降特征和分布曲线。在总结室内压缩试验和现场测试成果的基础上,研究了路基的沉降特征,推导出简捷准确的路堤变形计算方法。

(1)应用平面应变固结变形有限元分析程序 SSE2,结合实际工程项目对地基的固结沉降进行了分析,得出了固结沉降变化曲线,并对沉降曲线的特征做了分析,其沉降最大值与曲线斜率、角度变化的关系可以应用于该类地基形式。

(2)通过对高填方路堤沉降规律的研究,结合实体工程测试结果得出施工期沉降与填土高度关系的预测模型;分析路堤沉降特征,认为填土高度、施工速率、时间是影响沉降的主要因素。

(3)在总结大量的室内压缩试验和现场测试成果基础上,采用割线模量法计算路堤填土的总沉降,并建立力、变形和时间的路堤沉降计算模型,从而较好地解决了路堤填土的工后沉降计算问题。

(二)试验研究平台

首创了独特先进的试验研究平台(图 1-5),该平台具有以下特点:

(1)开发了大行程电动-手动两用千斤顶,满足了试验台的沉降要求,实现了试验台既可以自动控制,也可以手动控制。在千斤顶的升降套筒上增加刻度,便于观察和记录试验数据。

(2)利用接近开关测量位移,造价低廉,不受行程限制,不会产生零点漂移;不用信号放大设备,不用模数转换,直接将数据输入计算机。

(3)利用计算机对138台电动机进行实时检测,发现问题立刻自动停机报警,及时,可靠。电路里省略了大量的热继电器,简化了电路,节约了费用;并容易查出故障点。

(4)开发了沉降试验平台的台板支座。利用单轴球面滚子支撑试验面板,使支撑点受力稳定,减小了面板相对滚子运动时产生的附加力,保证在试验要求范围内面板稳定。将支座的加强肋与滚子轴座制成一体,结构简单、强度大、重量轻。

(5)采用三角形平板模拟地基下沉曲面,运动自如,便于控制。

(6)将普通交流异步电动机与谐波减速机、接近开关相结合,制成超低速大扭矩步进电动机。

(7)通过计算机控制,使超低速大扭矩步进电动机以不同的步数分次运动的方式进行沉降,实现了试验台以极低的平均速度运行。

(8)利用一台工业控制计算机(PC)同时控制两台可编程控制器(PLC),使系统既有工业控制计算机的操作方便性,又有可编程控制器的可靠性。

(9)通过合理布置线路,合理设计电路,合理编制计算机程序解决了多台电动机同时动作时电路里出现的相互干扰。

(10)成功地设计了消弧电路,实现了利用继电器控制138台电动机,经过实践证明可行,节约了费用,为以后设计性能可靠、价格便宜、体积小的控制电路积累了经验。

图1-5 试验平台概貌

(三)荷载传感器

采用先进的石英荷载传感器,测试了轿车、货车两个不同车型、不同车速的荷载谱曲线,得到了车辆振动与冲击荷载的作用性状。

(1)试验结果表明,车辆对道路的荷载冲击,是一个持续但不连续的脉冲链。脉冲数和作用间隔与车速、车型密切相关。此外,模拟脉冲荷载的构造还和车辆的通过模式和交通流量有关,从车型来看,越大型的车辆(载货车,大型车)轴距越长,前后轴作用荷载脉冲的时间间隔就越长,反映在模拟加载装置的设计上,其荷载频率就越低。也就是说,车辆越小,模拟加载装置的频率就越高。这也就意味着如果模拟加载装置的荷载作用频率满足小型车的要求,则必然能够满足大型车辆的加载频率要求。从车速看,车速越高,脉冲作用时间间隔越短,也即荷载作用频率越高。同样道理,满足高频要求的加载装置,必然满足低频要求。因此,以小轿车的试验数据为基础确定加载装置的频率完全满足要求。

（2）模拟荷载谱由以下三个元素构成：

①幅值：取决于车型（小型、大客、载重、超大型），选取代表性的车辆测量得到；

②双轴、三轴或多轴不同车速下的轴载测量时间差：选取代表性的车辆测量得到；

③交通流量：不同车型的统计,决定荷载谱的作用时间。

（3）对于三轴车辆或多轴车辆而言,通过考虑荷载的实际作用形状和模拟加载装置的实现能力,将第二、三轴的荷载加权叠加,以一个半正弦脉冲来表达,荷载幅值为两者之和,作用时间为两者的算术平均。对于特大型载货列车,由于荷载大,车速慢,对桥头跳车不敏感,而且交通流量小,所以,加载模拟中,可暂时不加考虑。

（四）车辆动荷加载系统

开发了全新灵巧的车辆动荷加载系统。

基于车辆振动与冲击荷载的测试结果,通过对加载方式和道路荷载的理论模拟分析,选用在振动压路机基础上加装模拟加载部分的箱体来模拟动力加载的方案,并开发了相应的加载箱体,有效实现了车辆动力荷载的模拟。且结构比较简单,开发成本大幅度下降。在改造过程中对原压路机的振动部分未进行改动,在不需要模拟加载时,关闭模拟加载部分,压路机恢复到原始状态,可以作为普通振动压路机使用。

（五）动力特性试验

基于先进的 GDS 动三轴试验系统,对压实黄土、压实石灰土和砂土 3 种路基填料开展了动力特性试验,研究了不同填料的动力特性、获得了相关参数,得出了以下主要结论。

（1）一般情况下,土的动应力应变关系呈双曲线形态,高含水率时,特别是含水率接近饱和时,土的动应力应变关系呈软化特性。

（2）土的动模量随着固结应力、干密度的增大而增大,随着含水率的增大而减小,且偏压时的动模量较均压时大。

（3）土的动阻尼随动应变、含水率的增大而增大,随干密度和固结应力的增大而减小。

（4）土的振陷系数一般呈弱线性关系,但对含水率特别敏感,随含水率的增大,振陷系数曲线趋向非线性。

（5）土破坏时的动应变一般不会超过3%,对石灰土,其破坏时的动应变基本都小于1%。

（六）楔形柔性搭板处治技术

研发了新型的桥头路堤处治手段——楔形柔性搭板处治技术,并对柔性搭板的材料特性进行了深入研究;通过模型试验、仿真分析及优化,构建了完整的设计体系,并成功开展了楔形柔性搭板处治技术的实施应用。

根据应用实例的不同工程特性,提出了台后楔形柔性搭板的设计方案（图1-6）,并开展了系统的现场试验和观测。

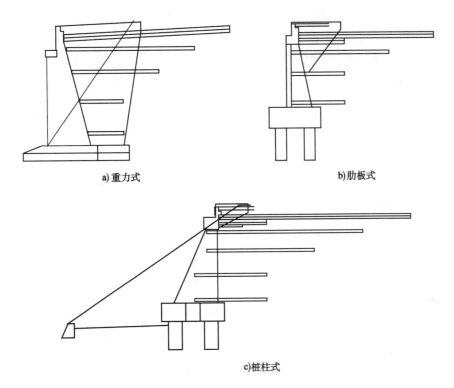

图 1-6 楔形柔性搭板结构

现场试验和沉降观测结果表明,楔形柔性搭板技术协调桥头差异沉降作用明显,是一种成功的处治桥头跳车病害的方法。通过模型试验、仿真分析及优化,构建了完整的设计体系。该项技术已在甘肃柳忠高速公路、古永高速公路、陕西靖王高速公路、山西及福建厦门等公路桥头中得到成功应用。通过实体工程的实施,相应提出了楔形柔性搭板处治技术整套的施工工艺和质量保证措施。实体工程的观测资料表明:楔形柔性搭板能够较好地协调桥台与路堤的沉降差,从而消除桥头跳车现象,且对于缺乏换填料地段的台背处理经济效益显著。

(七)数值仿真计算

在大型通用有限元程序 MARC 软件基础上,基于 Visual Fortran 平台和用户子程序接口,对软件进行深度二次开发,建立了科学有效的数值仿真计算模型,实现专业理论与通用程序的有机结合。开发了三维和二维的接触面单元、非线性邓肯—张模型、脱空区材料模型、地基沉降模拟等用户子程序。

分析中充分利用大型通用程序优秀的前后处理能力、优越的非线性分析功能、强大的计算能力和求解技术,针对桥头加筋路堤具有空间效应的特点,建立了相应的三维计算模型,较好地解决数值分析对桥头路堤的有效模拟,提高了分析计算的速度和可靠性,为路桥过渡段路基处治技术的研究提供了很好的分析平台。

(八)处治方法适应性和机理

针对现有桥头跳车的处治措施,以处治手段消化地基沉降能力作为一条主线索,以变形协调和控制作为主要目标,通过仿真分析、拓扑优化、设计优化,深入开展了路桥过渡段处治方法的适应性和作用机理研究。

(1)应用基于直接约束的迭代算法 Contact 和单元生死技术,通过模拟搭板与填土之间的不同接触状态和地基不同沉降模式,首次开展了搭板处治方法的适应性研究,并得出以下结论:

①搭板与路基不同接触状态的力学性状分析表明,当搭板弹性支承于路基土上时,板底弯拉应力较小;当脱空区长度小于1.08m时,其对搭板受力没有影响,随着脱空区长度的增加,板底弯拉应力显著提高,当搭板与路基土完全脱空时,其受力状态与简支板相似。因此,搭板脱空长度是影响搭板受力状态的主要因素。设计时,可保守地按简支板进行搭板的内力计算。

②搭板对地基沉降的适应性表现为:6m长度的搭板适用于处理地基沉降在2.8cm以内的桥头路段;8m长度的搭板适用于处理地基沉降在4cm以内的桥头路段,而10m搭板适用于处理地基沉降在5.1cm以内的桥头路段。

(2)基于不同地基沉降模式,对常见换填料台背路堤进行了弹塑性分析,研究了其适应性差异,主要表现在以下两个方面:

①桥头路堤换填压缩模量大的填料可以明显减小路堤的压缩变形,同时沿路堤高度1:1的楔性刚柔过渡换填方式不仅可以大大减少换填量,更有利于协调其沉降差。

②当地基为均匀沉降模式时,路堤沉降量主要体现在地基沉降值的大小,换填方式无法起到消化地基沉降的作用。当桥头地基存在局部软弱区域时,桥头路堤换填抗剪强度高、具有一定整体性的填料(如灰土),能够较好地消化地基的不均匀沉降,而砂粒填料次之,黏土最差。

(3)针对桥头加筋路堤具有空间效应的特点,建立了相应的三维计算模型;应用三维接触面单元模拟筋材与填土的界面特性,从加筋手段、桥台不同的连接方式及地基沉降条件出发,开展土工格栅与土工格室柔性搭板加筋处治技术的作用性状对比研究,并对其适用性进行了讨论。

①土工格室楔形柔性搭板的研究表明,其作用性状主要表现为:

a. 土工格室较大的限制侧向变形能力,不仅限制了其中填料的侧胀,同时其构成的复合体由于具有较大的刚度和拉伸强度,通过界面的摩阻力和黏附力限制了周围土体的侧向变形,提高了土体的抗剪强度,从而减小了路堤本身的压缩变形。

b. 由于土工格室复合体具有较大的压拉强度、抗剪强度和一定的弯拉强度特性,通过其一端锚固于桥台,另一端伸入路基中,可有效地阻止上层土体的向下沉降,从而在复合层下面产生了松动区。同时由于土工格室的多层连续布置,使得路堤的沉降在每一层中都得到消减,从而桥台与路堤之间的沉降差在较长的范围内得到平缓过渡。

c. 由于松动区的存在,路基竖向应力明显减小。桥台附近一定范围内地基的附加应力也得到减小,这样不仅减小了路基的压缩变形,也减小了地基的沉降变形。

d. 格室变形后产生的网兜支承效应使荷载分布更加趋于均匀。

②平面土工合成材料加筋路堤的仿真分析表明:

a. 土工格栅利用其较大拉伸模量,通过与土体的界面摩擦和咬合作用,同样限制了路堤填土的侧向位移,提高了土体的抗剪强度和抗变形能力,从而减小路堤的压缩变形值。且随着路堤变形模量的减小,其作用更加显著。

b. 土工格栅变形后也存在网兜支承效应,从而使荷载的分布趋于均匀。

c. 土工格栅由于一端锚固于桥台上,利用其抗拉伸能力,阻止了桥台附近土体的向下沉降,同时,也减小了桥头路基和地基的竖向应力。

d. 平面加筋材料应选用具有较大拉伸刚度的筋材料,同时,桥头应换填内摩擦角较大的填料。

e. 土工格栅加筋技术适用于处治地基条件较好的桥头过渡段。当地基条件较差时,应结合其他方法进行综合处治。

(4)首次应用拓扑优化理论,基于应变能最小及刚度最大原理,对路桥过渡段路基加固体的结构布置形式进行优化。拓扑优化结果表明,采用上长下短的倒梯形布置形式的结构刚度最大,且路基加固体底面布置长度应不小于2m,由下向上斜率应缓于1:1。

(5)基于3种不同地基模式,讨论了楔形柔性搭板处治方法的设计参数,如复合体模量、长度、间距、层数的影响特征,并对其进行优化,得出以下结论:

①地基沉降变形是路桥过渡段桥台与路堤沉降差的主要构成部分,路堤纵向的工后沉降变形是影响柔性搭板适应性和布置方式的关键因素。

②柔性搭板处治后的路基顶面沉降曲线在均匀沉降模式下呈抛物线形,倒三角形沉降模式时,路基顶面沉降曲线呈马鞍形。三角形地基沉降模式时,其沉降曲线呈近似的线性。柔性搭板消化倒三角形地基沉降的能力最大,三角形沉降次之,对均匀沉降稍弱。

③桥头过渡段换填模量大、抗剪强度高、具有一定整体性的填料更能起到消化地基沉降变形,减小路堤压缩变形,缓和过渡桥台与路堤沉降差的目的。

④土工格室复合体模量的大小作为衡量土工格室消化地基沉降变形能力的重要因素,其模量的提高可以使桥头沉降差过渡更加平缓。

⑤柔性搭板以分散布置于桥头路堤中为宜。

⑥当地基条件较好时,可以布置2~3层的土工格室;当地基条件较差时,布置3~5层。

⑦柔性搭板顶层(紧靠路基顶面的一层)布置长度以8~12m为宜,厚度以布置2~4层土工格室为宜。

(九)小比尺模型试验

首次以处治措施对地基沉降的适应性出发,应用千斤顶模拟台后填土下的地基(软基)产生沉降,开展了楔形柔性搭板的小比尺模型试验,以此分析楔形柔性搭板处治跳车的加固效果、作用机理和适应性。得出了以下结论:

(1)土工格室的布置以上密下疏的布置形式最为有利,这样既节省材料,又可以得到良好的效果。

(2)采用双层土工格室加固台后填土,效果是显著的,在经济条件容许的情况下,可适当加大格室用量。

(3)对于只在近桥台端沉降较大的情况下,格室的加固效果是最好的,而此种工况在工程实际中最为常见。

(4)土工格室对于砂土和黄土均有明显的加固作用。

(5)台后填土高度越高,土工格室的这种削减因地基沉降而导致路面下沉的作用越明显。

(6)土工格室处理实际地基沉降量为 30cm 以内时,较为有效。

(十)大比尺模型试验

基于研制的试验研究平台,进行系统可靠的大比尺模型试验研究。

通过对 MARC 子程序的二次开发,模拟了地基沉降、土工格室结构层下松动区等特性,对大比尺模型试验进行了数值仿真分析;利用沉降杯、沉降板、压力盒等测试手段,分析了楔形柔性搭板、土工格栅加筋处治方法不同工况下路基的变形和受力特性,并将实测数据与数值仿真结果进行了对比,验证了计算模型的合理性。得出了以下主要结论:

(1)土体单元采用基于线性 Drucker-Prager 屈服准则的理想弹塑性模型,可以较好反映模型试验的填料状况。

(2)利用数值仿真可以补充利用土工格室处治路桥过渡段的模型试验结果,两者基本吻合。

(3)利用柔性搭板处治路桥过渡段,可以有效改善桥头路堤的不均匀沉降,路基顶面沉降曲线平顺,差异沉降减小,最大值为 3mm。

(4)通过模型试验研究,得出了 3 种不同处治方式的适应性。

(5)当地基沉降控制在为 20cm 时,采用土工格室柔性搭板结合砂砾料处治效果较好。

(6)当地基沉降较小时,3 种情况处治效果相差不大,采用何种方式可以根据当地施工材料的种类来决定。

(十一)方便实用的设计与施工技术要则

在总结工程实践和研究成果的基础上,通过大比尺模型试验和仿真分析,并结合依托工程的实施,系统全面地总结了搭板、灰土和粉煤灰换填、土工加筋、楔形柔性搭板、EPS 轻质填料和半刚性挤密桩的设计方法和施工工艺,为路桥过渡段路基修筑的设计和施工提供了强有力的支持。

(十二)对病害的调查、分析和处治

大范围地开展了高速公路路桥过渡段的病害调查,通过对病害的分析和总结,归纳出路桥过渡段路基的主要破坏模式,提出了有针对性的处治措施。

(1)山岭重丘区的公路,桥头病害主要表现为台背错台和路面凹陷、开裂;对于陕西黄土地区,病害多表现为路基的过量沉降和路面凹陷,搭板末端产生二次跳车;对于陇西黄土地区,病害最主要表现为产生裂缝和整体滑移破坏;对于西南地区,高速公路病害主要表现为台背差异沉降形成错台、路基局部不均匀凹陷、台背过量沉降等。

(2)路桥过渡段路基破坏模式主要有:整体滑移和路面开裂、路基与桥台间形成台阶、路面凹陷、板断裂、搭板与路堤形成纵向坡度差、搭板末端产生差异沉降。

(3)目前普遍采用的桥头搭板,对治理桥头路车起到了一定的作用,而且成功的实例很多,但是也不能盲目地使用,否则不但达不到治理的效果而且还会引起新的问题,如板断裂、搭板与路堤形成纵向坡度差、搭板末端产生差沉降或凹陷等。

(4)路桥过渡段路基病害治理时,对于孔隙较小的不良地基如软土地基、膨胀土地基可采用劈裂注浆、混凝土挤密桩法;对于孔隙较大的不良地基如湿陷性黄土地基、冲填土地基一般可采用压密注浆、树根桩托换技术以及高压注浆法;对于有入渗通道的软基可优先考虑电动化学注浆法;对于粒间作用力较小的大空隙地基如卵砾及块石地基、断层破碎带地基、大空隙冲填土地基,可采用渗透注浆;对于上部路堤较矮且软弱层较薄的地基还可以在经济的条件下采用换填法处理。

(5)路面处治可同样根据其破坏机理合理采用桥头搭板、设置变刚度路面结构、过渡性路面、设置纵向反坡、HD 掺胶混凝土修补、可起吊的活动搭板等方法。

第二章　路桥过渡段路基沉降特性

由于高速公路分布地域广泛,且路线很长,沿途可能遇到的地质情况就相当复杂,而我国幅员辽阔,地质情况又带有较强的地域性,这就给高速公路的修建带来很多困难,尤其是高速公路的沉降问题一直是人们比较关注的问题。高速公路的路基沉降主要由两部分组成,即地基土的沉降和路堤填土的沉降。对于软土地基来说地基的沉降占主要部分,而对于高填方路堤来说路堤本身的沉降占相当大的比例。由于路桥过渡段台后填土往往较高,因此地基沉降和路堤本身的压缩沉降都十分明显,从而将产生较大的路基差异沉降,导致跳车现象的产生。从目前的研究现状看,针对地基沉降的研究相对较多,而对于路堤本身的压缩沉降研究相对较少,因此,深入研究路堤变形的实用计算方法,对于把握路堤的工后沉降量,从而正确选用路桥过渡段的处治方法十分关键;另一方面,从研究路桥过渡段处治方法对地基沉降的适应性出发,地基的沉降特征是大比尺模型试验有效模拟地基变形的前提。因此,本章通过有限元分析、室内压缩试验、现场实测,分别针对路桥过渡段地基的沉降特征、路堤的沉降特征和路基工后沉降的计算方法开展了研究。

一、地基沉降特性分析

(一)概述

随着各地高速公路的不断建设,地基沉降的现场观测已引起工程技术人员的相当重视。高速公路对地基要求甚高,在设计使用年限内,一般规定路堤的工后沉降量应小于30cm,桥头路堤应小于10cm。对高速公路平整度要求更高,其标准差应在1.8mm以内,不应出现人工构筑物与路堤衔接处产生差异沉降,从而引起跳车及路面的破坏。因此,必须对引起路面变形的各种地基情况的沉降进行及时跟踪观测,并对资料加以分析整理,总结出规律性结果。

但在实际工程项目的地基沉降观测时,由于观测目的、手段及资金等方面的原因,只能在路基的特殊部位如中心、路肩、坡角等部位设置仪器进行观测,因此只能对个别点的沉降随时间的变化进行分析,以指导地基沉降预测及施工速率控制。本书所要解决的地基沉降特征是指路堤全断面随时间变化的固结沉降特征,即整个断面的固结沉降曲线的特点;实际观测一般不易实现这个要求,因此就有必要结合实体工程,利用计算手段去解决。本章结合具体实体工程项目,利用比奥平面固结有限元分析方法解决全断面地基固结沉降特征,为地基沉降模拟系统的设计提供理论依据。

为了比较准确地把握路基下地基各个阶段的沉降变形特征,总结出比较合理的沉降特征曲线,为设计沉降模拟系统提供依据,本节将依托实体工程项目,选择其中比较典型的路堤断面,根据地基变形情况,利用大变形固结有限元分析程序 LSCFEA(谢永利,1994.11)中 SSE2(平面应变,平面渗流)程序单元对其固结沉降过程进行有限元分析。分析中分别考虑了排水系统的作用及堆体刚度对地基固结沉降的影响。本构模型分为线弹性和非线性弹性两种,其中非线性要进行应力修正。

(二)地基沉降性状的工程实例分析

1. 河滩相软土地基工程

为了比较全面地了解地基在固结沉降过程中的变化性状,分别计算河滩相软土地基在处理前和处理后的沉降性状,即在分析时分两种情况,考虑与不考虑砂井作用对地基固结沉降的影响,以此来比较各阶段地基固结沉降的变化特征。

(1)工程概况

焦作至巩义黄河大桥连接线软基试验场位于伊洛河河谷冲积平原,以第四系全新统新近沉积物为主,地下水埋深 0.6~2.0m,土质为软塑、流塑的亚黏土与饱和的松散粉细砂,地基土层软弱,软土层厚度在 2.5~15m 之间。本有限元计算选用其中的 K17+950 断面,该断面地表为Ⅰ层低液限粉土(亚砂土)硬壳层,厚度介于 0.6~3m,其下为Ⅱ层淤泥质低液限黏土—低液限粉土,厚度大于 6m,软土之下即为Ⅲ层细砂(10m 左右)和Ⅳ层亚砂土、含卵石中砂。该断面土层分布及主要物理力学性质指标见表 2-1。地基处理经触探试验,决定采用直径 7cm 的袋装砂井,按正方形布置,间距为 1.5m。袋装砂井上置厚 0.5m 的砂垫层及厚 0.2m 的碎石层。图 2-1 为 K17+950 断面砂井处理及主要测试仪器埋设位置图。

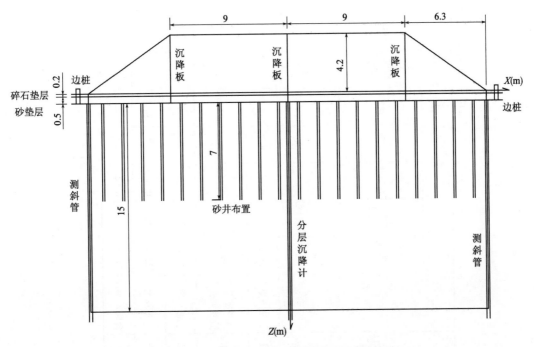

图 2-1　K17+950 断面砂井布置及仪器埋设图(尺寸单位:m)

表 2-1 K17+950断面地基土物理力学性质指标分层统计表

土层序号	土层编号	土名	物理试验指标							力学性质指标						
			含水率 w (%)	天然重度 γ (kN/m³)	孔隙比 e	液限 W_L (%)	塑限 W_P (%)	塑性指数 I_P	液性指数 I_L	渗透系数		直接快剪		固结快剪		三轴试验		压缩系数 a_{1-2} (MPa⁻¹)	压缩模量 E_{1-2} (MPa)
										水平渗透系数 k_V (cm/s)	竖向渗透系数 k_H (cm/s)	黏聚力 c (kPa)	内摩擦角 φ (°)	黏聚力 c (kPa)	内摩擦角 φ (°)	黏聚力 c (kPa)	内摩擦角 φ (°)		
1	Ⅰ	低液限黏土	29.2	19.8	0.762	26.7	18.0	8.7	1.28	6.31×10⁻⁶	6.80×10⁻⁶	—	—	37.0	29.7	—	—	0.14	12.3
2	Ⅱ	低液限黏土低液限粉土	35.9	19.1	0.950	37.2	21.6	15.6	0.91	6.41×10⁻⁷	6.13×10⁻⁷	—	—	—	—	—	—	0.51	3.5
3	Ⅲ	细砂	27.6	19.6	0.777	—	—	—	—	—	—	—	—	—	—	—	—	0.07	25.3
4	Ⅳ	亚砂土	25.4	20.2	0.689	25.1	16.0	9.1	1.03	—	—	—	—	8.0	21.6	—	—	0.25	6.5
5	Ⅴ	含卵石中砂	30.8	19.0	0.845	—	—	—	—	—	—	—	—	9.5	31.3	—	—	0.11	16.3

(2) 未考虑砂井作用的分析情况

为了比较分析试验路断面在采用处理措施前后,地基固结曲线变化性状,分两种情况(未考虑砂井作用与考虑砂井作用)分别进行建模分析。实际地基土的渗透系数是不断变化的,本程序也可以考虑这种变化,但由于其计算公式中的参数难以确定,故将其近似定为一常数来。

①模型网格划分、时段和边界条件

网格划分按地基表面向下、中心向右逐渐变疏的原则,考虑砂井作用时,将其单独划分单元。模型计算宽度按 $L=(4\sim5)b$ 取为45m,计算深度由资料定为15m。路堤并不等同于柔性分布荷载,它一般具有一定的刚度,尤其是高等级填土路堤,因重型压路机多次碾压,其刚度较大,因此在网格划分及计算时应考虑其对地基固结沉降的影响。

图2-2为K17+950断面地基的有限元网格划分图。其中地基部分的网格划分162个单元,190个结点;路堤部分划分30个单元,将其按体荷载考虑,根据填土情况,按三级荷载加载,分13次在3个荷载段分别加上,每一次增加10个单元。总单元数为192个,总结点数达223个。

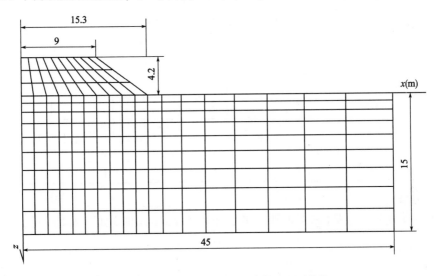

图2-2 K17+950断面地基有限元离散图(尺寸单位:m)

计算时段共27个,其中第一级荷载11个时段(包含4个停荷时段),第二、第三级分别为4个时段和2个时段,第三级荷载后有10个预压时段。整个加荷结束时对应的时间为195d,计算的固结时间达395d。其情况如图2-3所示。

边界条件为:地基中心对称面(左面)各结点没有水平方向位移,竖向自由,表面系自由边界,底面和右面系固定边界,表面、底面均为透水面,对称面和右面为完全不透水面。路堤的表面和侧面自由,左面边界没有水平位移,设路堤中任一点孔压为零,即认为路堤为完全透水体。

②计算参数

用于有限元分析的各土层主要参数由表2-2而定,其中土层变形模量 E 系参考表中压缩模量 E_s 换算而来,两者关系为 $E=\beta E_s$,β 值为 0.38~0.64。砂井渗透系数一般为 $10^{-2}\sim10^{-3}$ m/s,在此取为 5×10^{-3} m/s。路堤土的物理力学性质指标资料没有提供,其变形模量 E 按一般情况取为30MPa。砂井材料 E 取为40MPa。表2-2示出了有限元分析时各计算土层的主要参数。

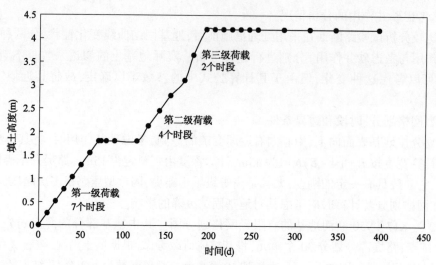

图 2-3　路堤加载—时间曲线

有限元计算主要参数一览表　　　　　　　　　　　　表 2-2

土层	土 类	土层变形模量 E（MPa）	泊松比 μ	渗透系数（$\times 10^{-7}$ cm/s）		初始孔隙比 e
				K_h	K_v	
Ⅰ	路堤土	30	0.37			0.69
Ⅱ	低液限黏土（硬壳层）	10	0.39	63.1	68	0.79
Ⅲ	淤泥质黏土淤泥质粉土	1.5	0.4	6.41	6.13	0.9
Ⅳ	砂井材料	40	0.35	—	—	—

③计算结果

计算得河滩相软土地基(未考虑砂井作用)固结沉降性状曲线如图2-4所示。

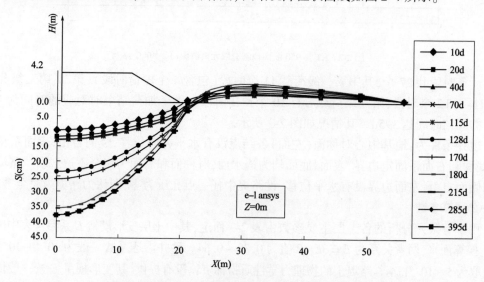

图 2-4　河滩相软土地基 K17+950 断面固结沉降(未考虑砂井作用)曲线图

(3)考虑砂井作用的分析情况

以上计算的是地基未处理的沉降性状,为了对比分析,以下是做地基处理后即考虑砂井作用的分析。

①模型网格及时段

单元网格划分基本同上,但要注意土层分布与砂井埋设深度以及它们之间的衔接。地基部分和路堤部分分别划分了 162 个单元和 63 个单元,总单元数为 225 个,总结点数达 262 个。具体划分如图 2-5 所示。

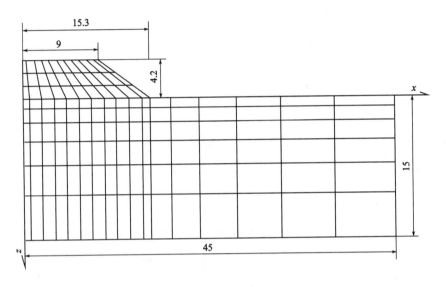

a)考虑砂井的有限元计算离散图(尺寸单位:m)

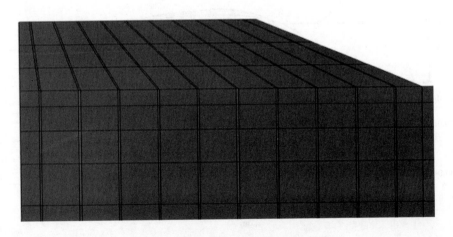

b)考虑砂井的有限元计算离散局部放大图

图 2-5　考虑砂井的有限元计算单元网格划分

计算时段划分如图 2-3 所示。边界条件基本同上。计算参数见表 2-2。

②计算结果

a. 计算得出河滩相软土地基工程路堤中心在未考虑砂井作用、考虑砂井作用情况下的沉降-时间曲线。图2-6 给出计算与观测结果的对比。

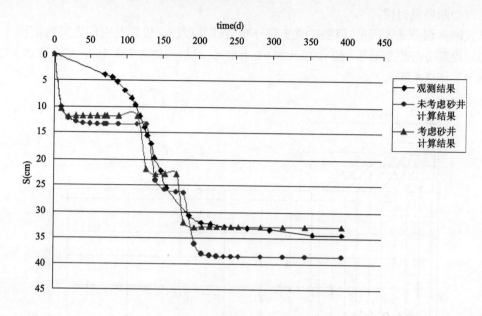

图2-6　K17+950 断面路基中心沉降-时间关系曲线图

b. 图2-7 示出考虑砂井作用情况下的固结沉降性状曲线。

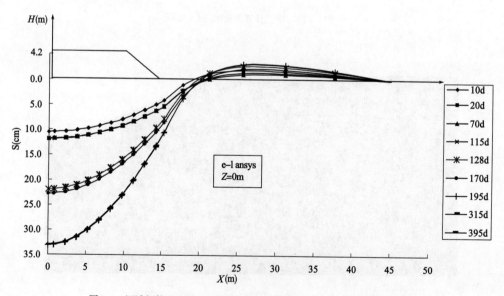

图2-7　河滩相软土地基 K17+950 断面固结沉降(考虑砂井作用)曲线图

(4) 对比分析

分析对比图中所示结果可以看出：

①沉降最大值都在路基中部,向坡角逐渐减小,在坡角变化幅度较大。

②考虑砂井作用后,各时段固结沉降值减小,在后期这种现象更加明显。

③有限元计算的后期沉降与实测结果较为符合,尤其是路堤中心下的沉降随时间的变化。但计算的初期沉降与实测结果相差较大,计算结果明显大于实测值。这可能是因为软黏土有一个起始渗流水头梯度,当荷载较小时,土中渗流还没有发生,因此变形还没有发展。考虑砂井作用的计算最终沉降结果与实测值基本吻合。

④由于荷载等级不算很高且严格控制了加载速率,基本未出现土体大片局部塑性破坏,因此在此种情况下,对于一般工程来说本程序 SSE2 能够满足工程要求。

2. 杭甬高速公路试验段工程

以上所分析的是河滩相软土地基在 4.2m 的中等高度的填方路堤作用下的固结沉降性状,为了比较全面地了解地基沉降曲线特征,尤其是软弱地基在高填方路堤作用下的固结沉降特性,下面将结合另一具体工程进行分析。为了达到本计算分析的目的,将其试验的堆载高度做了改动,比原来有所增加。

(1) 工程概况

杭甬高速公路全长 145km,沿线穿越宁绍平原、冲海积平原,地基土层软弱,软土地基路线长达 94km,软土层厚度在 10~54m 之间。经研究确定在绍兴境内软土较典型地段进行地基堆载试验,采用塑料排水板排水。这里取其中的 D 段Ⅳ断面进行有限元分析。其土层分布和主要物理力学指标见表2-3。

路基堆载前先清除 20cm 厚耕作土,经回填压实做成拱坡,上铺 60cm 砂砾石,再铺 30cm 厚碎石,然后填筑碎石碴经碾压直至堆载高程,其原填筑高度为 3.3m,但为了了解地基在高填方下的固结沉降特性,在分析时将高度暂改为 8m。

(2) 有限元分析情况

分析中将塑料排水板折算为等周长的圆截面砂井,根据排水板尺寸 100mm×6mm,可得圆截面砂井直径 $d_w = (100+6) \times 2/\pi = 67.5mm$。Ⅳ断面塑料排水板按正三角形分布,间距为 1.5m,按照置换率转化为等效的正方形布置后,其等效间距为 1.4m。

①模型网格划分、时段和边界条件

划分网格时,塑料排水板单独划分单元,确定网格疏密的基本原则是:砂井区内及其边缘地带和靠近地基中部的高应力区网格宜密;其他部位网格可疏。计算宽度及深度分别取为 60m 和 30m。图 2-8 为Ⅳ断面地基的有限元单元网格划分图。其中地基部分的网格为 416 单元,堆体部分划分为 184 单元,堆体单元按 12 次在 4 个荷载时段分别加上,每一次增加 46 个单元。总单元数为 600 个,总结点数达 665 个。

计算分析时按 6 个荷载步,其中包括两个停荷固结期,共划分 40 个时段。其中第一级荷载 5 个时段,第二级荷载 11 个时段(含 8 个停载时段),第三级荷载 2 个时段,最后一级荷载 22 个时段(含 20 个停荷时段)。计算的总固结时间达 945d。计算时段划分如图 2-9 所示。

边界条件为:地基中心对称面各结点没有水平方向的位移,表面系自由边界,底面和右面系固定边界,表面、底面和右面均为透水面。堆体的表面和侧面自由,左面(对称面)边界没有水平位移,堆体中任一结点孔压为零,即认为堆体为完全透水体。

Ⅳ断面地基土物理力学性质指标分层统计表

表 2-3

土层编号	土 类	物理试验指标							力学性质指标							
		含水率 w (%)	天然重度 γ (kN/m³)	孔隙比 e	液限 W_L (%)	塑限 W_P (%)	塑性指数 I_P	液性指数 I_L	渗透系数			直接快剪		固结快剪		三轴试验		压缩模量 E_{1-2} (MPa)
									水平渗透系数 k_V (cm/s)	竖向渗透系数 k_H (cm/s)		黏聚力 c (kPa)	内摩擦角 φ (°)	黏聚力 c (kPa)	内摩擦角 φ (°)	黏聚力 c (kPa)	内摩擦角 φ (°)	
Ⅰ	粉质黏土	27.9	19.7	0.75	34.4	18.0	12.2	1.28	1.81×10^{-8}	1.2×10^{-8}	—	28	16	—	—	6.11
Ⅱ	淤泥质粉质黏土	43.7	17.6	1.23	36.1	21.6	13.1	0.91	82×10^{-8}	1.8×10^{-8}	—	21	12.7	—	—	2.38
Ⅲ	淤泥质黏土	51.8	17.1	1.41	38.6	—	17.9	—	71×10^{-8}	10.9×10^{-8}	—	21	14.5	—	—	1.86
Ⅳ	淤泥质粉质黏土	43.5	17.8	1.19	38.6	—	15.4	1.03	41×10^{-8}	20.5×10^{-8}	—	8.0	21.6	—	—	2.57
Ⅴ	粉质黏土	34.6	18.5	0.94	34	—	13.8	—	235×10^{-8}	17×10^{-8}	—	18	20.5	—	—	3.52

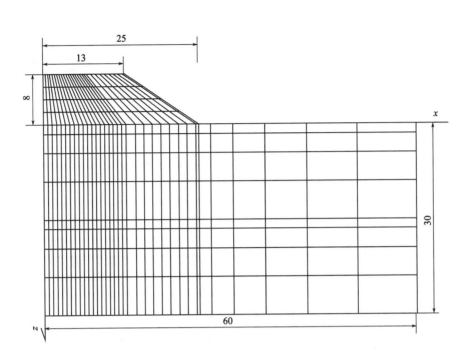

a) 杭甬高速公路Ⅳ试验段地基有限元离散图(尺寸单位:m)

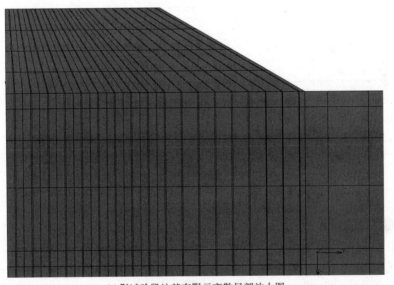

b) Ⅳ试验段地基有限元离散局部放大图

图 2-8　杭甬高速公路有限元计算网格划分

②计算参数

用于有限元分析的各土层计算参数由表 2-4 而定。各土层计算的渗透系数根据地基资料通过试算确定。塑料排水板的渗透系数按浙江省交通规划设计研究院提供的实测排通量,其值约为 0.8×10^{-2} m/s,但考虑到井阻等因数影响,其值取为 1×10^{-4} m/s。

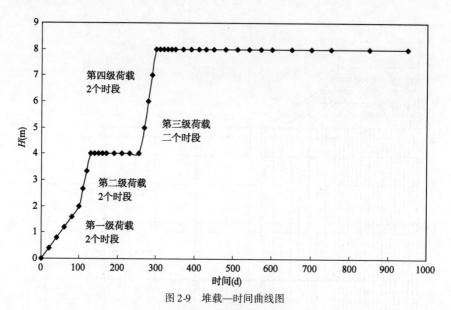

图 2-9 堆载—时间曲线图

有限元计算主要参数一览表 表 2-4

土层	土 类	土层变形模量 E (MPa)	泊松比 μ	渗透系数($\times 10^{-8}$cm/s) K_h	K_v	初始孔隙比 e
Ⅰ	路堤土	60	0.32	—	—	0.67
Ⅱ	粉质黏土	4	0.35	1.81	1.2	0.75
Ⅲ	淤泥质粉质黏土	1.1	0.4	82	1.8	1.23
Ⅳ	淤泥质粉质黏土	5.4	0.35	41	20.5	1.19
Ⅴ	塑料排水板	120	0.25	—	—	—

③计算结果

计算结果如图 2-10 和图 2-11 所示。

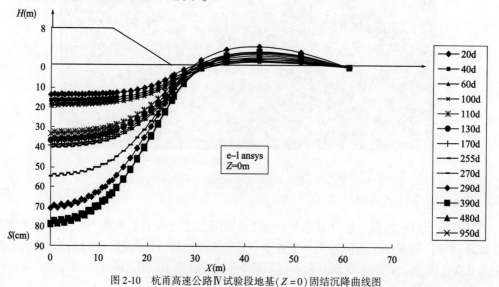

图 2-10 杭甬高速公路Ⅳ试验段地基($Z=0$)固结沉降曲线图

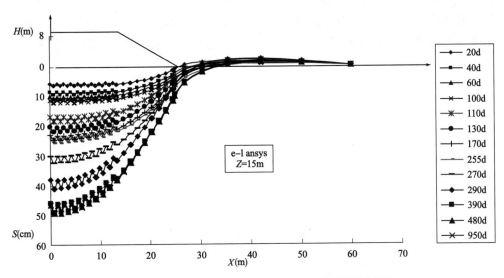

图2-11　杭甬高速公路Ⅳ试验段地基（$Z=15$）固结沉降曲线图

由图可以看出,杭甬高速公路试验段的沉降曲线形式与以上分析的河滩相软土地基基本相似,但杭甬地基沉降曲线的前部出现锯齿状跳点,砂井底部($Z=15$)的沉降曲线尤其明显。这是由于模型划分网格时,杭甬地基模型靠近路基中部的塑料排水板之间的网格进行了细分,而塑料排水板与土体模量差别较大,导致它们之间沉降差异明显。在远离路基中心未进行网格细分部位,就未出现这种现象。

(三)沉降曲线特征

以上通过不同地基断面的沉降分析得出了地基在各个时期的固结沉降曲线,本节的主要目的就是研究沉降曲线的变化特征,此特征包括曲线斜率(R_a)的变化、割线旋转角度(α)的变化以及沉降最大值S_{max}与斜率(R_a)、割线旋转角度(α)的变化关系如图2-12所示。

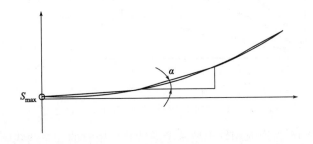

图2-12　曲线特征关系示意图

1. 曲线斜率(R_a)和割线旋转角度(α)变化特征

(1)图2-13、图2-14为河滩相软土地基未考虑砂井作用的变化关系曲线图。

由图可以看出,地基整个断面在不同固结时间的曲线斜率、割线旋转角度从路基中心向坡角呈现出逐渐增大趋试。固结时间越长,斜率、割线旋转角度越大,曲线越陡。所有斜率、割线旋转角度基本呈线性变化,但在路基靠近坡角部位增长幅度较大。对于地基断面上同一点的斜率随时间增长基本呈平缓增大,中间产生跳越是由于停荷期向加荷期过度,位移突然增大。

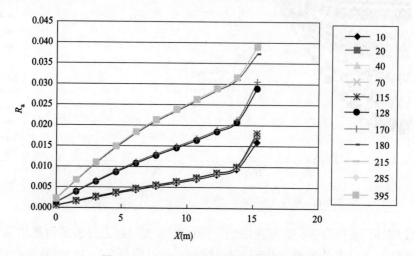

图 2-13　K17+950 断面沉降曲线-斜率变化图

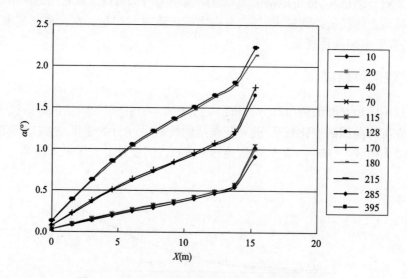

图 2-14　K17+950 断面沉降曲线-割线旋转角度变化图

(2)图 2-15、图 2-16 为河滩相软土地基考虑砂井作用时的关系曲线图。

由图可见,考虑砂井作用后斜率、割线旋转角度变化趋于平缓,这是由于其最终沉降比未考虑砂井作用时减小。

(3)图 2-17、图 2-18 为杭甬高速公路试验段沉降曲线关系图。

由上图可见,由于塑料排水板与土体的模量相差较大,因此图中出现剧烈波动,为了明晰变化趋势,前段细分部分未考虑排水板节点。

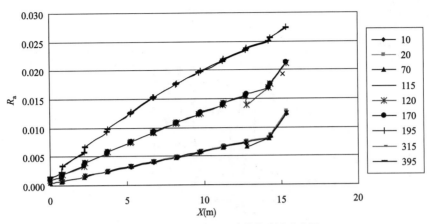

图 2-15　K17+950 断面沉降曲线-斜率变化图

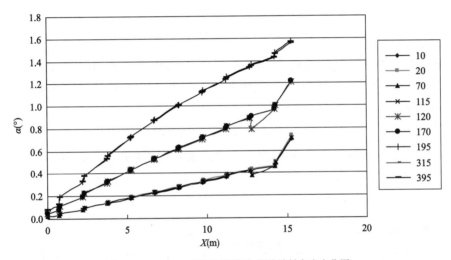

图 2-16　K17+950 断面沉降曲线-割线旋转角度变化图

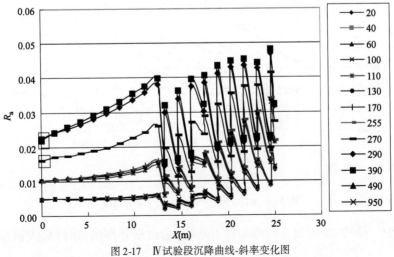

图 2-17　Ⅳ试验段沉降曲线-斜率变化图

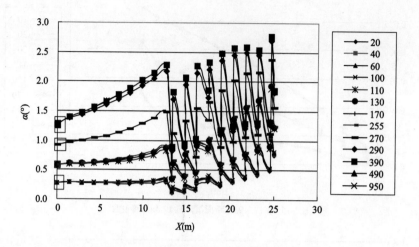

图 2-18 Ⅳ试验段沉降曲线-割线旋转角度变化图

综合图 2-13～图 2-18 可以看出曲线斜率、割线旋转角度在各个时间段沿路堤断面从中心向坡角逐渐增大,基本呈线性增长,在加载初期尤是如此。因此,对于此类地基就可以考虑用一线性关系来统一进行表述。

2. 沉降最大值 S_{max} 与曲线斜率 R_a、割线角度 α 的变化关系

(1)图 2-19 与图 2-20 示出了河滩相软土地基(未考虑砂井作用)沉降最大值与曲线斜率及割线旋转角度的关系。

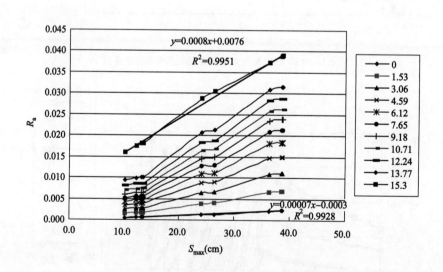

图 2-19 K17+950 断面 S_{max}-R_a 关系曲线图

(2)图 2-21 与图 2-22 示出了河滩相软土地基(考虑砂井作用)沉降最大值与曲线斜率及角度的关系。

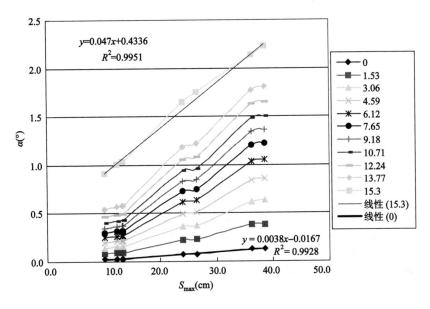

图 2-20　K17+950 断面 S_{max}-α 关系曲线图

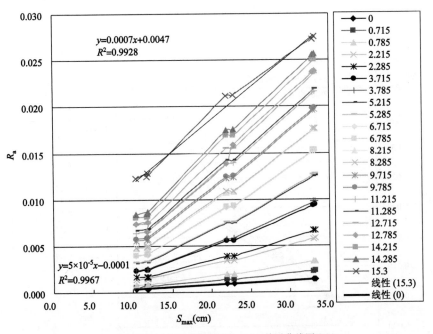

图 2-21　K17+950 断面 S_{max}-R_a 关系曲线图

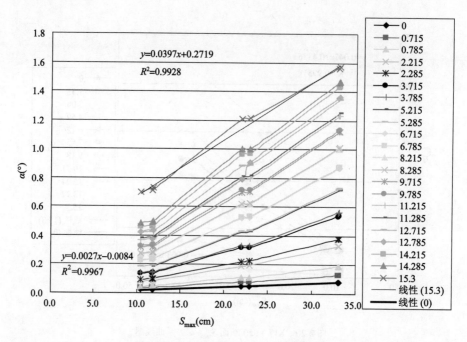

图 2-22　K17+950 断面 S_{max}-α 关系曲线图

（3）图 2-23 与图 2-24 为杭甬高速公路Ⅳ试验段沉降最大值与曲线斜率、割线旋转角度的变化关系图。

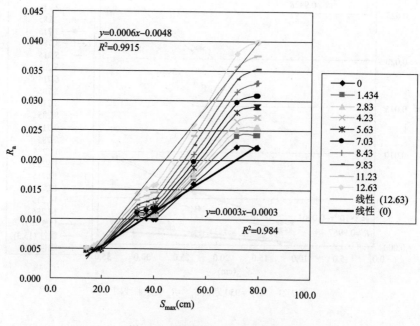

图 2-23　Ⅳ断面 S_{max}-R_a 关系曲线图

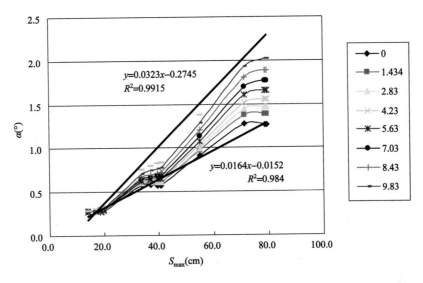

图 2-24 Ⅳ断面 S_{max}-α 关系曲线图

由图 2-19～图 2-24 的 S_{max}-R_a 和 S_{max}-α 关系曲线可以得出该类地基形式最大沉降值与曲线斜率、割线旋转角度基本呈线性关系，且在一定线性关系范围内变化。由此可推广到具有类似性质地基的沉降最大值与曲线斜率、割线旋转角度关系的一个变化范围。

二、路堤沉降特性分析

(一)路堤的变形阶段

土是固体颗粒、液态水和气体组成的多孔介质，对于这种三相体系的非饱和土，在自重力和外动力的作用下，孔隙间的空气首先被压缩，然后是多余的气体和孔隙水被挤出，这时土的变形比较快。由于固体骨架和孔隙结合水之间的摩擦力和内聚力不断增大，使得孔隙结合水和气体的排出受到阻碍，从而使变形延迟。因此，土的应力变化与变形均是时间的函数，土所显示的特征既不是弹性体，也不是塑性体，而是具有弹性、塑性和黏滞性的黏弹塑体。依据变形发展过程，可以分为 3 个阶段。

1. 塑性-弹性变形阶段

扰动土在填筑过程中，经过摊铺、洒水、分层碾压而被压缩，塑性变形是主体。随着填土高度的增加，下层土受上层土的荷载作用，开始发生弹性压缩变形，此时孔隙结合水和颗粒间摩擦力产生的抗力比较大。这一阶段的变形明显地表现出填土高度与压缩量正相关，所以路堤横向中间变形大，两侧变形量小。

2. 不均匀变形阶段

土在变形过程中，在横剖面上，由于填方材料的不均匀及侧向无约束，应力分布远不同于自重应力,出现边坡应力下降,堤内应力集中,易产生剪切变形,这就造成横向不均匀变形,这种变形在施工后期和使用期内比较明显。

3. 蠕变阶段

当应力一定时,应变随时间不断增长,这就是蠕变现象。土体与材料的不同之处是:蠕变过程复杂,蠕变过程中仍有弹塑性变形存在。

(二)路堤的沉降规律分析

1. 路堤沉降的影响因素

高速公路的路基沉降主要由两部分组成,包括地基土的沉降和路堤填土的沉降。对于软土地基来说地基的沉降占主要部分,而对于高填方路堤来说路堤本身的沉降占相当大的比例。路堤是一种典型的土工构筑物,它既是荷载,又是介质,它涉及许多因素,如:地基情况、地形条件、填土工况、压实度、压实机械、含水率、填土高度、交通荷载、修筑时间等等,但这些因素对路堤沉降的作用并不是独立的,而是相互制约,共同起作用。本书主要根据试验的实际情况,分析沉降与地形条件、填土高度、施工速率及时间之间的关系。

(1)地形条件对沉降的影响

地形条件对沉降有影响。对比图 2-25 ~ 图 2-30 的压力分布曲线和沉降分布曲线可以看出,兰临高速公路 K5+536 和兰临高速公路 K5+905 路堤横断面的沉降曲线随位置呈"V"字形,而兰海高速公路 K50+735 高路堤横断面沉降曲线形状呈抛物线,它们所对应的应力分布曲线也不一样。这是由于兰临高速公路 K5+536 和 K5+905 两处高填方路堤均跨越 V 形冲沟,沟谷地形明显,且路堤下部设有拱涵,故累计沉降变形量均是中央大,向横向两边逐渐减小,沉降量分布沿横向呈 V 形;对于兰海高速公路 K50+735 坝式路堤,因其沟型呈 U 形,无论纵向、横向跨度都较前两者大得多,受沟谷地形影响较小,故横向沉降量曲线呈抛物线形。随着填筑高度的增加,这种分布特征更为明显,这与一般沉降和填土高度成正比的认识相差很大。很显然,路堤的沉降变形分布不仅受填土本身变形特征的影响,而且与沟谷形态、沟岸的地层结构等地形条件有直接关系。

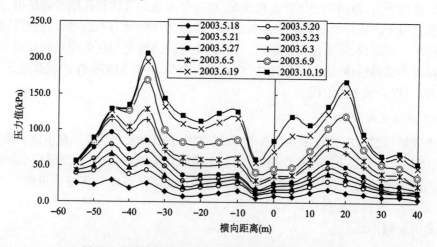

图 2-25 兰临高速公路 K5+536 第一层横断面土压力曲线图

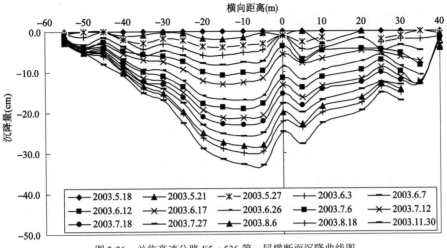

图 2-26　兰临高速公路 K5+536 第一层横断面沉降曲线图

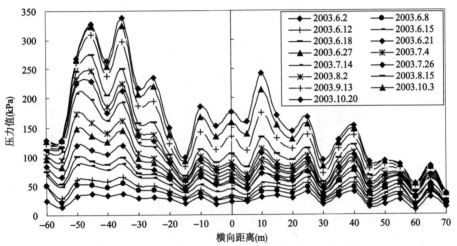

图 2-27　兰临高速公路 K5+905 第一层横断面土压力曲线图

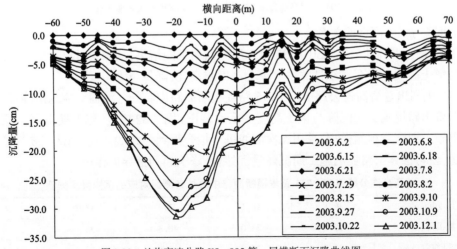

图 2-28　兰临高速公路 K5+905 第一层横断面沉降曲线图

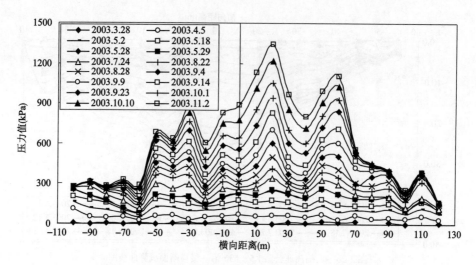

图 2-29 兰海高速公路 K50+735 第二层横断面土压力曲线图

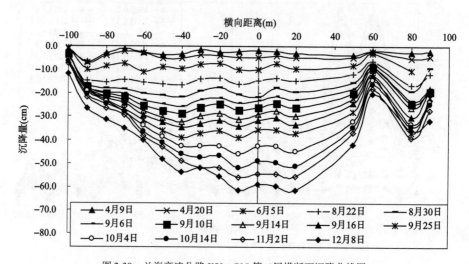

图 2-30 兰海高速公路 K50+735 第二层横断面沉降曲线图

(2)沉降与填土高度的关系

图 2-31 是兰海高速公路 K50+735 第二层测面的观测结果,从图中可以看出,该测面的竖直沉降与填土高度一般存在线性关系。填土高度越高,沉降量越大。

表 2-5 中列出兰海高速公路 K50+735 路堤横断面路中心处各测面对应的沉降量实测值,从而可以得出路堤施工期沉降与填土高度关系曲线图(图 2-32)。从施工期沉降实测值可以得出路堤施工期沉降预测模型,采用二次曲线进行拟合得到公式(2-1)。因此只要知道路堤的填土高度,就可推算出路堤的施工期沉降量,对路堤修筑起到指导性作用。

兰海高速公路 K50+735 路堤横断面路中心处各测面对应的沉降量实测值　　表 2-5

填土高度(m)	7.9	18.1	27.3	42.2	50.5
施工期沉降(cm)	15.8	23.0	40.3	52.4	54.6
工后 45d 沉降(cm)	20.9	28.0	45.8	57.5	61.7

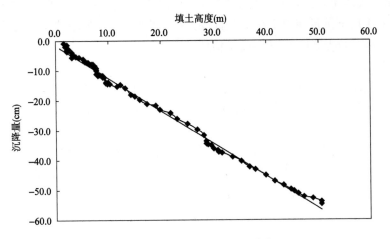

图 2-31　沉降与填土高度关系曲线

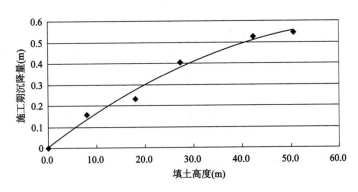

图 2-32　路堤施工期沉降与填土高度关系曲线图

$$S_{施} = -0.0001H^2 + 0.0173H \tag{2-1}$$

式中：$S_{施}$——路堤施工期沉降，m；
　　　H——路堤填土高度，m。

施工期的压缩沉降量 $S_{施}$ 与路堤填土高度有关，路堤越高，其压缩沉降量越大。因为在施工中压缩沉降速度很快，而分层观测的厚度较大，自然有相当一部分压缩沉降量无法测到。但施工期的压缩沉降并不影响公路的正常运营，因为这部分沉降可以通过超填来达到设计高程。

从沉降变形角度而言，我们真正关心的是竣工后运营阶段的沉降变形，过大的沉降变形将导致路面破坏、影响交通。我国铁道科学研究院西北研究所和第一设计院对黄土高路堤下沉的观测研究表明，当压实系数 $K \geq 0.85$ 时，路基顶面以下填土核心部位竣工后下沉量约为路堤高度的 0.7%～1.0%，边坡部位的下沉还要大些。根据统计分析，竣工后的下沉量可按下式估算：

$$S_{后} = 0.0114H^{0.95} \tag{2-2}$$

式中：$S_{后}$——竣工后的沉降量，m；
　　　H——黄土路堤高度，m。

这个回归公式是建立在大量的实测数据基础之上的。公路设计手册《路基》(第二版)中:"黄土高路堤的工后下沉量与填土高度有直接关系。根据铁路、公路的少量观测资料,对压实较好的高路堤,可按填土高度的1%~2%估计。"

(3)沉降与时间关系

分析这一关系的目的,在于估计路堤在施工和使用的各个时期中沉降量发展情况,从而提出地基处理意见,并确定填土速率和路面铺筑时间;同时由竣工后沉降量来确定路堤顶面预留高度和宽度。

沉降-时间关系与土层厚度、压缩性、渗透性、湿陷性、排水等因素有关系,若填土速率控制得当,保持地基在多级荷载作用下不发生或少发生塑性变形,即土层的固结完全是由于压缩引起的,在一定假定条件下,固结沉降-时间的关系是:

$$S_t = \overline{U} \cdot S_c \tag{2-3}$$

式中:S_t——某时刻 t 的沉降量;

S_c——固结沉降量;

$\overline{U}$——某一时刻 t 地基的平均固结度。

由于实际沉降过程要比上述理论分析复杂得多,因此,除做好填土速率控制外,在施工过程中,必须随时观测地基变形情况,保证路堤施工中的稳定。

(4)试验段施工期实测数据

表2-6~表2-8列出了各试验段路堤横断面在施工期实测数据的统计资料。比较可以看出:

①施工期沉降随着填土高度的增加而增大,定义比例系数为 $\lambda = S/H$,变化范围值为1.069%~1.734%,平均值为1.396%。

②在相同填土高度情况下,影响沉降的主要因素是施工速率,施工速率快,则沉降大,相应的沉降速率也大。

③在相同填土高度、施工速率差不多的情况下,沉降随着时间的增长而增大,但增幅不大。

兰临高速公路 K5+536 路堤　　　　表2-6

兰临高速公路 K5+536	第 一 层	第 二 层	第 三 层
最大沉降 S(cm)	33.2	22.3	8.1
填土高度 H(m)	24.6	15.1	5.2
$\lambda = S/H$	1.350	1.477	1.558
施工期 T(d)	141	112	74
最大沉降速率 S/T(cm/d)	0.235	0.199	0.109
施工速率 H/T(m/d)	0.174	0.135	0.070

兰临高速公路 K5+905 路堤　　　　表2-7

兰临高速公路 K5+905	第 一 层	第 二 层	第 三 层
最大沉降 S(cm)	30.4	17.2	7.7
填土高度 H(m)	23.9	13.7	4.4

续上表

兰临高速公路 K5+905	第 一 层	第 二 层	第 三 层
$\lambda = S/H$	1.272	1.255	1.75
施工期 $T(d)$	142	71	28
最大沉降速率 $S/T(cm/d)$	0.214	0.242	0.275
施工速率 $H/T(m/d)$	0.168	0.193	0.157

兰海高速公路 K5+735 路堤　　　　　　　　　　　　　　　表 2-8

兰海高速公路 K50+735	第 二 层	第 三 层	第 四 层	第 五 层	第 六 层
最大沉降 $S(cm)$	54.0	52.9	39.1	21.8	13.7
填土高度 $H(m)$	50.5	42.2	27.3	18.1	7.9
$\lambda = S/H$	1.069	1.254	1.432	1.204	1.734
施工期 $T(d)$	208	114	39	25	14
最大沉降速率 $S/T(cm/d)$	0.260	0.464	1.00	0.872	0.979
施工速率 $H/T(m/d)$	0.243	0.370	0.700	0.724	0.564

(5) 试验段工后实测数据

表 2-9、表 2-10 列出了各试验段工后某天实测统计资料,比较可以看出:

① 兰临高速公路两标段路堤施工速率均匀,工后沉降较为均匀,且沉降量较小;而兰海高速公路由于施工后期施工速率快,对工后沉降影响大,导致沉降量也大。所以施工速率的大小影响着路堤的工后沉降大小。

② 沿路堤纵向在填挖交界处工后沉降量小,中心处沉降量大。

③ 填土高度对工后沉降量也有影响,填土越高,土体自身压缩量也大,对地基的作用产生的沉降也大,由此工后沉降量越大。

各路堤横断面工后沉降比较　　　　　　　　　　　　　　　表 2-9

测　面	最大值(cm)	最小值(cm)	平均值(cm)
兰临高速公路 536 第三层测面(55d)	2.5	1.8	2.03
兰临高速公路 905 第三层测面(46d)	2.6	1.7	1.96
兰海高速公路 735 第六层测面(48d)	7.8	6.6	7.2

各路堤纵断面工后沉降比较　　　　　　　　　　　　　　　表 2-10

测　面	最大值(cm)	最小值(cm)	平均值(cm)
兰临高速公路 536 第三层测面(55d)	7.2	1.4	4.38
兰临高速公路 905 第三层测面(46d)	2.6	-0.8	1.44
兰海高速公路 735 第六层测面(48d)	10.9	4.0	6.96

注:负值表示隆起,正值表示沉降。

2. 路堤本身沉降分析

对于软土地基上修筑路堤,进行沉降分析时,一般只分析软土地基的沉降,而忽略路堤本身的沉降。但对于高路堤来说,这是不合理的。图2-33为兰海高速公路 K50+735 路堤内部沉降图,从图可以看出,路堤本身在施工期会产生较大沉降,最大达到54cm。其工后沉降量对路面的沉降来说也是不可忽视的。

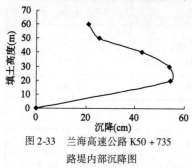

图2-33 兰海高速公路 K50+735 路堤内部沉降图

(1)根据土压力理论可知,路堤的最大沉降量发生在路堤的中心处,但是路堤内部的最大沉降量发生在何处呢?这时就要考虑施工逐级加荷,把施工各阶段的应力变形都计算出来,这样可以反映结构本身因施工填筑变化对应力和变形的影响。在常规的路堤应力计算中,如果假定路堤一次到顶,荷载一次施加,则荷载的每一部分都由全结构来承担。而实际上,对于高路堤和坝式路堤来说,逐级加荷更能反映实际情况。路堤在逐级加荷过程中,施工到某一高度,只有该高度以下已填筑土体来承担这部分荷载,对尚未填筑的上层土层没有任何作用,上层土体不受下层土体的影响。

逐级加荷与一次加荷在高路堤变形机理上的不同使得变形计算结果也不同。如果不考虑固结等时间因素对变形的影响,即假定变形在施工中瞬时完成,则下部结构的自重不影响上部结构的变形。施工进行到什么程度,这个高度以下土重引起的位移已经发生,这个高度上各点如果发生位移,仅仅是其上土重的作用所引起。堤顶以上不再有荷载,也就不再有位移。故堤顶位移为零;而对于一次加荷来说,任一点的位移都是路堤全部自重荷载作用的结果,堤顶土层最厚,自然沉降(垂直位移)最大。试验证明,如果绘出垂直位移沿高度的分布,则一次加荷堤顶最大,逐级加荷在(1/3~1/2)堤高最大。其形状分别如图2-34中的曲线 S_z' 和 S_z 所示。

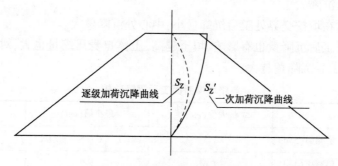

图2-34 逐级加荷与一次加荷比较

从图2-33可以看出图所示的实际沉降曲线介于两种变形模式曲线之间,更为接近逐级加载模式,最大沉降量大约发生在 $2/7H \sim 3/7H$ 之间。

(2)由于地基土是原状土,路堤填土是压实土,其工程性质有所不同,路堤自身压缩变形稳定的时间要比地基沉降稳定的所需的时间要短。也就是说,地基沉降得慢,路堤沉降得快;当土体的一部分发生位移(或相对位移)时,必然要受到静止(或相对静止)部分相接触处的抗剪强度的阻抗,这种阻抗使位移部分保持原来位置,于是土体的移动部分就把压力(部分或全部)通过土粒的接触面传给土体的静止部分。这种从位移部分把压力传给相邻静止部分的传递作用,称为土拱效应(或土拱作用),当这种土拱效应得到充分发挥时,移动部分的支撑将受到不变的压力。此时,支撑顶部之土体可称为有土拱产生。可以预见,即使竣工后相当长的时间内,这种拱还会存在,而且会上移。直至整个结构物变形稳定,拱才会消失,那时,路堤的最大沉降量才会出现在路堤顶部。

三、路基工后沉降计算

路基工后沉降直接影响工程的质量及工程完工后的安全使用。工程竣工后,路基工后沉降量的大小,规范有统一的标准。例如:沪杭高速公路允许一般路基的工后沉降量为25cm,桥头连接段为10~15cm;京津塘高速公路允许一般路基的工后沉降量为30cm,桥头连接段为8~15cm;宜黄高速公路汉沙段竣工后的剩余沉降量定为15~20cm,桥头连接段为10~12cm。公路工后沉降量由4部分组成,即:

$$S_r = S_{r1} + S_{r2} + S_{r3} + S_{r4} \tag{2-4}$$

式中:S_r——工程竣工后,路基的剩余沉降量,cm;

S_{r1}——路堤填土引起地基的最终沉降量与开始施工垫层时地基已发生沉降量之差值,cm;

S_{r2}——路面的垫层、基层及面层等荷载引起的地基的沉降量,cm;

S_{r3}——路堤填土本身的未完成的压缩量及其上部荷载引起的沉降量,cm;

S_{r4}——汽车活荷载引起的沉降量,cm。

实际工程中,一般路面的垫层、基层及面层厚度不大,其引起的变形S_{r2}也很小,并且也很容易计算。S_{r4}因为应力较小也可以忽略不计。因此,路堤的工后沉降主要由S_{r1}、S_{r3}两部分组成。实际应用中,路基工后沉降的计算常采用式(2-5)。

$$S_后 = S_\infty - S_施 \tag{2-5}$$

其中,地基的工后沉降计算较为成熟,本章在此不再赘述。而路堤填筑用土大多是经过开挖、重塑、搬运和再压实的土,属于非饱和土,而非饱和土的固结理论迄今为止是不成熟的。因此如何计算路基填土体本身未完成的沉降量是一个很难解决的问题。本章在总结大量的室内压缩试验和现场测试成果基础上,采用改进的分层总和法计算路堤填土的总沉降,并建立力、变形和时间的路堤沉降计算模型,从而较好地解决了路堤填土的工后沉降计算问题。

(一)利用改进的分层总和法(割线模量法)计算路堤沉降

根据室内固结压缩试验和分层总和法的思想,魏汝龙、刘保健等提出了改进的分层总和法——割线模量法。其主要内容如下:

1. 路堤在自重应力下的应力计算

路基填方既是承重体,同时又是荷载。就简单的上下两层填方体来讲,上层填方是荷载,而下层填方是承重体。根据资料,附加应力计算用其上方填土的高度与重度的乘积计算是较为精确的,见公式(2-6)、式(2-7)。

$$P_{ic} = r_i \frac{H_i}{2} \tag{2-6}$$

$$P_{iz} = r_i \frac{H_i}{2} + \sum_{j}^{n} H_j \times r_j \tag{2-7}$$

式中:P_{ic}——第 i 层填土体的自重应力;

P_{iz}——第 i 层填土体的自重应力及以上填方土体在第 i 层引起的附加应力之和;

r_i、r_j——分别为第 i 层填方体和第 j 层填方体的重度,kN/m³;

n——填方的次数;

H_i、H_j——分别为第 i 层填方体和第 j 层填方体的厚度,m。

2. 沉降计算

若在侧限一维压缩条件下,土样在某级荷载作用下的稳定变形为 S_i,土样在不加荷时的高度为 H_0,则可定义:$\varepsilon_{si} = S_i/H_0$ 为土样在第 i 级荷载作用下的侧限压缩应变,由前面知道 $\varepsilon_{si} = \frac{p_i}{A+Bp_i}$ 又 $E_{soi} = p_i/\varepsilon_{si} = A + Bp_i$。

结合土力学计算土体最终沉降的分层总和法思想,经过严密的数学推导,割线模量计算最终沉降量的公式可表达如下:

$$\Delta \varepsilon_s = \varepsilon_{s2} - \varepsilon_{s1} = \frac{p_2}{E_{so2}} - \frac{p_1}{E_{so1}} = \frac{p_2 E_{so1} - p_1 E_{so2}}{E_{so1} E_{so2}}$$

$$= \frac{p_2(A + Bp_1) - p_1(A + Bp_2)}{E_{so1} E_{so2}} = \frac{A(p_2 - p_1)}{E_{so1} E_{so2}} = \frac{A}{E_{so1} E_{so2}} \Delta p \tag{2-8}$$

式中:$\Delta \varepsilon_s$——在 Δp 应力增量作用下的竖向应变增量;

E_{so1}——相应于 p_1 作用下的割线模量;

E_{so2}——相应于 p_2 作用下的割线模量;

A、B——侧限压缩试验参数,分别为直线的截距和斜率。

和分层总和法一样,把需要计算沉降的某点地面以下的土层分成若干层,假定共有 n 层土,若某一土层的厚度为 H_i,附加应力为 Δp_i,则该土层的沉降变形为:

$$\Delta S_i = \Delta \varepsilon_{si} H_i = \frac{A}{E_{so1} E_{so2}} \Delta p_i H_i \tag{2-9}$$

则总的沉降变形为:

$$S_\infty = \sum_{i=1}^{n} \frac{A}{E_{so1} E_{so2}} \Delta p_i H_i \tag{2-10}$$

式中:E_{so1}——第 i 层土的相应于平均自重应力时的割线模量;

E_{so2}——该层土相应于平均自重应力加平均附加应力时的割线模量;

Δp_i——第 i 层土的平均附加应力值。

用上述公式方法计算最终沉降量的好处是没有 e_0 等计算参数误差的影响,并且十分易于实现电算。将此种方法用于高填方路基在自身作用下的沉降计算,不但有以上的好处,而且用此种方法还不用考虑土层的状态,无论是正常固结状态、超固结状态还是欠固结状态,只需知道土层所受的力的大小和土层的参数就可以进行计算。具体应用如下:

$$\Delta S_i = \frac{A}{E_{soic}E_{soiz}}\Delta p_i H_i = \frac{A}{(A+Bp_{ic})(A+Bp_{iz})}\Delta p_i H_i \quad (2\text{-}11)$$

式中:ΔS_i——第 i 层填方在其上填方作用下沉降变形值;

E_{soic}——第 i 层填方在自身重力作用稳定下的割线模量,对填方路堤自重应力用式(2-6)进行计算;

E_{soiz}——第 i 层填方在其上填方附加应力和自身重力作用稳定下的割线模量,对填方路堤用式(2-7)进行计算;

Δp_i——在第 i 层填方在其上填方附加应力作用下的应力增量,其表达式为 $p_{iz} - p_{ic}$;

H_i——第 i 层填方的厚度;

A,B——为侧限压缩试验参数。

故填方部分的总的沉降 S 为:

$$S = \sum_{i=1}^{n} \Delta S_i \quad (2\text{-}12)$$

(二)考虑力、变形和时间耦合的路堤沉降模型

对于以沉降为控制条件需要进行预压处理的路基工程,沉降计算的目的在于估算堆载预压期间沉降的发展情况、预压时间、超载大小以及卸载后的剩余沉降量,以便调整排水系统和加压系统的设计。公路填方路堤总有一定的施工期,设计时虽未考虑预压,但是在自重应力作用下施工期总有一定的沉降,只有扣除这部分沉降,才能正确估算工后沉降量。而对于以稳定为控制条件的软基工程,通过沉降计算,可以估计施工期间因地基沉降而增加的土石方量,估计工程完工后尚未完成的剩余沉降量。由此可知,沉降计算共有两个目的:

(1)估算路堤在施工期间和施工期后由于地基和路堤本身沉降而增加的土石方量。

(2)推算沉降量与时间之间的关系,作为加固地基应采取措施的依据,以控制铺筑路面后的剩余沉降量要求。

对于高填方路基的问题,路基填方本身的沉降对于高等级公路计算工后沉降量来说也是不可忽略的。前面说明了如何计算最终沉降,而未涉及变形与时间的关系。而要计算竣工后的工后沉降量的大小,还必须知道施工完成后已完成的沉降量。这就涉及变形与时间的作用关系。实际上,地基土的压缩、构筑物的沉降以及稳定性,都与时间有密切关系。土体在荷载作用下内部含水率缓慢渗出,体积逐渐减少,这一现象称之为土的固结。就目前的发展水平来看,饱和土体的固结变形可用两种途径进行计算。一种是利用分层总和法计算土体的最终变形量,然后利用固结理论计算变形与时间的关系。另一种则根据试验参数建立土的本构模型,用有限单元法计算土体的沉降问题。应力计算都采用弹性力学的解求得土中的应力分布。所有的方法都有一个共同的特点:不考虑时间与变形和力的互动关系,仅仅是根据已知应力求土体的变形或者固定力不变仅仅计算变形和时间的关系;也就是不能同时考虑力、时间与变形的关系。而对于人工填土来说就更加复杂了,最主要的原因就是人工填土属于非饱和土体,而非饱和土的固结理论迄今为止是不成熟的(前面也谈过建立非饱和土的固结方程的难度所在),

就更不用说把它应用于实际工程中了。但是对于高等级公路中出现的高填方问题,路堤填方的沉降是不容许被忽略的。为了保证公路运营期路面的质量,JTG F80/1—2017 规程要求的工后容许沉降量对不同的土体工程为 10~30cm。这就涉及要计算最终沉降量和沉降随时间的发展问题,因此,寻求一种简单可靠且能同时考虑荷载、时间与沉降相互关系的数学模型来计算填方的变形是很有必要的。本章拟在饱和土的固结理论的基础上,考虑非饱和土的个性,依靠大量的试验数据,根据试验资料与相似理论提出简单实用的适用于人工填土的施工控制模型以供实际使用。

1. 双曲线模型的建立

在饱和土的固结理论中,固结度和时间因数之间是单值函数的关系。在非饱和土固结理论中,固结方程的建立是按照组成土的水、气两相分别建立方程的。单就某一相来讲,时间因数和相应的固结度之间仍然呈单值函数关系。在本书中,拟对填土的固结过程并不考虑非饱和土的三相组成,把非饱和土的各相看作一个整体。因此,类似于饱和土固结理论中定义以下几个变量:

C_v^z——非饱和土不考虑分相的准固结系数;

T_v^z——非饱和土不考虑分相的准时间因数;

U_v^z——非饱和土不考虑分相的准压缩度。

与饱和土类似,假定准压缩度与准时间因数之间呈单值函数关系。也就是如果已知某一个准时间因数,也就能知道准压缩度。如果土为饱和土,那么 C_v^z、T_v^z、U_v^z 就具有了与饱和土固结理论中的固结系数、时间因数和固结度相同的意义。从相似理论知道,$T_v^z = T_v^{z'}$,$U_v^z = U_v^{z'}$

进而

$$\frac{C_v^z t}{H^2} = \frac{C_v^{z'} t'}{H'^2} \tag{2-13}$$

式中:t'、H'——模型的时间、厚度;

t、H——原型的时间、厚度。

假定在模型和原型之间的准固结系数是相等的,也即 $C_v^z = C_v^{z'}$

所以有

$$\frac{t}{H^2} = \frac{t'}{H'^2} \tag{2-14}$$

如果知道 t、H'、H,那么可求得模型的时间

$$t' = \frac{tH'^2}{H^2} \tag{2-15}$$

值得注意的是饱和土体变形速率取决于排水速率,又因为水流速度的大小与水头 H^2 成正比。但是非饱和土不一定与 H^2 成正比,这里仅是假设非饱和土与饱和土为准相似条件下的情况,因此是否正确有待于进一步检验。

在此基础上,就可以应用试验分析得到的双曲线模型计算模型的压缩度,通过相似理论的引用,就可知道原型的压缩度,进而可以知道某时刻原型的变形值。

$$S_t = \sum_{i=1}^{n-1} \sum_{j=i+1}^{n} S_{ijt} \tag{2-16}$$

$$S_{ijt} = U^z_{vijt} S_{ij} \quad (2\text{-}17)$$

式中：i——土层的层数，$1 \leq i \leq n-1$；

j——荷载的级数，$2 \leq j \leq n$；

n——填土的总层数；

S_{ijt}——第 i 土层在第 j 级填方荷载作用下 t 时刻的变形值；

U^z_{vijt}——第 i 土层在第 j 级填方荷载作用下 t 时刻的准压缩度，$U^z_{vijt} = U^{z'}_{vjt'}$；

S_{ij}——第 i 土层在第 j 级填方荷载作用下最终稳定变形值。

$$U^{z'}_{vjt'} = \frac{\Delta \varepsilon'_{jt'}}{\Delta \varepsilon'_{j\infty}} \quad (2\text{-}18)$$

$\Delta \varepsilon'_{jt'}$——在模型中模拟原型受荷情况下第 j 级荷载 t 时刻的应变；

$\Delta \varepsilon'_{j\infty}$——在模型中模拟原型受荷情况下第 j 级荷载最终的应变值；

为了便于理解公式（2-16）、式（2-17），可以参看图 2-35。

2．时间对数计算模型的建立

由前面公式（2-13）知道，在某级荷载作用下有 $\Delta S = a + b \times \ln t$，如果不计 a 值，认为原型与模型的 b 值相等即 $b = b'$；b 和 b' 分别为原型与模型的参数；

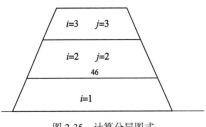

图 2-35　计算分层图式

又

$$b = \frac{\Delta S}{\ln t} \quad (2\text{-}19)$$

$$b' = \frac{\Delta S'}{\ln t'} \quad (2\text{-}20)$$

所以

$$\frac{\Delta S}{\ln t} = \frac{\Delta S'}{\ln t'} \quad (2\text{-}21)$$

$$\frac{\Delta S_\infty}{\Delta S'_\infty} = \frac{\Delta \varepsilon_\infty \times H}{\Delta \varepsilon'_\infty \times H'} = \frac{\ln t}{\ln t'} \quad (2\text{-}22)$$

又因为模型与原型的土的参数是一致的，所以 $\Delta \varepsilon_\infty = \Delta \varepsilon'_\infty$

所以

$$\frac{H}{H'} = \frac{\ln t}{\ln t'} \quad (2\text{-}23)$$

也即

$$t' = e^{\frac{H' \times \ln t}{H}} \quad (2\text{-}24)$$

在此基础上，再引用上一节相似理论中模型与原型压缩度是相等的，即：

$$U^z_{vijt} = U^{z'}_{vjt'} \quad (2\text{-}25)$$

$$U^{z'}_{ijt'} = \frac{\Delta S'_{jt'}}{\Delta S'_{j\infty}} \quad (2\text{-}26)$$

$$\Delta S'_{jt'} = a_j + b_j \times \ln t' \quad (2\text{-}27)$$

$$\Delta S'_{j\infty} = \frac{A \times \Delta p \times H_j}{(A + Bp_j)(A + Bp_{j-1})} \quad (2\text{-}28)$$

式中：i——为土层的层数，$1 \leq i \leq n-1$；

j——为荷载的级数，$2 \leq j \leq n$；

n——填土的总层数；

$\Delta S'_{jt'}$——在模型中模拟原型受荷情况下第 j 级荷载 t 时刻的变形；

$\Delta S'_{j\infty}$——在模型中模拟原型受荷情况下第 j 级荷载最终的变形值。

再代入到公式(2-16)、式(2-17)中，就可以得到时间对数的同时考虑力、变形和时间的本构模型。

3. 分级荷载作用下沉降量的叠加

虽然上面已经建立了力、变形和时间互动关系的沉降计算数学模型，但是它还不能进行直接的计算。这是因为在上述的公式中我们可以计算任意一层填方在任意一时刻在某一层引起的沉降变形。但没有考虑到前一次填方 P_{ij} 作用下压缩尚未完成时就施加了下一级荷重 P_{ij+1} 时的沉降值。这就涉及沉降量的叠加问题。

叠加的基本假定如下：

(1) 每一级填方荷载增量引起的固结过程是单独进行的，和上一级或者下一级荷载增量所引起的固结无关；

(2) 每级荷载是在加荷完成时一次瞬时施加的；

(3) 每级荷载在 t 时刻的压缩变形与在荷载作用下经过时间 $(t-t_j)$ 后的状态是一致的。如果 $t_{j-1} < t < t_j$ 时，忽略了第 j 层引起的沉降变形。其中 t_{j-1}, t_j 分别是第 j 级和第 $j-1$ 级荷载作用完成时的时刻；

(4) 某一时刻 t 的总沉降量等于该时刻各级荷载作用下的沉降量的叠加。

根据上面的几个假定，就可以进行计算任意填土在任意时刻的固结变形了。双曲线计算模型的一系列公式如下：

$$S_t = \sum_{i=1}^{n-i} \sum_{j=i+1}^{n} S_{ijt} \quad (2\text{-}29)$$

$$S_{ijt} = U^z_{vij(t-t_j)} S_{ij} \quad (2\text{-}30)$$

$$U^z_{vij(t-t_j)} = U^{z'}_{vjt'} \quad (2\text{-}31)$$

$$t' = \frac{(t-t_j)H'}{H^2} \quad (2\text{-}32)$$

$$U^{z'}_{vjt'} = \frac{\Delta \varepsilon'_{jt'}}{\Delta \varepsilon'_{j\infty}} \quad (2\text{-}33)$$

$$\Delta \varepsilon'_{jt'} = \frac{t'}{N_i + \frac{(A+Bp_{j-1})(A+Bp_j)}{A(p_j-p_{j-1})} \times t'} \quad (2\text{-}34)$$

$$\Delta \varepsilon'_{j\infty} = \frac{A(p_j - p_{j-1})}{(A+Bp_j)(A+Bp_{j-1})} \quad (2\text{-}35)$$

式中：i——为土层的层数，$1 \leqslant i \leqslant n-1$；

j——为荷载的级数，$2 \leqslant j \leqslant n$；

n——填土的总层数；

S_t——原型(路基填方)在 t 时刻的变形值；

S_{ijt}——路基填方第 i 层在第 j 层填方荷载作用下 t 时刻的变形值；

$U^z_{vij(t-t_j)}$——路基填方第 i 层在第 j 层填方荷载作用下 t 时刻完成的压缩度；

t'——与原型经历时间 $(t-t_j)$ 等价的模型所需的时间；

$U^{z'}_{vjt'}$——与 $U^z_{vij(t-t_j)}$ 相等的模型在相同荷载增量作用下经过时间 t' 的准压缩度；

$\Delta \varepsilon'_{jt'}$——模型中在第 j 级荷载增量作用下经历时间 t' 的应变增量；

$\Delta \varepsilon'_{j\infty}$——模型中在第 j 级荷载增量作用下的最终应变值。

$$t' = e^{\frac{H' \times \ln(t-t_j)}{H}} \quad (2\text{-}36)$$

$$\Delta S'_{jt'} = a_j + b_j \times \ln t' \quad (2\text{-}37)$$

$$\Delta S'_{j\infty} = \frac{A(p_j - p_{j-1})H_j}{(A+Bp_j)(A+Bp_{j-1})} \quad (2\text{-}38)$$

式中：t'——与原型经历时间 $(t-t_j)$ 等价的模型所需的时间；

$\Delta S'_{jt'}$——在模型中模拟原型受荷情况下第 j 级荷载 t 时刻的变形；

$\Delta S'_{j\infty}$——在模型中模拟原型受荷情况下第 j 级荷载最终的变形值。

利用上面的公式计算得到 t 时刻填方的总变形值 S_t。由于填方部分的沉降量一般很小，计算它自身的沉降变形主要是为了控制它的工后沉降量。因此，在进行压缩度的叠加时，所做的假定是从施工结束后算起的，这样计算的工后沉降量偏于安全。

第三章 车辆荷载作用性状与路基填土动力特性

随着我国公路建设的飞速发展,公路主干线上的重型运输货车的数量不断增加,同时车轴荷载也呈上升趋势。然而,重型货车运输的增长不可避免地加速了公路路面的磨损和路面底层的损坏。对于路桥过渡段而言,车辆荷载的不断作用使得道路和桥梁正在承受着最初建造时不曾预料的负担。尤其是重型车辆和大的交通流量,加速了桥头沉陷的形成,并使得差异沉降现象日益严重。而路桥过渡段之路基填土除承受自重荷载而产生沉降变形外,还要承受车辆振动荷载特别是冲击荷载的作用。因此,开展车辆荷载振动与冲击荷载的作用频度和作用强度的研究,并借助于 GDS 动三轴试验系统开展路基填土的动力特性试验,获取路基不同填料的动力特性和相关参数,为理论计算和数值仿真模拟提供有效支撑,对于准确把握路基填土附加沉降很有意义。

一、车辆振动与冲击荷载特性测试

研究表明,车辆动态荷载对道路的损伤远远大于车辆静态重量之影响,传统的半经验公式认为,道路结构的损坏大体与轮载的四次方成正比。因此,除偶尔会出现灾难性的突然损坏外,大多数的公路损伤是一种渐进的过程(疲劳)。路面和支撑底层的损坏是由于数百辆重型货车驶过引起,而非同一时间内数千辆轿车或轻型车经过而造成。

由此可以明显看出,造成路面损坏,甚或加剧差异沉降的主要因素是重型车辆和交通流量。因此,在道路修筑技术研究中,要想正确地在试验台上模拟真实道路的受力情况,必须对不同车辆,尤其是重型车辆,作用于路面的荷载进行准确的测量,然后根据交通流量统计,合理编制荷载谱,再通过模拟加载装置,实现道路模拟的真实再现。

长久以来,对路面材料,尤其是对材料的疲劳等特性的研究中,一般都是将荷载信号以正弦波模拟。但实际上,车辆对路面的破坏是一连串的脉冲信号,也即是一连串的瞬态冲击。尤其是当遇到路面突起(如桥头沉降),这种瞬态冲击将变得更大。因此,在模拟试验台上,不应以正弦波信号加以模拟,而应该准确得到车辆对路面的冲击波形,并对车辆信号的出现周期进行较为准确测量,从而对加载装置提出合理、科学的指导。

(一)道路荷载测量方法

任何道路荷载测量系统都是由传感器、数据采集与分析系统所构成。而传感器是整个系统的核心,它决定了系统的使用寿命、测试精度和稳定性。WIM(Weigh in Motion)项目运行数年来,已发现并非所有商用 WIM 系统的性能都令人满意,其中的一些系统由于受原理制约,测量精度不理想。因此,动态道路荷载测量系统的开发研制主要是对传感器的合理选择。目前,常用的道路荷载测量传感器,主要有两种。

1. 台式称重系统

轮胎底部支撑面全部作用到称重台上。使用应变计或其他静态敏感元件,可以在车辆静止状态下称重。如果在高速下测量,车轮颠簸和悬挂系统振荡的动态效应会影响精度。振荡的波长通常会超过称重台的宽度,通过多个系统求平均值可以满足精度要求。但由于台式称重系统使用钢框架安装的高成本限制了它的应用。

2. 条状传感器 WIM 系统

条状荷载传感器可安装到狭窄的路面凹槽中,因而很经济。一般采用排列多个传感器获得动态信号平均值。因为条状传感器的宽度比轮胎印迹窄,力信号必须沿车轮接触长度积分。因此,条状传感器的性能主要取决于积分时段内信号的质量和传感器与路面相互作用的长期稳定性。

(二)石英式荷载传感器的特点

1. 敏感材料的稳定性

压电电缆为铜质外壳,内部为钙钛矿类压电粉末的同轴电缆。众所周知,压电陶瓷材料的灵敏度会退化且非线性,迟滞较大。对于动态高精度的力测量,石英晶体传感器无疑具有明显的优势。2.3PC/N 的压电灵敏度是石英的材料常数,因而绝对稳定。由于生产制造时压电极化公差,一个压电电缆灵敏度的绝对数值随长度的变化范围一般为 ±7%。相比之下,石英晶体敏感元件的灵敏度随长度的变化则可保持在 ±2% 以内。

2. 信号基线稳定性

对于信号的精确分析,特别是在三轴或系列轮载中确定单轴荷载,稳定的脉冲形状非常重要。压电电缆固有的松弛现象和绝缘电阻较低,会导致信号过小。图3-1 显示了压电电缆和石英 WIM 传感器的基线稳定性。由于石英优异的绝缘电阻,还可进行准静态测量,因而能够测量极慢的交通荷载和允许用静载标定石英 WIM 传感器。

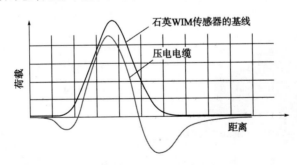

图 3-1 压电电缆和石英 WIM 传感器的基线对比曲线

3. 温度稳定性

与压电电缆不同,石英晶体没有热电效应,因而,即使有温度瞬变也不会引起信号漂移。石英还具有灵敏度温度系数小至可忽略的优点(约 -0.02%/℃),因而无须采用特殊手段补偿路面温度的影响。

4. 机械稳定性

由于电容式条状传感器和压电电缆的灵敏度非定向,需将其嵌入塑性材料中,以将轴载传递到电缆直径方向。而石英 WIM 传感器只对竖向荷载敏感,并且它的高刚度设计与路面刚度相匹配。

综上所述,由于石英式动态荷载测量系统具有优异的精度和稳定性,并且易于安装,所以采用石英式荷载传感器进行测量动态荷载作用的准确测量。测试系统如图 3-2 所示。

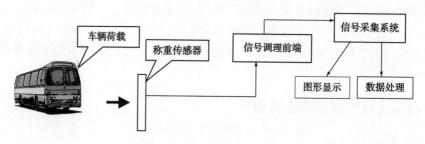

图 3-2 道路荷载测量系统示意图

具体试验过程为:不同的车辆荷载,以不同的车速通过石英式称重传感器,传感器将正比于车辆轴载的电荷量送入电荷放大器,电荷放大器将其转换为模拟电压量送入数据采集系统,通过数据采集和分析软件,计算得出实际作用于路面的荷载大小和不同车速下轴荷载冲击作用的周期。据此,再根据交通流量统计,就可以准确地编制出当量荷载谱,从而真实地模拟桥头沉降的规律。

(三)车辆通过桥头时的信号特征

当运行车辆通过桥头时,其前、后轴将分别对路面产生冲击荷载,特别是对重型车辆而言,还有可能造成多次脉冲,视车辆的轴数而定。图 3-3 所示为车辆某一车轮作用于路面的典型压力分布曲线。

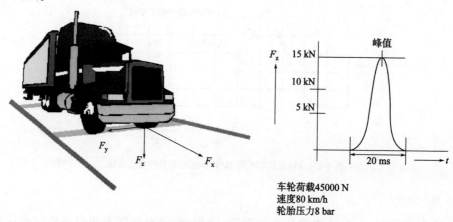

图 3-3 典型轮载曲线

对典型的双轴车辆而言,其信号特征如图 3-4 所示。

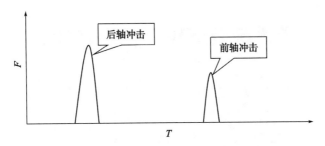

图 3-4 车辆行驶过程中作用于路面荷载示意图

对信号进行分析时,由于受轮胎气压、车辆行驶速度、标定常数等因素的影响,通过脉冲信号的幅值是不能准确表征荷载大小的,必须以两脉冲信号下的面积代表前、后轴重。两脉冲时间的间隔结合车速可识别出车辆的轴距。当然,对目前的试验任务,轴距是不重要的。另一方面,脉冲信号的宽度,也即作用于路面特定点的作用时间又取决于车速,一般而言车速越快,脉冲宽度越窄。

车辆驶过传感器后产生脉冲信号,对该响应信号的正确处理,关系到动态称重的准确度。经过大量的研究,独特的荷载计算公式为:

$$W = \left(\frac{V}{L_S}\right) \times A \times C \tag{3-1}$$

式中:W——车轮荷载;
　　　V——车辆驶过传感器的速度;
　　　L_S——传感器的宽度;
　　　A——脉冲曲线面积;
　　　C——标定常数。

(四)荷载测量传感器的安装

选择一试验路段,将传感器按要求埋入路面,以进行荷载测量。由于是进行试验研究,故只需埋一个传感器。试验时,令试验车速度恒定,保证车辆的一侧驶过传感器即可。试验简图如图 3-5 所示。

特别需要指出的是,传感器的埋设,直接影响到波形和荷载大小的测量,并会对下一步的模拟产生影响。因此,为保证测量信号的准确性,传感器的安装是在供应厂商指派的专家指导下完成的。该传感器埋置于长安大学汽车试验场内。图 3-6 为传感器埋置时的工作照片。

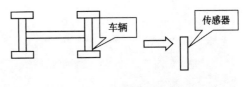

图 3-5 试验简图

(五)荷载分布

为了合理地模拟道路上的各种车辆荷载,拟根据常见车型进行道路荷载谱的测量。同时,为研究不同车速下车辆荷载的冲击频率,每一辆车至少对路面造成两次冲击,而两次冲击之间隔,取决于车速,(同时,荷载的精确计算也需要考虑车速),对此进行了不同车速下的试验研究。具体工况如表3-1所示。

图 3-6　称重传感器的安装

测试车辆车型与车速　　　　　　　　　　　　　　　表 3-1

车　型	速度(km/h)			
	40	60	80	100
小型车(轿车)	＊＊	＊＊	＊＊	＊＊
大客车	＊＊	＊＊	—	—
载重车(中型车)	＊＊	＊＊	—	—
重型车	＊＊	＊＊	—	—

注:＊＊表示开展了试验研究。

(六)试验曲线和试验现场

图 3-7 ~ 图 3-12 为试验现场和试验得到的典型压力分布曲线。

图 3-7　试验前的准备工作

图 3-8　用于车辆触发的红外传感器

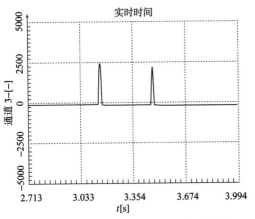

图 3-9 捷达轿车以 30km/h 行驶的荷载曲线

图 3-10 试验车辆后轮通过称重传感器

图 3-11 东风载货车通过称重传感器

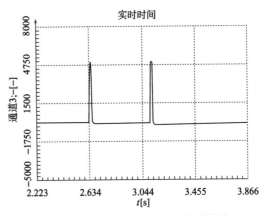

图 3-12 东风载货车 30km/h 的荷载曲线

二、车辆荷载作用性状分析

(一)模拟荷载谱的构成

由前述,每一车辆对路面的作用都是一个含有两个以上脉冲的冲击信号,因此,模拟荷载的基本构成应该根据轴数、车速和交通量来进行。例如,对中型车而言,模拟荷载应以两个不同幅值的半正弦脉冲组成,两脉冲之间的时间间隔,取决于车速。假设根据交通量统计,该型车的年通过量为 1000 辆,则模拟荷载周期为 1000/年,也即以上述两脉冲信号为基信号,脉冲数为 1000,构造模拟加载信号。如图 3-13 所示。

(二)轿车和载货车不同车速下动态荷载测量

为研究不同车速对车辆动态荷载的影响,并为荷载模拟提供试验依据,分别对目前市场占有率极高的捷达轿车(小型车代表车型)和东风载货汽车(重型车的代表车型)进行了不同车速下,车辆的动态荷载测量。图 3-14 ~ 图 3-18 为实际测量结果。

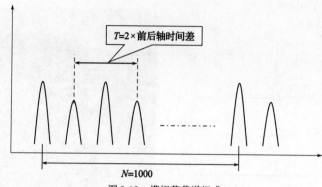

图 3-13　模拟荷载谱组成

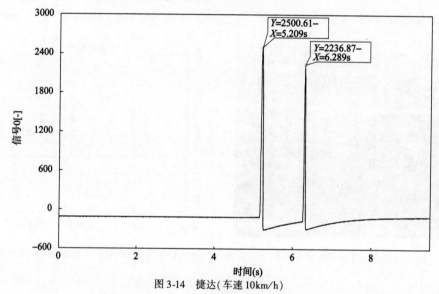

图 3-14　捷达（车速 10km/h）

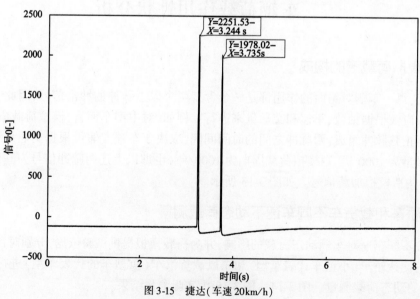

图 3-15　捷达（车速 20km/h）

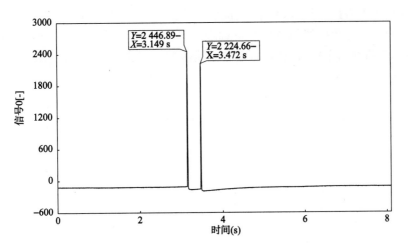

图 3-16　捷达(车速 30km/h)

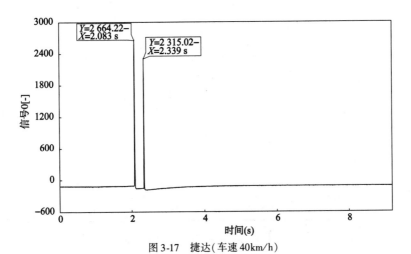

图 3-17　捷达(车速 40km/h)

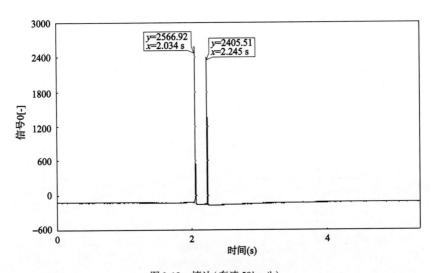

图 3-18　捷达(车速 50km/h)

由图中曲线可以看出,对于双轴车辆,前后轴分别作用测量点的时间差与车速有关,车速越快,时间差越短,但作用曲线的形状不变,曲线下面积随车速的增加而减小。由荷载计算公式可知,车轮动态荷载与车速、传感器宽度和曲线面积密切相关,而车速的精确获得是保证准确获得荷载值的基础。由于试验车辆的轴距已知,因此可根据测量曲线峰值之间的时间差计算得出准确的车速(表3-2)。表3-3所示为不同车速下所测量得到的车轮荷载。由方差分析结果可以看出,测量结果最大偏差10%,足以达到工程应用的精度。

捷达车前后轴作用时间和车速 表3-2

试验车型	名义车速(km/h)	前、后轴作用荷载时间差(s)	车速(km/h)
Jetta GIX	10	1.083	8.21
	20	0.495	17.97
	30	0.322	27.54
	40	0.256	34.74
	50	0.183	48.61

不同车速下捷达车前后轮作用荷载 表3-3

试验车型	试验车速（km/h）	前、后轴作用荷载(kg)		方　差	
		前轮荷载	后轮荷载	前轮荷载	后轮荷载
Jetta GIX	8.21	361.12	229.05	2%	5.3%
	17.97	319.94	217.70	-9.2%	-10%
	27.54	347.00	244.29	-1.2%	0.98%
	34.74	379.44	259.78	7.58%	7.3%
	48.61	355.93	258.71	0.9%	6.9%

图3-19~图3-23所示为不同车速下,东风载货车的动态荷载测量曲线。

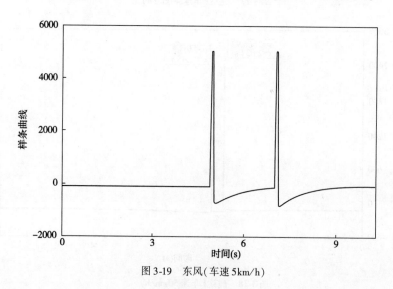

图3-19　东风(车速5km/h)

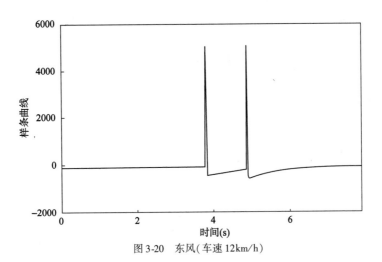

图 3-20　东风(车速 12km/h)

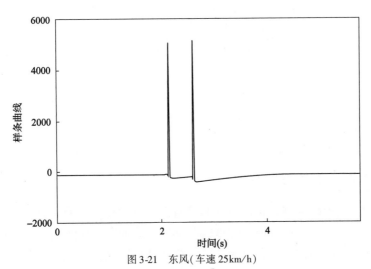

图 3-21　东风(车速 25km/h)

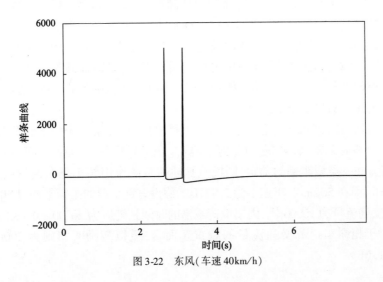

图 3-22　东风(车速 40km/h)

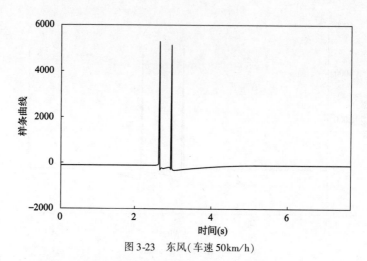

图 3-23 东风(车速 50km/h)

表 3-4 所示为东风载货车车轴作用时间。

不同车速下东风车前后轴作用时间　　　　表 3-4

试验车型	名义车速(km/h)	前、后轴作用荷载时间差(s)	试验车速(km/h)
东风 EQ-140	5	2.107	6.41
	12	1.063	12.70
	25	0.474	28.48
	40	0.306	44.11
	50	0.296	45.61

(三)模拟加载装置的设计准则

由表和图可看出,模拟加载装置需要同时具备调节频率和振幅的能力。试验结果表明,车辆对道路的荷载冲击,是一个持续但不连续的脉冲链。脉冲数和作用间隔与车速、车型密切相关。此外,模拟脉冲荷载的构造还和车辆的通过模式和交通流量有关。从车型来看,越大型的车辆(载货车,大型车)轴距越长,前后轴作用荷载脉冲的时间间隔就越长,反映在模拟加载装置的设计上,其荷载频率就越低。也就是说,车辆越小,模拟加载装置的频率就越高。这也就意味着如果模拟加载装置的荷载作用频率满足小型车的要求,则必然能够满足大型车辆的加载频率要求。从车速看,车速越高,脉冲作用时间间隔越短,也即荷载作用频率越高。同样道理,满足高频要求的加载装置,必然满足低频要求。因此,以小轿车的试验数据为基础确定加载装置的频率,是完全满足要求的。

确切地说,例如对以 30km/h 行驶的捷达车进行模拟时,其第一个峰值到第二个峰值的时间差为 0.322s,而峰值需要从 347kg 调整到 244kg。在极限状态下,假设车辆一辆接一辆地通过,其安全距离为同一类型车辆的轴距,则模拟脉冲荷载的作用频率是车速的函数,即在此车速下约为 1.55Hz,而在 50km/h 车速下为 2.73Hz。假设该种车型的车辆平均以 50km/h 通过桥头,而该车型的交通流量为 10000 辆,则模拟荷载谱的时间长度应为 20000×0.183=3660(s),约为 1h。但是,对于相同车速和交通流量的载重车而言,模拟激励时间则为 20000×0.296=5920(s),约为 1.6h。

而对于模拟加载装置的振动幅值,由捷达车的测试结果可以看出,运动过程中车辆的轮载与其额定荷载相差不大,因此,可以通过有代表性的运输车辆的技术数据确定加载装置的振动幅值。

综上所述,模拟荷载谱由以下3个元素构成:
(1)幅值:取决于车型(小型、大客、载货、超大型),选取代表性的车辆测量得到;
(2)双轴、三轴或多轴不同车速下的轴载测量时间差:选取代表性的车辆测量得到;
(3)交通流量:不同车型的统计,决定荷载谱的作用时间。

对于三轴车辆或多轴车辆而言,由于后轴到第三轴的距离很短,在较高车速下作用于路面的脉冲间隔就很短,这对模拟加载装置提出了较高的要求,即在很短的时间里,产生两个较高的脉冲。根据现在的技术水平,还无法达到此要求。因此,通过考虑荷载的实际作用形状和模拟加载装置的实现能力,将第二、三轴的荷载加权叠加,以一个半正弦脉冲来表达,荷载幅值为两者之和,作用时间为两者的算术平均。

而对于特大型载货列车,由于荷载大,车速慢,对差异沉降不敏感,而且交通流量小,所以,加载模拟中,可暂时不加考虑。

三、路基填土动力特性试验研究

土体工程在静荷载下将产生一定程度的塑性变形,这是工程界人所共知的事实。但土体工程在往复动荷载下将产生一部分随时间而发展的振动变形,(含塑性振陷变形和弹性变形),这样的事实容易被人们忽略,实际上,有些工程问题的振动变形是不能被忽略的,例如本书所研究的路桥过渡段修筑技术,车辆动荷引起的弹塑性变形就不应被忽略。

土在动荷载作用下的变形受许多因素的影响。它们是:动荷幅值的大小、动荷波形的不同、动荷频率的大小、动荷作用时间的长短。土的动变形也受土材料的影响,包括土干密度的大小、土含水率的大小、土材料的区别等。由于种种原因,人们还没有完全了解这些因素对土变形的作用。

本书研究的目标就是通过试验,探求动荷作用下公路压实土的工程特性。公路工程的压实标准较其他土木工程行业要高,但高密度下压实土、石灰土的动力特性研究成果较少见。本书的主要的成果就是:通过试验探求高密度下压实黄土、石灰土的动应力、动应变本构关系,动阻尼特性,动强度特性和动变形特性。突破的关键技术主要是高密度下土动变形的量测技术。

(一)主要研究内容及实施方案

1. 主要内容
(1)进行了不同压实度、不同含水率条件下压实黄土的动力特性研究。
(2)进行了压实石灰黄土的动力特性研究。

2. 主要实施方案
(1)进行了素压实黄土、石灰黄土的击实试验研究。
(2)进行了素压实黄土、压实石灰黄土的无侧限抗压试验研究。

(3)进行了素压实黄土、压实石灰黄土的动三轴试验研究。
(4)进行了素压实黄土、压实石灰黄土的动力特性的分析研究。

3. 关键技术

高密度土样条件下,在动三轴试验中高精度测土的动变形是关键技术。

(二)试验方案设计

1. 试验仪器简介

长安大学岩土与隧道工程研究所的 GDS 动三轴仪的外观如图 3-24 所示。GDS 动三轴仪为英国 GDS 公司生产的双向激振动三轴仪,是目前为止比较先进的动三轴试验仪器。

图 3-24 GDS 动三轴试验系统

2. 压实黄土的试验方案

在前人研究的基础上,对压实黄土在不同的干密度、不同的含水率和不同的固结比下,承受动荷载时的性状展开试验研究。试样采用 φ50mm × 100mm,波形采用正弦波,频率采用1Hz。为清晰起见,采用拉伸试样帽,这样轴向和径向的固结应力是独立施加的,同时不将试样与底座和试样帽胶结,也就是说轴向动应力不能超过轴向的固结应力。多数情况采用连续采集数据的方式,在探讨动变形特性时,为得到某些因素随振次的变化规律而设定振次较大时,由于采样容量的限制,采用间隔采集数据的方式。

制样过程首先是将取回的散土摊开风干,然后碾碎过筛,再按照一定的干密度和含水率配土,之后放入保湿缸中闷置(不少于24h),以使水分均匀,最后将每份土等分为 10 小份,使用液压千斤顶一份一份地将土压入试样模中,也就是说将每份土压成10mm 高。层与层之间用小刀划开,以消除分层现象,这样能够使试样最大限度地均匀。对于含水率较小的土样(如8%),由于手动液压千斤顶压实功的限制,很难直接成样,本试验采用间接的方法,即先制成相同干密度的,含水率为10%的试样,然后自然风干,并不断称量以控制到预定的重量,此后再放入保湿缸中养护数日,使水分均匀。固结标准取每小时的轴向变形不超过 0.01mm。固结完成后,关闭排水阀门,逐级增大动应力,但不能超过轴向固结荷载,以不引起试样与底座和试样帽脱开为宜。为此,制定的试验方案如下:

(1)黄土基本物理指标的测定,包括颗粒分析和液塑限。试验方法严格按照《土工试验规程》(DT-1992)执行;

(2)试样制备含水率采用8%、12%和16%,干密度采用$1.4g/cm^3$、$1.6g/cm^3$ 和$1.8g/cm^3$。此外,对于干密度为 $1.6g/cm$ 的试样还将做两组含水率为 20% 的情况,其中一组为配制含水率,另一组为增湿含水率(16% ~ 20%);

(3)固结比 k_c 采用 1 和 1.5,两种固结比下围压采用 100kPa、200kPa、300kPa 和 400kPa,一般某一围压下采用 5 到 6 个逐级增大的动应力,但必须保证试样不与底座和试样帽脱开;

(4)对于一些较硬的土样,围压 = 400kPa,k_c = 1.5,因而能提供的最大动应力小于 600kPa

时,在仪器能提供的最大振次 10000 次的情况下,土样并不破坏。因此,一般情况下对于某个动应力采用振次为 3000 次,每个循环采集 20 个点,并且一个试样只用一个动应力。整理第 10 个循环的动应力、动应变值即可得到相应的动本构关系,而不采用一般情况下研究动本构关系时,对于一个试样采用多个动应力(要求不产生明显的轴向残余应变),每个动应力下振动 10 次或 30 次的做法。本试验这种做法的缺点是费试样费时间,但得到的动本构关系更加理想,并且上述试验的数据可以直接用来整理动强度曲线和动变形曲线。对于在有限的振次内能振坏的试样,一直振到试样破坏或产生相当的轴向应变(如 10%)为止。

本书在整理动应力-动应变关系时,多数都是采用第 10 个循环的动应力、动应变值,只是在探讨动本构关系随振次的变化规律时,才采用其他循环的动应力、动应变值。试验过程中,每个循环采集 20 个点,更确切地说是采集 20 组数据(包括 σ、ε、p、q 等),按照软件的设置,这 20 个点中有一个在正弦波的波峰采集,有一个在波谷采集,于是某次循环(例如第 10 次)的动应力 σ_d 和动应变值 ε_d 分别为:$\sigma_d = (\sigma_{max} - \sigma_{min})/2$,$\varepsilon_d = (\varepsilon_{max} - \varepsilon_{min})/2$。动弹性模量 E_d 由第 10 个循环的动应力除以动应变得到,即 $E_d = \sigma_d/\varepsilon_d$。动阻尼比 λ 采用第 10 个循环的滞回圈,由经典的面积比方法确定,也即 $\lambda = \dfrac{1}{4\pi} \dfrac{\text{滞回圈的面积}}{\text{三角形} oAA' \text{的面积}}$。整理动强度时,当动应力较大时,试样可能很快就被振坏,因此动应力可能从一开始就在衰减,此时改为整理第 5 个循环的动应力。研究动变形特性时,在均压下整理双幅动应变随振次的变化曲线,在偏压下整理综和应变随振次的变化曲线,另外还探讨振陷特性,整理第 10 个循环动应力和残余应变之间的关系曲线。

四、试验结果与分析

(一)压实黄土动三轴试验成果分析

依据不同的干密度(1.4g/cm^3、1.6g/cm^3、1.8g/cm^3)、含水率(8%、12%、16%),在不同固结应力比(1.0、1.5)、固结应力(100kPa、200kPa、300kPa、400kPa)下进行的耦合试验,探讨了压实黄土动力特性三个方面的内容:动本构关系、动弹模和阻尼比、动变形和动强度。重点探讨这三者随固结压力、含水率、干密度和振次的变化规律。通过对试验资料的整理,得出了一些有益的结论。

1. 试验用土的基本物性指标

试验所用黄土为西安黄土,取土深度约为 1.5m,土呈褐黄色,天然含水率在 13% 左右。按照《土工试验规程》(DT—1992),经室内试验测得该土的基本物性指标如表 3-5 所示。粒度分布曲线如图 3-25 所示。

试验用土的基本物性指标　　　　表 3-5

	塑限 W_P(%)	液限 W_L(%)	塑性指数(%)
液塑限试验	18.2	32.3	14.1
颗粒分析试验	不均匀系数 K_u	曲率系数 K_c	—
	8.82	1.76	

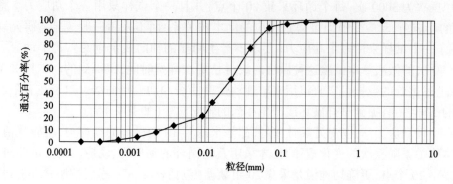

图 3-25 粒度分布曲线

2. 动本构关系

本节依据试验所得原始数据,利用相关数据处理软件 Excel 和 Mathcad,整理并绘制了4种类型的动应力应变变化曲线:不同固结应力(σ_c)条件下,动应力应变变化曲线;不同含水率(ω)条件下,动应力应变变化曲线;不同干密度(ρ_d)条件下,动应力应变变化曲线;不同振次(N)条件下,动应力应变变化曲线。

探讨了动应力应变曲线随着固结应力、含水率、干密度和振次的变化规律,总结了动应力应变曲线的形态,对于双曲线形的本构关系,给出了相关参数的变化规律。

(1) 动应力应变曲线与固结压力的关系

图 3-26 为不同固结应力 σ_c 条件下,动应力-动应变变化关系图。由图可见,压实黄土的动应力-动应变关系始终随着固结压力的增加而逐步偏向应力轴,也就是说对应于任一动应变,动应力随着固结应力的增加而增大,而对应于任一动应力,动应变随着固结应力的增加而减小。为进一步说明问题,此处用动应力增幅表示对应某一动应变,由固结应力增加引起的动应力增加值;动应变减幅表示对应某一动应力,由固结应力增加引起的动应变减小值。动应力增幅随动应变的增大而增大,动应变减幅随动应力的增大而增大。下面分别探讨一下这两者随含水率和干密度的变化规律。

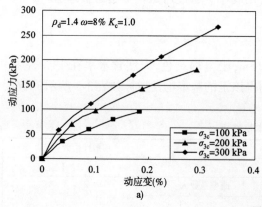
a)

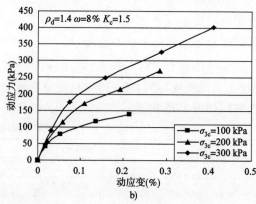
b)

图 3-26

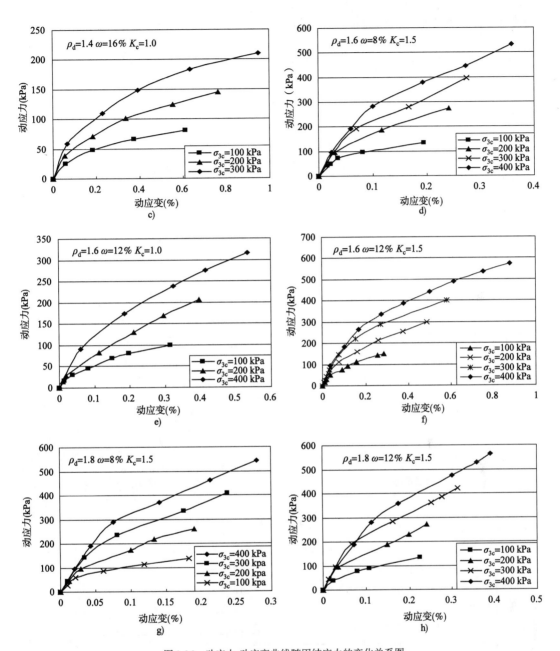

图 3-26 动应力-动应变曲线随固结应力的变化关系图

图 3-27 和图 3-28 为分别对应动应变 0.1% 和 0.2%,当固结压力由 100kPa 增至 300kPa 时(K_c =1.5),动应力增幅随水率和干密度的变化关系。其他动应变下相应的变化关系图与此类似。由图可见,动应力的增幅随含水率的增加而减小,随干密度的增加而增大。另外,偏压 K_c = 1.5 下的动应力增幅较相应均压下的大。

图 3-29 和图 3-30 分别对应动应力 100kPa 和 150kPa,当固结压力由 100kPa 增至 300kPa 时(K_c =1.5),动应变减幅随水率和干密度的变化关系。其他动应力下相应的变化关系图与此类似。由图可见,动应变减幅随含水率的增加而增大,随干密度的增加而减小。另外,固

结应力比 $K_c = 1.5$ 下的动应变减幅较相应均压下的小。

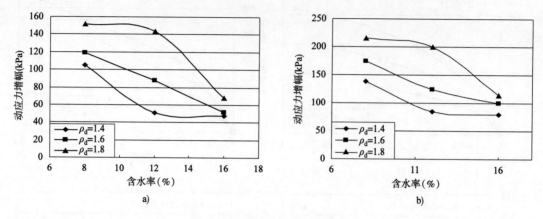

图 3-27 动应力增幅随含水率的变化图

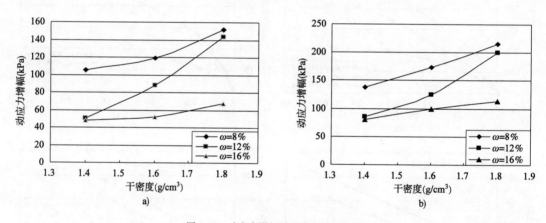

图 3-28 动应力增幅随干密度的变化图

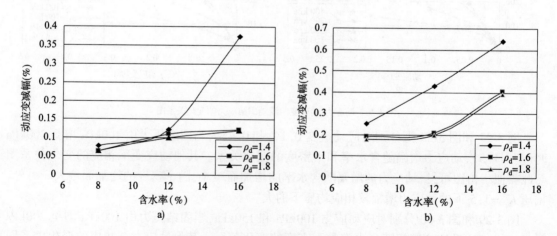

图 3-29 动应力减幅随含水率的变化图

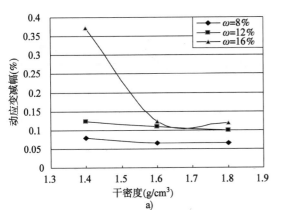 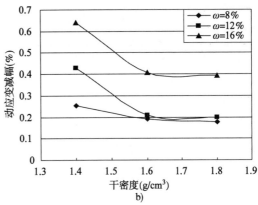

图 3-30 动应力减幅随干密度的变化图

(2) 动应力应变曲线与含水率的关系

图 3-31 表示不同含水率(ω)条件下,动应力-动应变变化关系图。由图可见,对应于任一动应变,动应力随着含水率的减小而增大,而对应于任一动应力,动应变随着含水率的减小而减小。若用动应力增幅表示对应某一动应变由含水率的减小引起的动应力增加值;动应变减幅表示对应某一动应力由含水率的减小引起的动应变减小值。则动应力增幅随动应变的增大而增大,动应变减幅随动应力的增大而增大。下面分别探讨一下这两者随固结应力和干密度的变化规律。

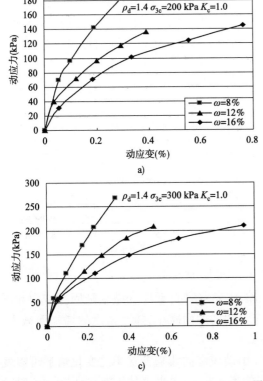 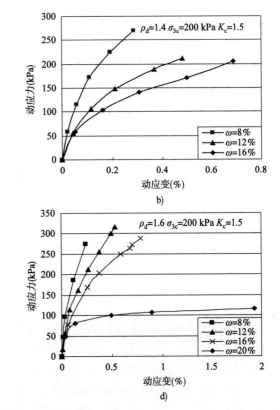

图 3-31

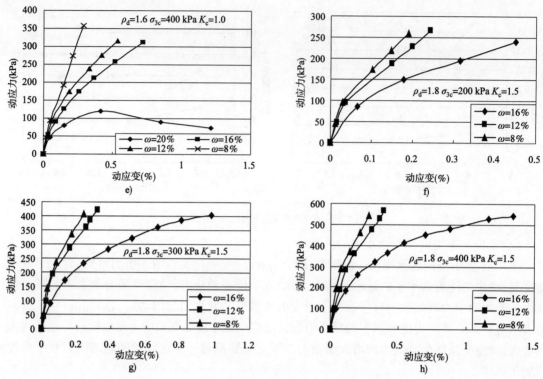

图 3-31　动应力-动应变曲线随含水率的变化关系图

图 3-32 为选定动应变 0.2%，当含水率由 16% 减至 8% 时，动应力增幅随固结应力和干密度的变化关系。其他动应变下相应的变化关系图与此类似。由图可见，动应力的增幅随固结应力的增加而增大，随干密度的增加而增大。另外，偏压 $K_c=1.5$ 下的动应力增幅较相应均压下的大。

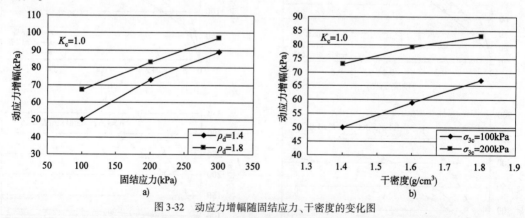

图 3-32　动应力增幅随固结应力、干密度的变化图

图 3-33 为对应动应力 100kPa，当含水率由 16% 减至 8% 时，动应变减幅随固结应力和干密度的变化关系。由图可见，动应变减幅随固结应力的增加而减小，随干密度的增加而减小。偏压 $K_c=1.5$ 下的动应变减幅较相应均压下的小。

比较图 3-31 中不同干密度和固结应力下动应力-动应变曲线随含水率的变化情形可以发现，干密度为 1.4g/cm 时，对于同样的含水率减小幅度 4%，当含水率从 12% 减小到 8% 时动应力增幅和动应变减幅要大于含水率从16%减小到12%时相应的情形。干密度为1.6g/cm 时,对于同样的含水率减小幅度4%,当含水率从大于塑限(18.3%)的20%减小到小于塑限的16%时动应力的增幅和动应变减幅要远远大于含水率都小于塑限时从16%减小到12%和从12%减小到8%时相应的动应力增幅和动应变减幅。干密度为1.8g/cm时,仍对于4%的含水率减小幅度,含水率从16%减小到12%时的动应力增幅和动应变减幅要大于含水率从12%减小到8%时相应的情形。那么是否可以得出这样的结论：

① 由含水率的减小引起的动应力增幅和动应变减幅不仅与含水率减小的幅度有关,还与含水率的减小区间有关；

② 含水率大于塑限时,压实黄土的动力性能明显降低。

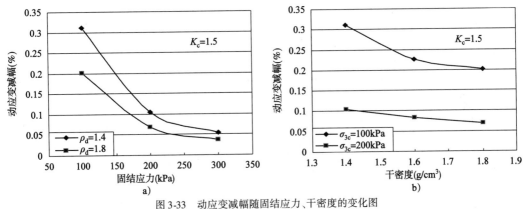

图3-33 动应变减幅随固结应力、干密度的变化图

由于本试验选用的干密度和含水率的数量都还较少,对于上面的结论须在更多的干密度和含水率组合试验中进一步确证。

(3) 动应力应变曲线与干密度的关系

图3-34为不同干密度(ρ_d)条件下,动应力-动应变变化关系图。由图可见,对应于任一动应变,动应力随着干密度的增加而增大,而对应于任一动应力,动应变随着干密度的增加而减小。由固结应力增加引起的动应力增加值采用动应力增幅表示,由固结应力增加引起的动应变减小值采用动应变减幅表示。动应力增幅随动应变的增大而增大,动应变减幅随动应力的增大而增大。下面分别探讨一下这两者随固结应力和含水率的变化规律。

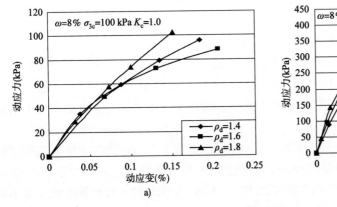
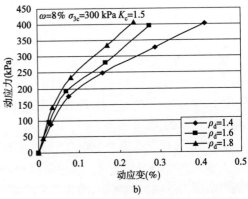

图 3-34

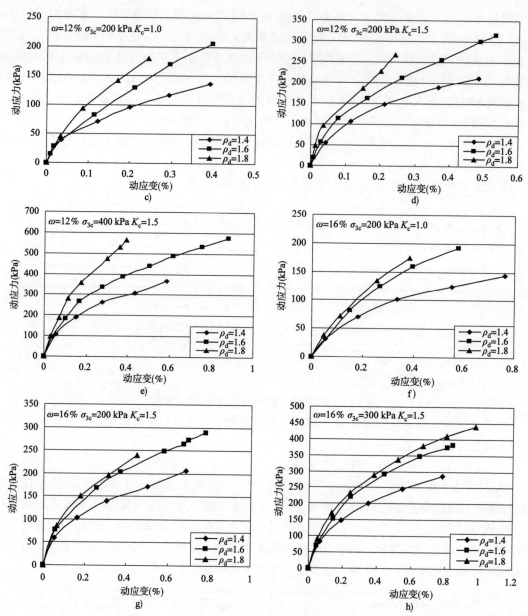

图 3-34 动应力-动应变关系图

图 3-35 为选定动应变 0.2%，当干密度由 1.4g/cm³ 增至 1.8g/cm³ 时，动应力增幅随固结应力和含水率的变化关系。其他动应变下相应的变化关系与此类似。由图可见，动应力的增幅随固结应力的增加而增大，随含水率的增加而减小。固结应力比 $K_c = 1.5$ 下的动应力增幅较相应均压下的大。

图 3-36 为对应动应力 100kPa，当干密度由 1.4g/cm³ 增至 1.8g/cm³ 时，动应变减幅随固结应力和含水率的变化关系。其他动应力下相应的变化关系与此类似。由图可见，动应变减幅随固结应力的增加而减小，随含水率的增加而增大。固结应力比 $K_c = 1.5$ 下的动应变减幅较相应均压下的小。

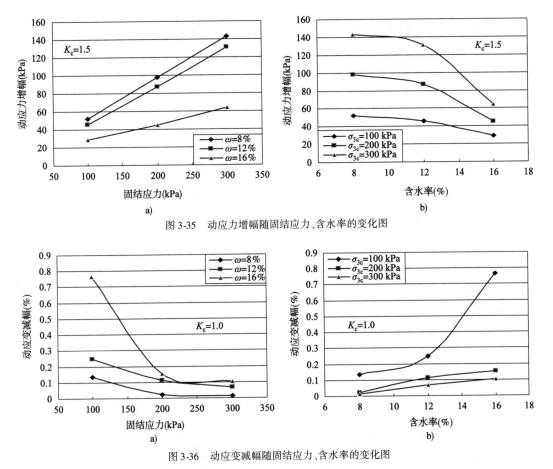

图 3-35 动应力增幅随固结应力、含水率的变化图

图 3-36 动应变减幅随固结应力、含水率的变化图

在论述完动应力应变曲线随固结应力、干密度和含水率的变化规律后,对这三者进行一下总结。如果我们将固结应力的增加、干密度的增大和含水率的减小定义为对土动力性能提高有利的因素,那么由于某一因素的发挥引起土动力性能的提高会随着另外两种有利因素的发挥而增强。

(4) 动应力应变曲线与振次的关系

图 3-37 为不同振次(N)条件下,动应力-动应变变化关系图。由图可见,不同振次下的动应力-动应变曲线在初始段几乎都是重合的,只在动应力达到一定值时才出现分岔,这个分岔点的动应力是该条件下振次引起土的动力特性发生变化的临界值。图 a)为含水率 8% 时的情况,此时土比较干,动应力应变关系在有限的振次内几乎没有变化,进一步增加振次可以发现,随着振次的增加,其动应力应变曲线逐渐偏向应变轴,振松振软。图 b)为相同条件下含水率 12% 的情况,图 c)和图 d)为相同条件下含水率为 16% 时均压和偏压的情况,可见,随着含水率的增加振次的效应明显显示出来,但这两种振次效应是不一样的,图 b)中 $N=100$ 和 $N=1000$ 时动本构曲线在 $N=10$ 的上方,并且前两者之间差别甚微,表明土在前 100 次逐渐振密,此后土已较密实,随振次的变化不大,从而与图 a)较类似;图 c)和图 d)干密度小、含水率大,土孔隙中自由水吸收振动的能量而较难振密,随着振次的增加发生软化直至破坏。图 e)为干密度 1.6g/cm^3、含水率 16%、固结应力 100kPa 的情况,此时含水率仍较大,随着振次逐渐振

软,但因干密度较图 d)的大,振次的效应不如图 d)的明显。图 f)为与图 e)相同条件,固结应力为 400kPa 的情况,由图可见,从 $N=10$ 至 $N=100$ 再到 $N=1000$,动本构曲线逐渐偏向应力轴,随后从 $N=1000$ 到 $N=2000$ 再到 $N=3000$,再逐渐偏向应变轴,表明土样先是振密,至土样已较紧密而进一步的振密比较困难时,转而逐渐振软。图 f)同时还指明了图 b)中曲线的发展趋势。将含水率相同(16%)、干密度不同的图 d)、图 f)、图 h)做个比较,从图 d)→图 f)和从图 a)→图 b)振次效应的改变是相似的,而从图 f)→图 h)和从图 b)→图 d)振次效应的改变也是相似的,表明干密度和含水率对振次的影响完全类似。

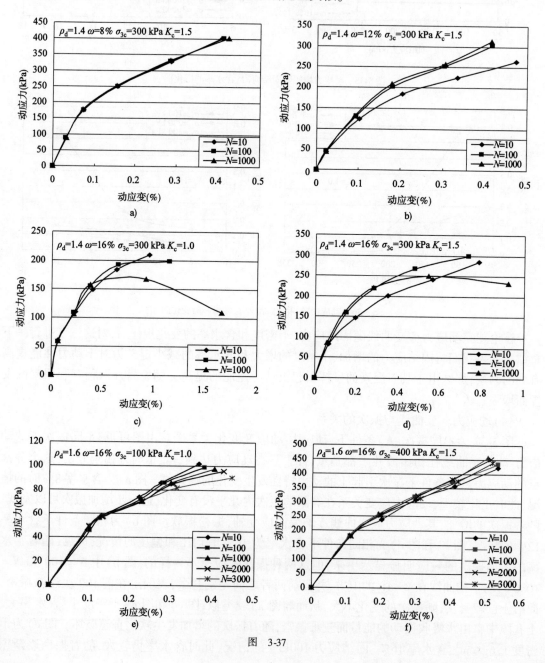

图 3-37

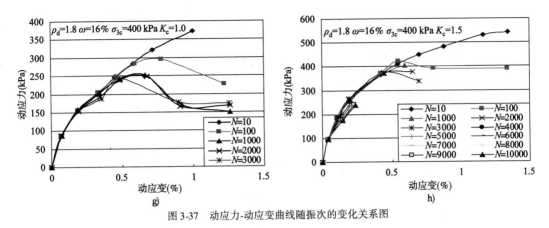

图 3-37 动应力-动应变曲线随振次的变化关系图

(5) 动应力-动应变曲线与振次的关系

前面探讨了压实黄土的动应力应变曲线随各个因素的变化规律,现在总结一下动应力-动应变曲线的形态。

第一类为双曲线。本试验中压实黄土的动本构关系在多数情况下可以比较好地用Hardin-Drnevich的双曲线模型来描述:

$$\sigma_d = \frac{\varepsilon_d}{a + b\varepsilon_d} \tag{3-2}$$

式中: σ_d——动应力;

ε_d——动应变;

a、b——土性参数。

也可以写成剪应力与剪应变的关系:

$$\tau_d = \frac{\gamma}{\dfrac{1}{G_0} + \dfrac{\gamma}{\tau_{max}}} \tag{3-3}$$

式中: τ_d——剪应力;

γ——剪应变;

G_0——起始剪切模量;

τ_{max}——破坏时的最大剪应力。

下面探讨一下 a、b 值的变化规律。表 3-6 为各种情况下的 a、b 值。

不同干密度、含水率、固结应力比和固结应力下的 a、b 值 表 3-6

固结应力比 (K_c)	干密度 (g/cm³)	固结应力 (kPa)	含水率(%)					
			8		12		16	
			a	b	a	b	a	b
1.0	1.4	100	0.0009	0.0056	0.0016	0.0074	0.0019	0.0095
		200	0.001	0.0022	0.0009	0.0053	0.0016	0.0049
		300	0.0005	0.0023	0.0009	0.0031	0.0011	0.0037
		400			0.0007	0.0029		
	1.6	100	0.0009	0.007	0.001	0.0071	0.0015	0.0059
		200	0.0007	0.0028	0.0007	0.0034	0.0012	0.0036

续上表

固结应力比 (K_c)	干密度 (g/cm³)	固结应力 (kPa)	含水率(%) 8		12		16	
			a	b	a	b	a	b
1.0	1.6	300	0.0005	0.0021	0.0001	0.0036		
		400	0.0004	0.0017	0.0006	0.0021	0.0007	0.0023
	1.8	100	0.001	0.0031	0.0011	0.0046		0.0035
		200	0.0007	0.0023	0.0007	0.0029	0.0012	0.0026
		300	0.0004	0.0025	0.0005	0.0019	0.0007	0.002
		400	0.0004	0.0016	0.0005	0.0015	0.0009	0.0019
1.5	1.4	100	0.0004	0.0056	0.0008	0.006	0.0012	0.0067
		200	0.0003	0.0026	0.0007	0.0034	0.0009	0.0038
		300	0.0003	0.0018	0.0005	0.0028	0.0007	0.0027
		400	—	—	0.0005	0.002	—	—
	1.6	100	0.0003	0.0057	0.0006	0.0048	0.001	0.0047
		200	0.0003	0.0027	0.0005	0.0025	0.0007	0.0026
		300	0.0003	0.0017	0.0004	0.0019	0.0008	0.0016
		400	0.0002	0.0013	0.0004	0.0013	0.0005	0.0014
	1.8	100	0.0003	0.0058	0.0006	0.0051	0.0007	0.0055
		200	0.0002	0.0028	0.0003	0.0029	0.0006	0.0029
		300	0.0002	0.0017	0.0003	0.0016	0.0005	0.0021
		400	0.0002	0.0013	0.0003	0.0011	0.0005	0.0015

从中可以看出：

①相同干密度、含水率和固结应力比下，a、b值随固结应力的增加而降低；

②相同干密度、固结应力比和固结应力下，a、b值随含水率的增大而增大；

③相同含水率、固结应力比和固结应力下，a、b值随干密度的增大而降低；

④相同干密度、含水率和固结应力下，$K_c = 1.0$时的a、b值较$K_c = 1.5$时的大。

另外，还可整理a、b值随振次的变化规律：

①土很干硬时，此时动应力应变曲线不符合双曲线关系，无a、b值；

②土较干硬时，结合上面动应力应变曲线随振次的变化规律可知土直接振松，此时，随着振次的增加，a值减小、b值增大；

③土较湿软时，此时土先是振密，至一定程度后反向振松，在这个过程中，a值减小、而b值先减小后增大。

土很湿软时，此时动应力应变曲线不符合双曲线关系，无a、b值。

第二类近似为两段直线。土很干硬时，如干密度为1.8g/cm³含水率为8%时，压实黄土的动应力-动应变曲线与双曲线的偏差较大，并且存在一拐点，在拐点前后为两段直线，如图3-26中b)、d)、f)、g)、h)，图3-30中f)、g)、h)，图3-35中b)、d)，图3-36中a)、f)所示。观察这些图中土动应力-动应变关系的拐点可以发现,固结应力比 $K_c = 1.5$ 下低固结应力(100kPa、200kPa)时,拐点处的动应力与轴向、径向固结应力差较为接近,动应力超过初始固结应力差后,直线的斜率减小。而高固结应力时,拐点处的动应力稍大于初始剪应力差。结合压实黄土,可以这样来解释:当动应力小于初始固结应力时,动荷载不引起塑性变形,土样处于完全弹性状态,此时动应力应变关系为直线,斜率为最大动弹模 E_{dmax};当动应力超过初始固结应力差时,此时,试样45°面上所承受的动剪应力 $\tau_d = \sigma_d/2$ 大于该面上的初始剪应力($\sigma_{1c} - \sigma_{3c}$)/2,在这个动剪应力的剪揉作用下,试样要产生残余应变,但由于土比较干硬,这个残余应变量是非常微小的,更重要的是这个残余应变量在有限振次范围内几乎并不随着振次而增加,这与前述土较干硬时动应力应变曲线在振次增加至1000时几乎没有变化的现象完全符合,因此拐点后的动弹模也基本为常数。而高固结应力下,拐点处的动应力稍大于初始剪应力差应该是在高围压下土的动力性能提高的缘故。

第三类为软化型。图 3-38 为干密度 1.6g/cm³、含水率 20% 时的动应力应变关系图。图 a)为均压下的情况,从图中可以看出,随着固结应力的增加,压实黄土表现出类似于超固结土的性状,其动应力-动应变关系呈现明显的软化特性。下面解释一下这种现象:含水率为 20%时,饱和度较高,土颗粒被水膜包围从而土颗粒之间的相对移动比较容易,这样当颗粒间孔隙中的水被排出后,邻近的土颗粒在高围压下就会移动并填充到孔隙中,于是在固结完成后,土颗粒就会大量占据原来由水充填的孔隙,此时土比较紧密,从而类似于超固结土或者紧砂,在动剪应力 τ_d 作用下,当应变较小时,由于剪胀土的体积增大,从而有效应力增大,强度增加;随着应变的进一步增大,剪胀作用逐渐消失,土的体积不再增大,从而孔压较高,有效应力降低,土的强度逐渐丧失。再来看图 b)与偏压的情况,在高围压时同样呈现软化的特性,但其峰值强度要较相应均压情况下大,原因是偏压固结时,由于初始剪应力的存在,土变得更加紧密,从而剪切时剪胀作用发挥更大。

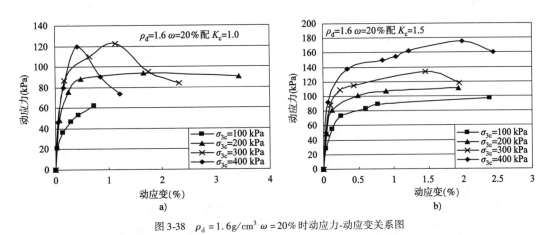

图 3-38 $\rho_d = 1.6g/cm^3$ $\omega = 20\%$ 时动应力-动应变关系图

3. 动弹模与阻尼比

本节主要研究压实黄土的动模量和阻尼比特性,探讨动弹模随动应变、固结应力、干密度和含水率的变化规律,阻尼比随动应变、含水率和干密度的变化规律,并对动弹模-动应变曲线形态进行描述。

（1）动弹模

动弹性模量的定义为 $E_d = \dfrac{\sigma_d}{\varepsilon_d}$，其中 σ_d, ε_d 为对应第 10 次的动应力和动应变。对于双曲线的动应力应变关系，动弹模和动应变关系如式(3-4)所示：

$$E_d = \dfrac{1}{a + b\varepsilon_d} \tag{3-4}$$

假定泊松比 μ 即可求得动剪切模量 G_d：

$$G_d = \dfrac{E_d}{2(1+\mu)} \tag{3-5}$$

其中 a、b 值的变化规律已在上文中阐述。

①动弹模-动应变曲线与固结应力的关系

图 3-39 为不同固结应力条件下动弹模-动应变变化关系图。从曲线形态上讲，动弹模-动应变曲线呈下凹形。按动应变的大小可以将动弹模-动应变曲线分为 3 个阶段：a. 水平段，如图 3-39 中（图 3-39 为不同干密度、含水率和固结应力比时，动弹模-动应变曲线）c)图固结应力为 200kPa 时、图 g)和图 h)固结应力为 300kPa 时曲线的起始段。这个阶段动应变很小，土处于弹性状态，动弹模基本为常数，接近最大动弹模 E_{dmax}；b. 动弹模迅速减小至拐点前的阶段，在这个阶段，随着动应变的增加，塑性应变逐渐增大，动弹模迅速减小；c. 动应变进一步增大，动弹模缓慢减小的阶段，在这个阶段，动应变中弹性应变所占的比例较小，以塑性应变为主，动弹模降低的空间已经不大。

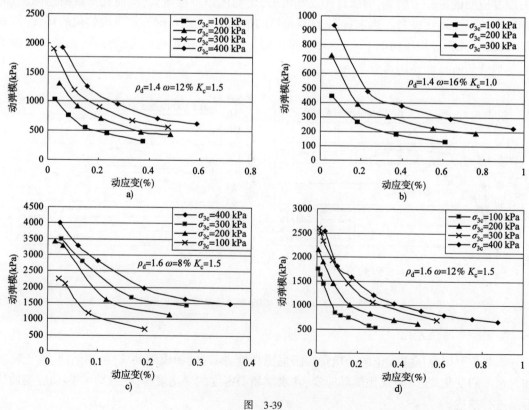

图 3-39

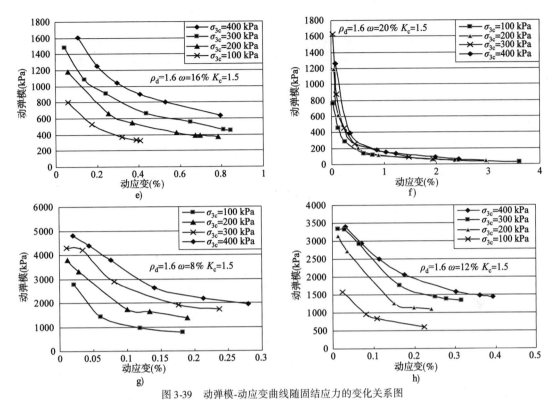

图 3-39 动弹模-动应变曲线随固结应力的变化关系图

比较一下其他条件相同而固结应力不同时动弹模-动应变曲线可以发现,高固结应力时的曲线在低固结应力曲线的上方,表明相同条件时高固结应力下土的动弹模更大。另外,随着固结应力的增加,曲线拐点所对应的动应变逐步增大,原因是低固结应力下塑性应变发展得更快,而高围压延缓了塑性应变的发展。

②动弹模-动应变曲线与含水率的关系

图 3-40 为不同含水率时,动弹模-动应变曲线变化关系图。由图,相同条件下低含水率时动弹模-动应变曲线在高含水率的上方,说明动弹模更大。再来看曲线的拐点,低含水率时拐点对应的动应变较大,而高含水率时则较小。表明高含水率时由于土颗粒的相对运动比较容易,在动剪应力作用下塑性应变发展更快,而低含水率时,土颗粒之间的运动比较困难,塑性应变相对发展较慢。

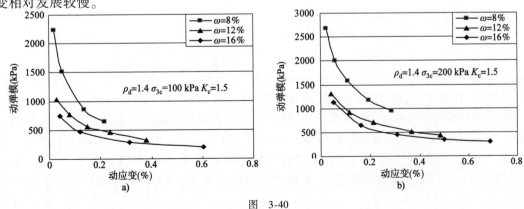

图 3-40

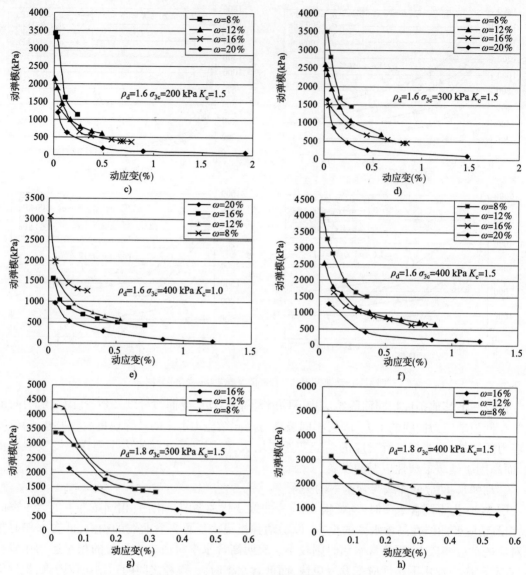

图 3-40 动弹模-动应变曲线随含水率的变化关系图

③动弹模-动应变曲线与干密度的关系

图 3-41 为不同干密度时,动弹模-动应变曲线变化关系图。图中表明,其他条件相同时,干密度大的动弹模动应变曲线在干密度小的上方,从而相同应变时动弹模更大。曲线的拐点也比较有规律,干密度大时拐点所对应的动应变更大,说明相同条件时干密度小的土样由于较大的孔隙比,在动剪应力的作用下塑性应变发展更快,而干密度较大时则相对慢一些。

纵观本试验中的动弹模-动应变曲线,拐点所对应的动应变基本上都小于 0.2%,表明无论哪一种干密度、含水率、固结应力比和固结应力下,当动应变达 0.2% 时,基本上都产生了塑性应变。表 3-7 为部分情况下的最大动弹性模值。由表可见,最大动弹性模量大概在 500～5000 kPa 之间,并且通过增大固结应力、干密度和降低含水率,最大动弹模能得到较大幅度的提高。

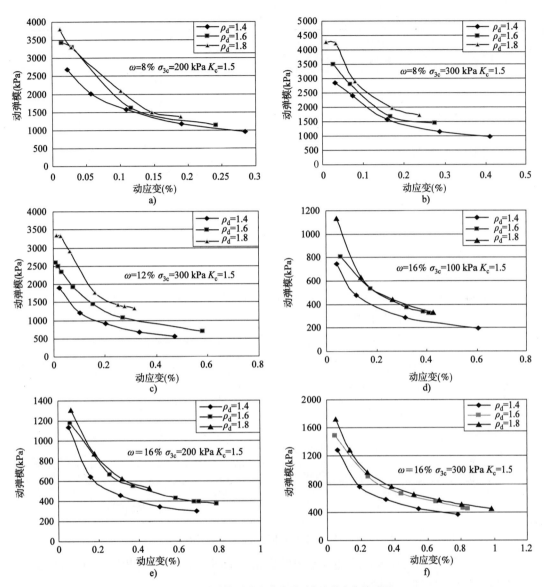

图 3-41 动弹模-动应变曲线随干密度的变化关系图

部分情况下最大动弹性模量 E_d (kPa) 表 3-7

固结应力比 K_c	干密度 (g/cm)	固结应力 (kPa)	含水率	
			8%	16%
1.0	1.4	100	1100	500
		300	2000	900
	1.8	100	1250	
		400	2500	1400
1.5	1.4	100	2500	800
		300	3300	1400

续上表

固结应力比 K_c	干密度 (g/cm)	固结应力 (kPa)	含 水 率	
			8%	16%
1.5	1.8	100	3300	1400
		400	5000	2000

(2) 阻尼比

本书中阻尼比用经典的面积比法确定。该方法假定土为黏弹性体,在振动循环荷载作用下,一个周期内土体内阻所消耗的能量与作用在土体上的总弹性能量之比来衡量土的阻尼比,即

$$\lambda = \frac{1}{4\pi} \cdot \frac{A_1}{A_2} \tag{3-6}$$

式中:A_1——滞回圈的面积;

A_2——三角形面积。

图 3-42 为阻尼比-动应变关系图。表明阻尼比随动应变的增大而增大。剪应变越大时,土体内阻消耗量越多,因此阻尼比越大。

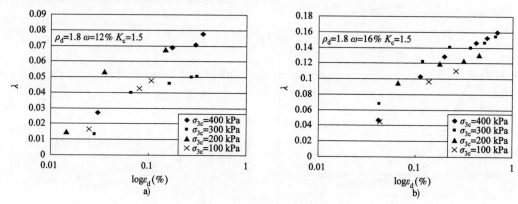

图 3-42 压实黄土阻尼比-动应变关系图

图 3-43 为阻尼比-动应变曲线随含水率的变化关系图。由图可见,相同条件下,压实黄土的阻尼比随含水率的增加而增大。

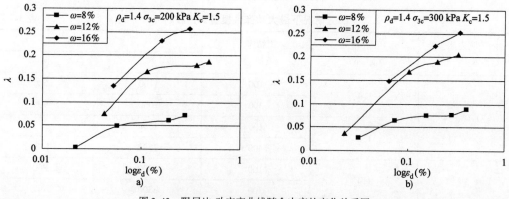

图 3-43 阻尼比-动应变曲线随含水率的变化关系图

图 3-44 为阻尼比-动应变曲线随干密度的变化关系图。由图可见，相同条件下，压实黄土的阻尼比随干密度的增大而减小。

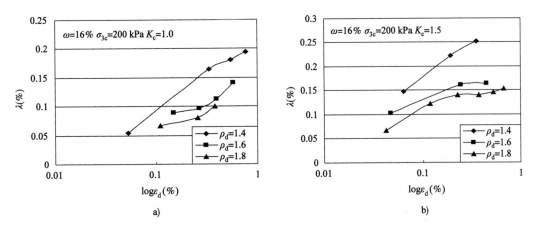

图 3-44 阻尼比-动应变曲线随干密度的变化关系图

总结试验所得阻尼比数值可以发现，压实黄土的阻尼比在含水率小于塑限时只在干密度 1.4g/cm^3、含水率 16% 时略微超出了 0.25，其余情况下都要小于 0.25。

4. 动变形与动强度

本节分为两大部分内容：动变形和动强度。对动变形从 3 个方面来阐述：双幅动应变时程、残余应变时程和振陷曲线。方法是分别探讨这三者与固结应力、含水率和干密度的关系，对于振陷曲线，还探讨了其随振次的变化。

1) 动变形

(1) 双幅动应变 $2\varepsilon_d$ 时程

图 3-45 为干密度 1.4g/cm^3、含水率 12% 时，不同固结应力比和固结应力下动应力逐渐增大时的双幅动应变时程。由图可见，$2\varepsilon_d$ 随着动应力的增大而增大。其中图 a)、图 c)、图 e) 和图 g) 为均压下 100~400kPa 的情况，由于干密度较小，含水率较大，土在低固结应力下孔隙中存在自由水，振动能量多为水所吸收，因而很难被振密，在动剪应力作用下，孔压增大，有效应力降低，土进一步被振软，表现为动应变的放大；e) 图为固结应力增至 300kPa 时的情况，此时孔隙中自由水减少或已不存在，但土粒仍较湿润并且孔隙相对较大，在动剪应力的作用下，土颗粒先是相互挤密，到一定程度土较紧密时，再被振松，表现为图中动应变先减小再增大。图 g) 为围压增至 400kPa 时的情况，由于土颗粒外围的水膜较厚并且固结应力较大，土颗粒的相对运动比较容易，致使固结完成后土样已较紧密，此时在动剪应力的作用下类似于紧砂的剪胀而被剪松，并且剪松到一定程度后又可能稍被振密。表现为图中动应变先增大后稍减小。图 b)、图 d)、图 f) 和图 h) 为偏压下 100~400kPa 的情况。由图可见，偏压下只在 100kPa 时，由于土较软而与均压下低固结应力时类似，即动应变随振次放大。其余围压时，在初始剪应力的作用下，随着固结排水，孔隙减小，土颗粒相互挤密从而与均压下高固结应力时类似，即动应变先增大后稍减小。上述分析是随着动应力的增大而逐步显现出来的，而在动应力较小时，动应变几乎不变。

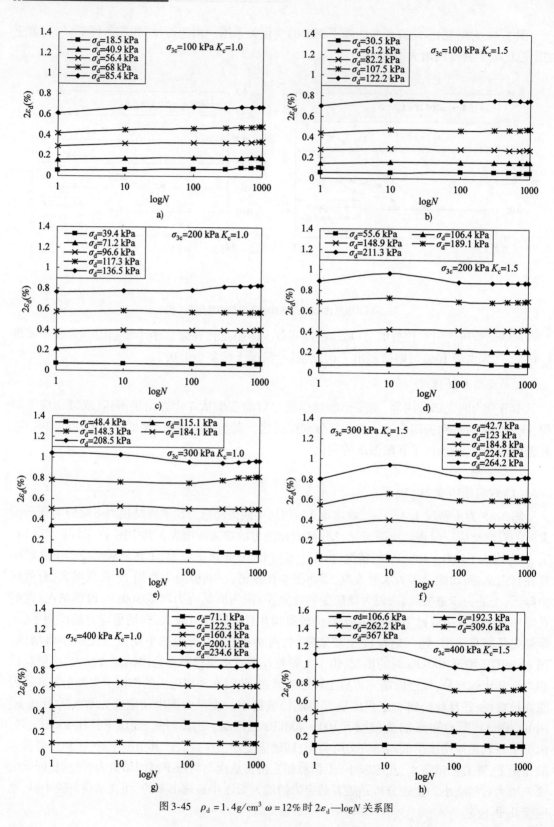

图3-45 $\rho_d=1.4\text{g/cm}^3$ $\omega=12\%$ 时 $2\varepsilon_d$—$\log N$ 关系图

图 3-46 为干密度 1.4g/cm³、含水率 8%下，固结应力为 300kPa 时的动应变时程。由图可见，含水率为 8%时，无论均压偏压下，动应变都基本不变或稍微增大。固结应力为 100kPa 和 200kPa 时，动应变时程的趋势与此完全类似。表明相同干密度下含水率较小时，土颗粒之间距离较小，引力较大，又由于水膜润滑作用不明显，土样很难振密。在动应力较小时，动应变基本不变，随着动应力增大，土样稍被剪松。

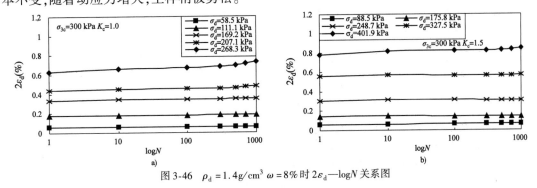

图 3-46　$\rho_d = 1.4\text{g/cm}^3$　$\omega = 8\%$ 时 $2\varepsilon_d$—$\log N$ 关系图

图 3-47 为相同干密度（1.4g/cm³）和固结应力和（300kPa）下，含水率为 16%时的动应变时程。图 a)表明含水率较大时，均压下直接振松。图 b)的解释类似于含水率 12%均压下，固结应力由 100kPa 增至 300kPa 时动应变时程趋势变化的解释，只是初始剪应力代替了固结应力的增加。另外，含水率为 16%时，100kPa 和 200kPa 下动应变时程趋势与 300kPa 下完全类似。

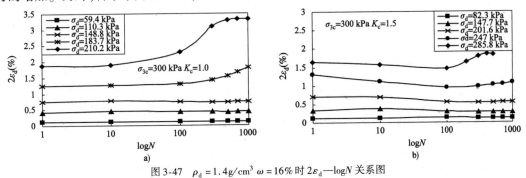

图 3-47　$\rho_d = 1.4\text{g/cm}^3$　$\omega = 16\%$ 时 $2\varepsilon_d$—$\log N$ 关系图

图 3-48 为相同含水率 16%、固结应力 300kPa 时不同干密度 1.6g/cm³ 和 1.8g/cm³ 的动应变时程。与图 b)对应的均压下动应变时程的变化趋势与图 a)类似，而与图 a)对应的均压下动应变时程的变化趋势与图 3-46b)类似。

总结上述不同干密度、含水率和不同固结应力时动应变时程变化规律后，以此为依据，认为固结后的压实黄土处于 4 个状态：

① 较干硬，此时土样变化很小或直接振松；
② 干硬，此时土样先振松，至一定程度又有振密的趋势；
③ 湿软，此时土样先振密，至一定程度转而振松；
④ 较湿软，此时土样直接振松，且动应变发展较快。

而初始剪应力的作用类似于增大固结应力，使土样在均压下固结为干硬状态。另外，对应②、③两种情况下动应变细微的变化过程多集中在前 100 次。

上述从动应变的角度解释了土性随振次的细微变化过程，与前面从动本构曲线角度的解释非常吻合,殊途同归。

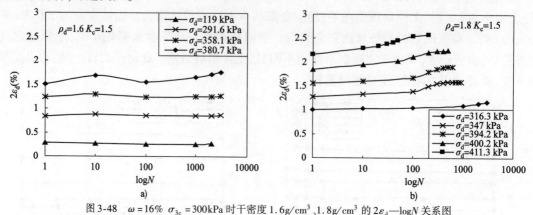

图 3-48　$\omega=16\%$　$\sigma_{3c}=300$kPa 时干密度 1.6g/cm³、1.8g/cm³ 的 $2\varepsilon_d$—$\log N$ 关系图

（2）残余应变 ε_r 时程

图 3-49 为部分残余应变时程。含水率较小时,残余应变在振动的初期增长较快,以后随着振次的增加逐渐趋于平缓。当含水率较大时,动应力较大的残余应变随着振次迅速增大直至土样破坏或达到相当的值。相同情况下,动应力大的残余应变时程在上。其中图 b)、图 c)、图 d)为相同情况下不同固结应力时残余应变时程,可见对于大致相等的动应力,一定振次时的残余应变随着固结应力的增加而减小。图 a)、图 c)、图 f)为不同含水率时残余应变时程,可见对于大致相等的动应力,一定振次时的残余应变随着含水率的增加而增大。图 f)、图 g)、图 h)为不同干密度时残余应变时程,可见对于大致相等的动应力,一定振次时的残余应变随着干密度的增大而减小。

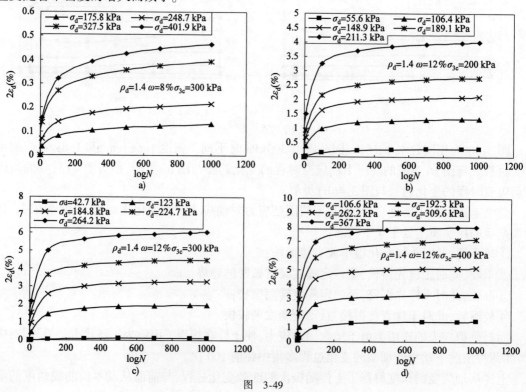

图 3-49

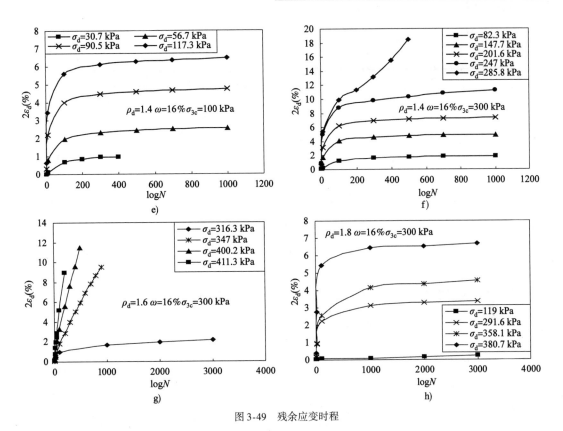

图 3-49 残余应变时程

(3) 振陷曲线

土的振陷特性研究动应力与一定振次(通常为第 10 次)的残余应变之间的关系,此时残余应变一般称为振陷系数,用 δ_d 表示。图 3-50 为不同含水率时的振陷曲线。由图可见,振陷曲线几乎都存在一个拐点,在拐点以前,振陷变形增长较慢,而拐点之后则相对较快。当含水率较低时,振陷系数较小且与动应力在较大范围内表现为近乎直线的关系。随着含水率的增加,振陷曲线表现出明显的非线性特征,并逐步偏向变形轴,振陷变形逐渐增大。同时随着含水率的增加,达到振陷变形较快发展所需的动应力逐渐减小。当含水率达到大于塑限的 20% 时,振陷曲线与之前有明显的差异,此时振陷变形急剧增长,土性近乎发生了一种质变。

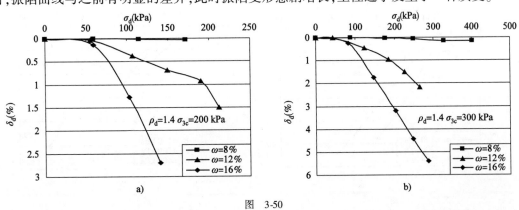

图 3-50

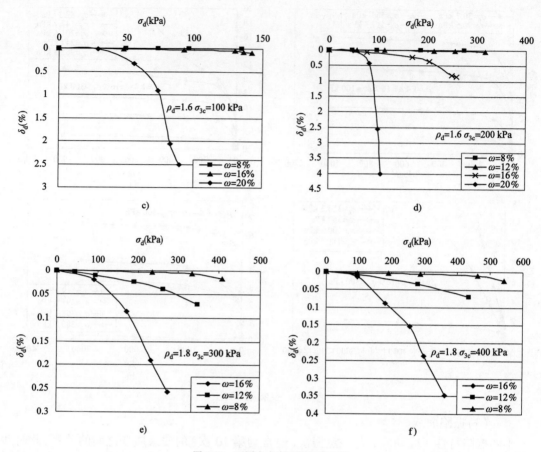

图 3-50　不同含水率时的振陷曲线

图 3-51 为不同固结应力时的振陷曲线。由图可见,随着固结应力的增加,曲线逐渐偏向应力轴,振陷变形逐渐减小。图中图 c)和图 d)实质是近乎直线形的振陷曲线的放大图,可见即使近乎直线形的振陷曲线仍有明确的拐点,并且随着固结应力的增加,达到拐点处振陷变形较快发展所需的动应力逐渐增大。

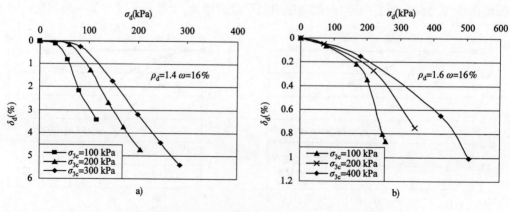

图 3-51

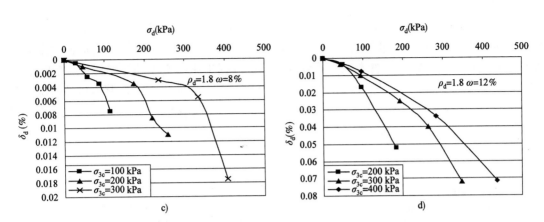

图 3-51　不同固结应力时的振陷曲线

图 3-52 为不同干密度时的振陷曲线。由图可见，随着干密度的增加，曲线逐渐偏向应力轴，振陷变形逐渐减小。同时随着干密度的增加，达到振陷变形较快发展所需的动应力逐渐增大。另外，从图中可清楚地看出，当将干密度由 $1.4\text{g}/\text{cm}^3$ 提高到 $1.6\text{g}/\text{cm}^3$ 时，土的振陷变形明显减小，而干密度由 $1.6\text{g}/\text{cm}^3$ 提高到 $1.8\text{g}/\text{cm}^3$ 时，振陷变形相对减小较少。原因是干密度为 $1.4\text{g}/\text{cm}^3$ 时，土还较松，孔隙比较大，振实的空间较大，而干密度为 $1.6\text{g}/\text{cm}^3$ 时，土已较紧，振实的空间不大。同类型其他情况下振陷曲线的规律与此完全类似。从这个角度可以解释在路基施工中，将黄土填料压实到我们所需要的干密度的重要性。

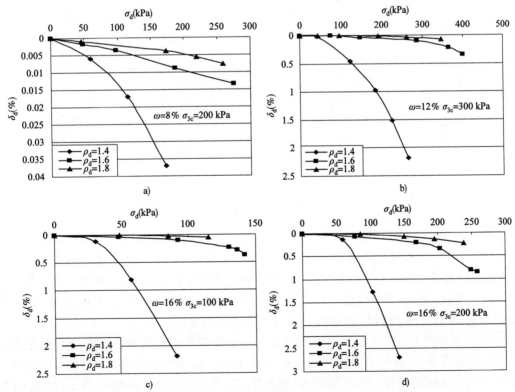

图 3-52　不同干密度时的振陷曲线

图 3-53 为不同固结应力时振陷随振次的变化关系图。由图可见,随着振次的增加,振陷曲线逐渐偏向应变轴,振陷变形逐步增大,并且增大的幅度大致随着振次的增加而逐渐减小,振陷曲线逐渐趋于稳定。尽管本试验的数量还不足以提出压实黄土的振陷标准,考虑到压实黄土消除了原状黄土的大孔隙,因而应较原状黄土更小,同时统计本试验中的各种情况,暂选用 $\delta_d = 0.5\%$ 作为判别标准。依照这个标准图中图 a) 不振陷,而图 b)、图 c) 和图 d) 都振陷,从而从图 a) 到图 b)、图 c) 和图 d) 发生了性质上的变化。

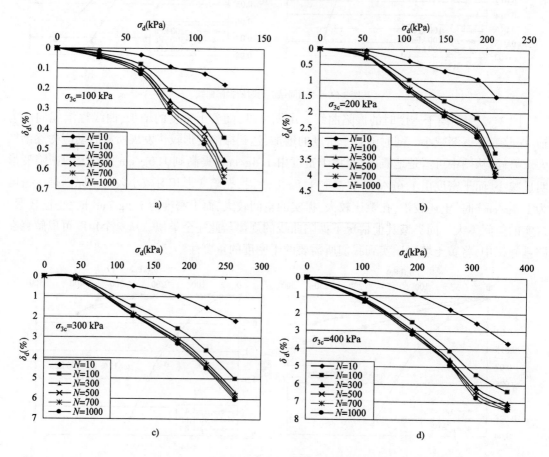

图 3-53　不同固结应力时振陷随振次的变化关系图

图 3-54 为不同含水率下振陷随振次的变化。由图可见,含水率较大时,随着振次的增加,拐点后的斜率较之前有较大的增加,振陷变形迅速增大直至破坏。同时有限振次引起的振陷变形增加量随着含水率的增加而增大,并且含水率从 12% 增至 16% 时,这种增大只是数量上的,而从 8% 增至 12% 时却是量级上的。依据 δ_d 为 0.5% 这个标准,图 a) 不振陷,而图 b) 和图 c) 都振陷,从而从图 a) 到图 b) 和图 c) 发生了性质上的变化。

图 3-55 为不同干密度下振陷随振次的变化。有限振次引起的振陷变形增加量随着干密度的增加而减小,并且干密度从 1.4g/cm^3 增至 1.8g/cm^3 时,振陷的增加量发生了量级上的变化。依照同样的标准,图 a) 和图 b) 都振陷,而图 c) 不振陷,从而从图 a) 和图 b) 到图 c) 发生了性质上的变化。

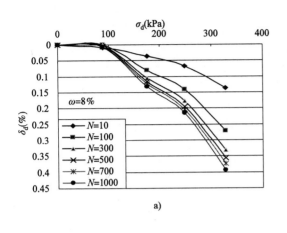
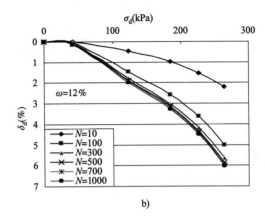

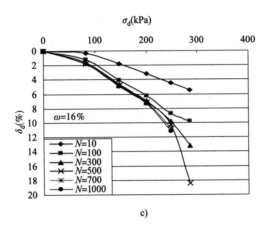

图 3-54　不同含水率时振陷随振次的变化关系图

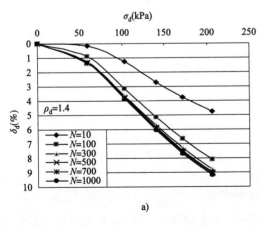
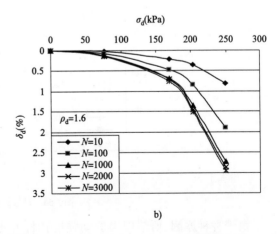

图 3-55

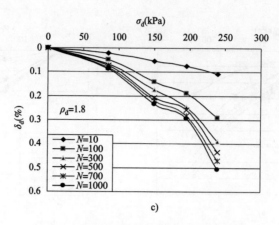

图 3-55　不同干密度时振陷曲线随振次的关系图

2）动强度

动强度是在一定应力往返作用次数 N 下产生某一指定破坏应变 ε_f 所需的动应力。对比压实黄土和原状黄土破坏时的振陷变形量可以发现，压实黄土破坏时的振陷量要小于相同条件下原状黄土的振陷量，故破坏标准也应较原状黄土的小。试验中当含水率为 8% 时，在有限振次内土样没有发生破坏；对于干密度 $1.8\mathrm{g/cm^3}$，含水率为 8% 和 12% 都未破坏，只在含水率达 16% 时才压剪破坏，结合破坏和未破坏各种情况下的振陷变形量，提出振陷变形 1.5% 作为破坏标准。

图 3-56 为动应力和破坏振次关系图。由图可见，随着振次的增加，动应力逐步减小。选定 N_f 为 10 即可得到不同固结应力时的破坏动应力 σ_d，以破坏条件下主应力 $\sigma_{3d}=\sigma_{3c}$ 和 $\sigma_{1d}=\sigma_{1c}+\sigma_d$ 作出莫尔圆，如图 3-57 所示。

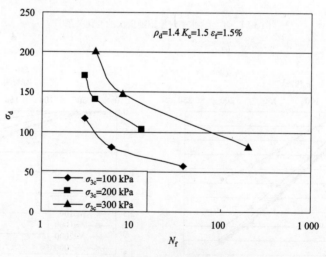

图 3-56　动应力和破坏振次图

由于种种原因，所整理出的动强度指标并不多，表 3-8 给出了干密度 $1.4\mathrm{g/cm^3}$、含水率 12% 和 16% 时的动强度指标。由表可见，含水率为 16% 时的动摩擦角较含水率 12% 时有所增大，而动黏聚力则减幅较大，分析原因可能是干密度较小、含水率较大（16%）时，土颗粒之间的移动相对比较容易,固结过程中压密变形较大,固结完成后,土颗粒之间接触较紧密而错动较难,故其摩擦角有所增大。另外,如前所述,干密度 1.4g/cm³、含水率 12% 时,在确定动强度指标的第 10 个振次时,土样是振密的,此时土颗粒间距离减小,当减小至两个土颗粒的双电层能够重合时,由于水胶联结,土颗粒间的引力将有较大幅度的增长,从而黏聚力较大,而含水率为 16% 时正相反,土颗粒间的距离增加,引力减小而黏聚力较小。

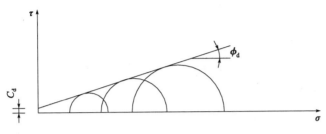

图 3-57 动强度莫尔圆

部分动强度指标　　　　　表 3-8

含水率(%)	C_d(kPa)	ϕ_d(°)
12	67.58	14.28
16	14.15	17.25

5. 小结

依据以上的分析,可得出以下主要结论:

(1)如果将固结应力的增加、干密度的增大和含水率的减小定义为对土动力性能提高有利的因素,那么由于某一因素的发挥引起土动力性能的提高随着另外两种有利因素的发挥而增强。

(2)压实黄土的动应力-动应变关系可用双曲线表示,受试样含水率、干密度的影响较大,在试样含水率较小、干密度较大时,近似为双直线关系,其拐点处的动应力在低固结应力时与固结应力差较为接近,在高固结应力时略高于固结应力差;在试样含水率较大(20%)时,动应力-动应变曲线发生明显的软化现象。

(3)动弹性模量随固结应力、干密度的增加而增大,随含水率的增大而减小,固结应力比 $K_c=1.5$ 下较均压下更大。动弹模-动应变曲线拐点所对应的动应变几乎都小于 0.2%,在动应变达 0.2% 时,土样都已发生了塑性应变。试验研究范围内最大动弹性模量大概在 50~500MPa 之间。阻尼比随动应变、含水率的增加而增大,随干密度的增加而减小,且研究范围内的阻尼比只在干密度 1.4g/cm³、含水率 16% 时略微超出了 0.25,其余情况下都要小于 0.25。

(4)从双幅动应变时程和动应力-动应变曲线随振次的变化规律解释土性随振次的细微变化过程如下:

①干硬时,土样变化很小或直接振松;

②较干硬时,土样先振松,至一定程度又有振密的趋势;

③较湿软时,土样先振密,至一定程度转而振松;

④湿软时,土样直接振松,且动应变发展较快。

残余应变随固结应力、干密度的增加而减小,随动应力、含水率的增加而增大。含水率较小时,残余应变在振动初期增长较快,随后逐渐趋于稳定;含水率较大时,残余应变近乎直线增长。

(5)当含水率较低时,振陷系数较小且与动应力在较大范围内表现为近乎直线的关系,随着含水率的增加,振陷曲线表现出明显的非线性特征。振陷系数随固结应力、干密度的增大而减小,随含水率的增加而增大,并且当干密度从 1.4g/cm³ 增至 1.6g/cm³ 时,振陷系数明显减小。达到振陷变形较快发展所需的动应力随固结应力、干密度的增加而增大,随含水率的增加而减小。振陷系数随振次的增加而增大,固结应力、干密度、含水率对振次的影响较大。

(6)试验研究范围内,当含水率较小时,振陷变形很小,在有限的振次内不发生破坏;随着含水率增加,破坏形态为塑性压剪破坏;当含水率较大(如20%)时,偏压下残余应变随振次迅速增大,出现"鼓肚"现象,均压下则拉剪破坏,并且无论是压剪还是拉剪破坏,剪切面大概都在 $45°+0.5\phi_d$ 面上。

(二)压实灰土动三轴试验成果分析

1. 素黄土击实试验方案

(1)击实方案

根据集料的粒径以及现场击实功的不同,击实方案如下:

锤质量4.5kg,锤直面直径5.0cm,落高45cm;

试筒尺寸:内径10cm,高12.7cm,容积997cm³;

锤击层数:5,每层锤击次数27;

平均单位击实功:2.687J。

(2)试料的准备

先测土的风干含水率 W_n;

取3个小瓷杯,先称瓷杯质量 m_{01}、m_{02}、m_{03},在其中倒入不少于10g风干土,用台秤称其质量 m_{11}、m_{12}、m_{13},将其烘干,称烘干后质量 m_{21}、m_{22}、m_{23},计算3个风干含水率,取均值。

a)取15kg黄土,用四分法将已取出的黄土分成6份,每份黄土的干质量为2.5kg。

b)预定6个不同的含水率,依次相差2%,其中3个大于、3个小于最佳含水率,即取10%、12%、14%、16%、18%、20%。

(3)试样制备

将一份黄土平铺于金属盘内,将事先计算得的该份试料中应加的水量均匀地喷洒在试料上,用小铲将其拌匀。然后装入塑料口袋内浸润12~24h。

应加水量计算式:

$$Q_w = \frac{1.7(\omega_i - \omega_n)}{1 + \omega_n} \tag{3-7}$$

式中:Q_w——土中应加水量;

ω_i——目标含水率;

ω_n——风干土含水率。

(4)试验按照以下步骤进行:

①紧密连接试筒套环与击实底板。

②将击实筒放在坚实地面上,取制备好的试样(仍用四分法)500g倒入筒内(其量应使击实后试样等于或略高于筒高1/5),整平其表面并稍加压紧;然后按所需击数进行第一层击实,锤迹均匀分布,落高45cm;第一层完后,检查该层高度是否合适。用刮刀将已击实层表面拉毛,然后重复上述作法,进行其余的4层击实。最后试样超出高度小于6mm。

③用刮土刀沿套环内壁削挖(使试样与套环脱离)后,扭动并取下套环。齐筒顶细心刮平试样,并拆除底板。如试样底面略突出筒外或有孔洞,应刮平并修补,最后用工字形刮平尺齐筒顶和筒底将试样刮平。擦净试筒外壁,称其质量,并准确至5g。

④用脱模器推出筒内试样。在试样内部从上到下取两个有代表性的样品(不将试件打碎,用四分法取),测定其含水率,计算至0.1%。取样品50~100g,两试样含水率差值≤1%。

(5)按上述试样制备和试验步骤进行其他含水率的击实,凡用过的土样,不能再重复使用。

2. 石灰土的击实试验方案

取风干黄土若干克,再取黄土颗粒质量的20%的熟石灰进行充分搅拌,放置24h,取其中15kg试料,用四分法将已取出的试料分成6份,每份试料的干质量为2.5kg。

预定6个不同的含水率,依次相差2%,其中3个大于、3个小于最佳含水率,即取10%、12%、14%、16%、18%、20%。

应加水的计算式为:

$$Q_w = \left(\frac{Q_n}{1+0.01w_n} + \frac{Q_c}{1+0.01w_c} \right) \times 0.01w - \frac{Q_n}{1+0.01w_n} \times 0.01w_n - \frac{Q_c}{1+0.01w_c} \times 0.01w_c$$

(3-8)

式中:Q_w——粒料中应加水量;

Q_n——混合料中素土的质量;

Q_c——混合料中石灰的质量,原始含水率;

w——要求达到的混合料的含水率。

然后按照素土击实步骤进行击实,即得出石灰土最佳含水率和最大干密度。

通过以上试验得出素黄土和石灰土的最大干密度和最优含水率,如表3-9、图3-58、图3-59所示。

最大干密度和最佳含水率 表3-9

成 分	最大干密度(g/cm³)	最佳含水率(%)
素黄土	1.632	18.5
石灰土(熟)	1.706	14.68

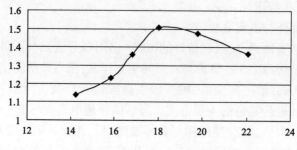

图 3-58　素黄土的击实试验曲线

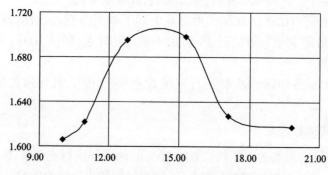

图 3-59　石灰土的击实试验曲线

3. 无侧限抗压强度试验

用石灰土(熟、生)按照最佳含水率和最佳干密度制样,试样大小为 $\phi 50\text{mm} \times 50\text{mm}$ 的圆柱体。将试样养生 7 天(放置水中 24h),然后进行无侧限抗压试验。测得结果如表 3-10 所示。

石灰土无侧限抗压试验结果　　表 3-10

试样号	1	2	3	4	5	6	7
强度(MPa)	1.12	1.07	1.13	0.97	1.17	1.28	0.96

4. 动力三轴试验

经无侧限抗压试验,两种石灰土的强度均大于 0.8MPa,故可以进行动三轴试验。试验方案如下:

试验在均压 $K_0 = 1$ 的状态下进行的。

先加上一定的围压进行均压固结,固结时间一般为 10min。固结完成后再加上动荷载,加载路径如下所示:

围压 $\delta_3 = 200\text{kPa}$

动应力为 $\delta_d = 50\text{kPa}、70\text{kPa}、90\text{kPa}、120\text{kPa}、150\text{kPa}、180\text{kPa}$

围压 $\delta_3 = 300\text{kPa}$

动应力 $\delta_d = 50\text{kPa}、100\text{kPa}、150\text{kPa}、200\text{kPa}、250\text{kPa}、300\text{kPa}、350\text{kPa}$

围压 $\delta_3 = 400\text{kPa}$

动应力为 $\delta_d = 50\text{kPa}、100\text{kPa}、150\text{kPa}、200\text{kPa}、250\text{kPa}、300\text{kPa}、350\text{kPa}$

分别作出 $\delta_d - \gamma_d$、$E-\gamma_d$、$D-\gamma_d$ 曲线，如图 3-60 ~ 图 3-71 所示。

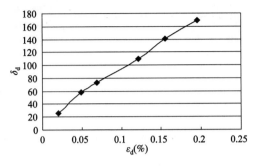

图 3-60 围压 200kPa 的应力-应变曲线

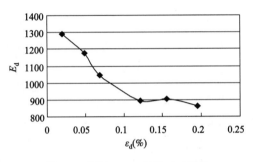

图 3-62 围压 200kPa 模量-应变曲线

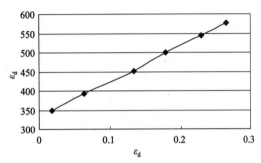

图 3-61 围压 200kPa 阻尼-应变曲线

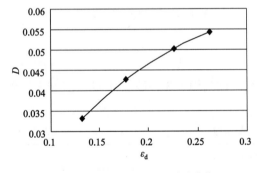

图 3-64 围压 300kPa 阻尼-应变曲线

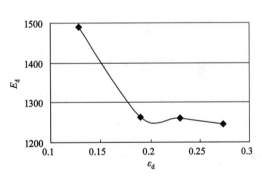

图 3-63 围压 300kPa 应力-应变曲线

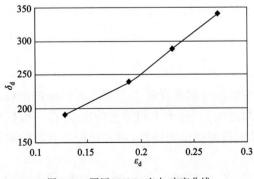

图 3-66 围压 400kPa 应力-应变曲线

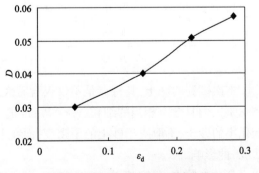

图 3-65 围压 300kPa 模量-应变曲线

图 3-67 围压 400kPa 阻尼-应变曲线

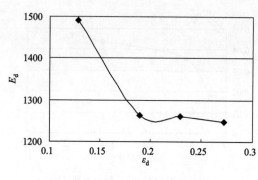

图 3-68 围压 400kPa 模量-应变曲线

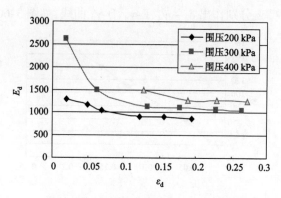

图 3-69 模量随围压变化的模量-应变曲线

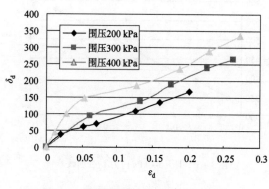

图 3-70 模量随围压变化的应力-应变曲线

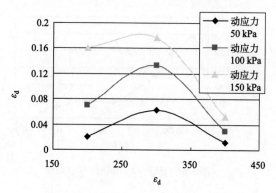

图 3-71 应变随动应力变化的围压-应变曲线

（三）砂土动力特性测试与分析

作为桥台后填料，砂土的稳定问题很值得研究。试验用了 3 种砂土，1 号、2 号和 3 号砂土的级配如表 3-11 所示。

试验用砂土级配组成　　　　　表 3-11

土样号	粒径分布							
	>5	5~3	3~2	2~1	1~0.5	0.5~0.25	0.25~0.1	<0.1
1	6.60	21.18	10.66	6.09	11.47	8.15	8.42	27.38
2	8.93	30.65	7.15	7.07	12.04	6.44	6.44	23.37
3	8.78	29.90	10.37	4.54	7.32	2.96	2.96	33.50

本次试验的砾土，其特点是不仅仅含有大量的粗粒，（试验资料：2 号样 >0.5mm 的土粒占 65.8%），而且含有相当的细粒，（<0.5mm 的占 34.5%）。这类土的强度特性，不像一般粒度变化小的砂土，不取决于砂土的干密度，而在上很大程度受结构特性（颗粒级配及其颗粒排列状况）的影响。

各种土样的干密度为，1 号样 $\bar{r}_d = 1.926\text{g/cm}^3$；2 号样 $\bar{r}_d = 1.893\text{g/cm}^3$；3 号样 $\bar{r}_d =$

1.943g/cm³。

试验资料整理采用双振幅应变 $\varepsilon = 5\%$ 的破坏标准,试验结果如图3-72~图3-77、表3-12所示。

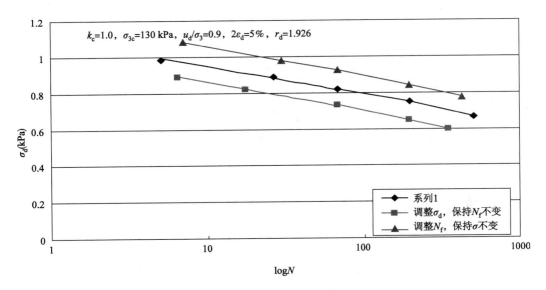

图3-72　$r_d = 1.926$ 动强度曲线

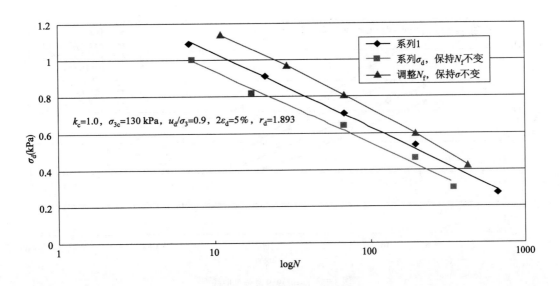

图3-73　$r_d = 1.893$ 动强度曲线

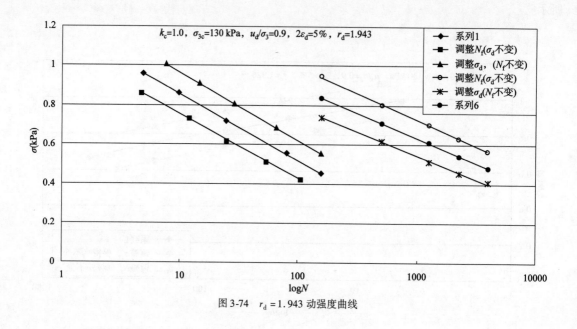

图 3-74　$r_d = 1.943$ 动强度曲线

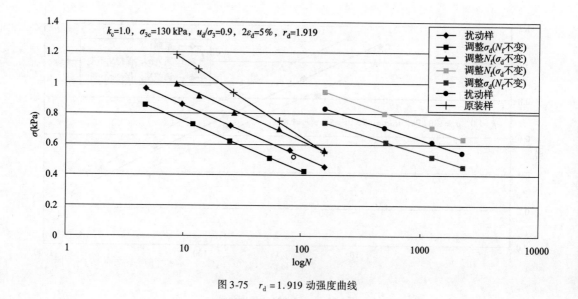

图 3-75　$r_d = 1.919$ 动强度曲线

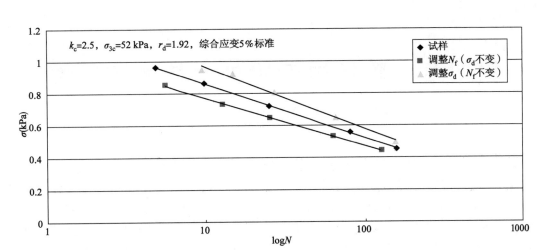

图 3-76 $r_d = 1.92$ 动强度曲线

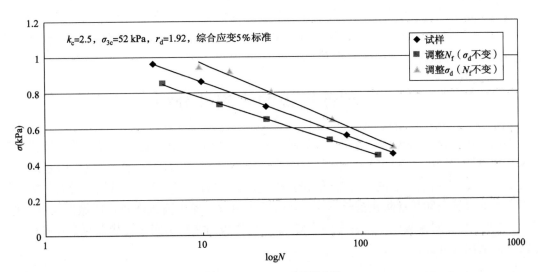

图 3-77 $r_d = 1.92$ 动强度曲线

根据上述试验成果,可以得出 5% 双幅的动应变标准下 $N_f = 10$、20、30 的动强度 σ_d,及抗液化剪应力比 $\sigma_d/2\sigma_{3c}$。

动 力 试 验 结 果　　　　　　　　　　表 3-12

土样号	1			2			3		
破坏振次 N_f	10	20	30	10	20	30	10	20	30
破坏动应力 σ_d(kPa)	1.03	0.92	0.82	0.85	0.75	0.70	0.95	0.93	0.91
破坏动剪应力比 $\sigma_d/2\sigma_{3c}$	0.396	0.354	0.315	0.327	0.288	0.269	0.365	0.358	0.350

第四章 路桥过渡段处治技术适应性与作用机理

高等级公路差异沉降处治中,设置搭板、换填路堤材料、加筋是目前常用的方法。这些方法对减小路堤总沉降、缓和桥台与路堤的沉降差起到了一定的作用,并且不乏成功的工程实例。但是,从目前差异沉降病害反映的情况看,这些处治措施也存在不少问题,如搭板断裂、二次跳车和桥头错台等,针对这些问题,研究人员开展了很多研究,取得了不少成果,但都没有起到治本的效果。究其原因,是由于我们对处治方法的适应性和作用机理没有搞清楚,从而在处治方法的选用上带有一定的盲目性,造成了在应用过程中出现了较多病害。如前所述,对一种处治措施的适应性研究实际是分析其消化地基沉降变形的能力,故本章通过模拟不同的地基沉降模式,分析其变形与力学性状,从而研究路桥过渡段处治措施对地基沉降的适应性和作用机理,以期对其在实际工程中的应用有所指导。

一、刚性搭板的适应性分析

如前所述,搭板应用较早,对其开展的研究也最多,但利用钢筋混凝土搭板进行过渡时存在两个缺点:一是搭板不可能做得很长,沉降差较大时,搭板引起的纵坡变化也将引起差异沉降;二是搭板之下由于路基的沉降变形引起脱空,导致搭板断裂。目前对搭板进行的结构受力分析及配筋计算只能尽量防止搭板不因脱空而发生断裂。鉴于前人在搭板所做的大量工作,因此,本书主要针对搭板应用过程中的主要问题,即搭板与路基不同接触状态的受力和其对地基沉降的适用性方面开展研究。

(一)计算模式

考虑路堤沿纵向左右对称,取半副路堤作为计算模型,如图 4-1 所示,路堤填高 6m,路堤宽 3.5m,坡率 1:1.5。搭板长分别取 6m、8m、10m,厚度取 30cm,布置于路基顶面。

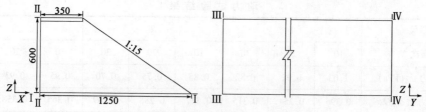

图 4-1 搭板三维计算模型(尺寸单位:cm)

边界条件:Ⅰ-Ⅰ断面 Z 方向为地基沉降(Δ),Ⅱ-Ⅱ断面 X 方向位移为 0;Ⅲ-Ⅲ断面与桥台接触,Y 方向位移为零,Ⅳ-Ⅳ断面 Y 方向无约束,搭板简支于桥台。

通过编制 Forcem 用户子程序,模拟搭板上作用汽车移动标准轴载,为利于模型网格的划分,假设荷载作用面为正方形,面积为 $0.27m \times 0.27m$,均布压力 $q = 0.7MPa$,相应的轴载为 100kN。车轮荷载沿搭板纵缝边缘移动,每步距离为 0.54m。

基于搭板与填土模量的巨大差异,应用 MARC 软件中基于直接约束迭代的接触分析方法 contact 模拟搭板与填土之间在变形过程中可能发生的接触或分离现象,同时,结合单元的死活技术,将脱空区路基顶面的单元杀死,以此模拟搭板与填土部分脱空,部分弹性支承的现象。

搭板与路堤填土均按线弹性考虑。计算参数如表 4-1 所示。

计算参数　　　　　　　　　　　　　　　　　　表 4-1

材料	参数		
	弹性模量(MPa)	泊松比	密度(kN/m^3)
路堤填土	50	0.35	20
搭板	2.8×10^4	0.15	24

(二)计算结果分析

1. 搭板与路基填土不同接触状态时的力学分析

表 4-2 示出了搭板长度 6m、8m、10m 时搭板与路基土不同接触状态下的纵向最大应力汇总值。其中板长 8m、10m 时的计算过程与 6m 相同。从上述表格的汇总值可以看出:

(1)当脱空区长度小于 1.08m 时,板底弯拉应力没有变化;当脱空区长度大于 1.08 时,随着长度的增加,板底的弯拉应力增加;当地基沉降为 10cm 时,板底的弯拉应力计算结果与简支板一致。

(2)搭板与路基土接触状态不同时,引起板底最大弯拉应力的荷载作用位置在桥台与 0.5 倍板长之间。随着脱空区长度的增加,最不利荷载位置离桥台的距离增加。

(3)脱空区长度相同时,随着搭板长度的增加,板底的弯拉应力减小。但当搭板完全脱空时,板长大的搭板板底弯拉应力明显增加。其中,板长 10m 的最大弯拉应力是 6m 的 1.69 倍,板长 8m 是 6m 的 1.49 倍。

不同接触状态时搭板最大纵向应力　　　　　　　　　　　　　　表 4-2

板长 6m							
脱空区长度(m)	0	1.08	2.16	3.24	4.32	地基沉降(10cm)	简支板
σ_{max}(MPa)	1.62	1.62	1.85	2.33	3.0	4.08	4.125
σ_{min}(MPa)	-1.836	-1.836	-2.067	-2.522	-3.145	-4.196	-4.228
荷载距桥台距离(m)	1.62~1.89	1.62~1.89	1.62~1.89	1.89~2.16	2.16~2.43	3.0	2.16~2.43
板长 8m								
脱空区长度(m)	0	1.08	2.16	3.24	4.32	5.13	6.21	地基沉降(10cm)	简支板
σ_{max}(MPa)	1.21	1.22	1.53	2.10	2.75	3.32	4.36	6.13	6.137
σ_{min}(MPa)	-1.301	-1.306	-1.749	-2.312	-2.913	-3.448	-4.46	-6.207	-6.214
荷载距桥台距离(m)	1.62~1.89	1.62~1.89	1.35~1.62	1.62~1.89	2.16~2.43	3.24~3.51	2.7~2.97	4.0	4.0

续上表

板长10m										
脱空区长度（m）	0	1.08	1.89	3.24	4.05	5.13	6.48	8.1	地基沉降（10cm）	简支板
σ_{max}(MPa)	1.21	1.16	1.39	2.01	2.37	2.93	3.74	5.22	6.99	6.987
σ_{min}(MPa)	-1.254	-1.212	-1.441	-2.074	-2.913	-2.98	-3.787	-5.267	-7.031	-7.03
荷载距桥台距离（m）	1.62~1.89	1.62~1.89	1.62~1.89	1.62~1.89	2.16~2.43	2.43~2.7	3.24~3.51	4.05~4.32	5.0	5.0

2. 搭板对地基沉降的适应性分析

图4-2示出了不同板长时路基顶面沉降随地基沉降的变化曲线。从图中可以看出，地基沉降变形值是构成路基沉降的主要因素。随着地基沉降的增大，在设置搭板后，地基沉降变形在桥头形成的台阶差得到消除，但搭板纵坡变化率越来越大，而由于搭板的模量很大，其与路基的衔接处存在一个显著的转折，从而引起车辆行驶的颠簸，导致产生所谓的"二次跳车"现象。

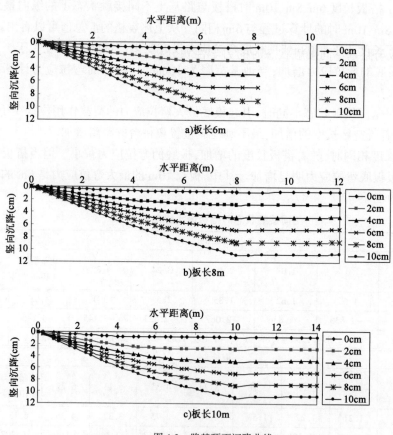

图4-2 路基顶面沉降曲线

表4-3示出了不同板长时路基沉降曲线的纵坡变化率，从表中可以看出，随着地基沉降的增加，纵坡变化率增大；随着板长的增加，纵坡变化率减小。若按纵坡变化率6‰作为判断差

异沉降发生的标准,则可以认为,6m 长度的搭板适用于处理地基沉降在 2.8cm(内插)以内的桥头路段;8m 长度的搭板适用于处理地基沉降在 4cm 以内的桥头路段,而 10m 搭板适用于处理地基沉降在 5.1cm 以内的桥头路段。

不同地基沉降值时的纵坡变化率　　　　　　　　　　　　表 4-3

板长 6m						
地基沉降(cm)	0	2	4	6	8	10
纵坡变化率(%)	0.1	0.462	0.807	1.151	1.495	1.83
板长 8m						
地基沉降(cm)	0	2	4	6	8	10
纵坡变化率(%)	0.122	0.35	0.606	0.86	1.11	1.36
板长 10m						
地基沉降(cm)	0	2	4	6	8	10
纵坡变化率(%)	0.076	0.282	0.49	0.694	0.895	1.095

(三)计算总结

(1)通过搭板与路基不同接触状态时的力学性状分析表明,当搭板弹性支承于路基土上时,板底弯拉应力较小;当脱空区长度小于 1.08m 时,其对搭板受力没有影响,随着脱空区长度的继续增加,板底弯拉应力显著增加,当搭板与路基土完全脱空时,其受力状态与简支板相似。因此,搭板脱空长度是影响搭板受力状态的主要因素。设计时,可保守地按简支板进行搭板的内力计算。文中给出了搭板不同接触状态时的最大弯拉应力和压应力,可作为设计参考。

(2)搭板对地基沉降的适应性分析表明,地基沉降的增大将引起搭板纵坡变化率的增大,从而产生差异沉降现象。因此,地基沉降是影响搭板纵坡变化率的主要因素。搭板对地基沉降的适应性表现为:长度 6m 的搭板适用于处理地基沉降在 3cm 以内的桥头路段;8m 长度的搭板适用于处理地基沉降在 4cm 以内的桥头路段,而 10m 长度的搭板适用于处理地基沉降在 5cm 以内的桥头路段。

二、换填路基适应性分析

(一)计算模型

计算模型如图 4-3 所示,路堤填高 6m,计算长度 30m,桥头路堤换填区域的布置为:路基底部长度 4m,沿路堤高度按 1:1 换填。

边界条件为:路堤底面的地基沉降量(Δ),路堤两侧侧向位移为 0,路基顶面之均布荷载 $p=40$kN/m。

为保证在计算时换填区与一般填料区网格的连续与协调,应用 MARC 软件的网格自动划分功能(图4-3)。路堤本构模型选用基于 D-P 屈服准则的理想弹塑性模型。计算参数列于表4-4所示。

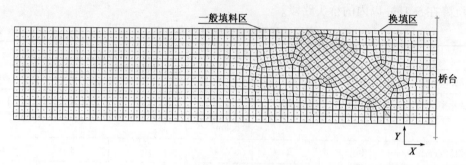

图4-3 计算模型图

计算参数　　　　　　　　　　　表4-4

填料类型	参数						
	弹性模量 (MPa)	C (kPa)	ψ (°)	密度 (kN/m³)	泊松比	α	σ (kPa)
土	30	25	22	20	0.35	0.122	68
砂砾	100	0	37	22	0.32	0.1895	0
灰土	200	52	33	19	0.30	0.1745	124.27

为了分析换填方式对地基沉降的适应性及其性状差异,沿路堤纵向分别考虑均匀沉降与差异沉降两种模式。地基均匀沉降可通过边界条件直接施加,而非均匀沉降的模拟方式与第二章所述有所差别。计算时考虑桥头地基存在局部软弱地段,即假定路堤一般填料区地基没有沉降,而换填区底面4m下设置一模量较小的软弱地基,因此,桥头换填区路基顶面沉降是外荷载与两侧沉降较小的路堤、桥台产生的向上裹附力相互作用的结果。

(二)地基沉降适应性分析

1.路堤填料模量的影响

图4-4反映了桥头路堤的压缩变形与换填填料模量之间的关系。从图中可以看出,换填区材料模量对桥台与路堤的差异沉降影响明显。当桥头路基采用一般填料($E=30$MPa)时,沉降曲线近似为一直线,桥头与路堤衔接处的沉降差为1.2cm。而换填高模量的填料时,路堤的压缩变形明显减小,当$E \geqslant 80$MPa 时,桥头与路堤的台阶差小于0.5cm,满足桥头不产生差异沉降的台阶高差要求,从而消除了差异沉降病害。同时,换填区压缩变形值随换填高度的减小逐渐增大,直至与普通路堤填料一致,说明了沿路堤高度1:1的楔性"刚柔过渡"方式不仅可以大大减少换填量,更有利于协调其沉降差。另外,考虑到桥台附近填料压实的影响和水稳定性时,桥头路堤采用高模量、透水性好的换填材料对于减轻差异沉降病害更有其必要性。

从图中还可以看出,当$E \geqslant 120$MPa 时,换填材料模量的继续提高对于减小路基压缩变形作用甚微。

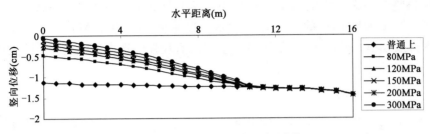

图4-4 路堤压缩变形与填料模量的关系曲线($\Delta=0$)

2. 地基均匀沉降

图4-5路基顶面曲线特征与图4-4基本相似。路基顶面沉降包括路堤的压缩变形和地基沉降,随着填料模量的提高,路堤的压缩变形得到减小,当地基沉降值为10cm时,不管采用哪种填料,桥台与路堤的沉降差都大于10cm,说明地基沉降在路堤中并没有得到消减,路堤沉降量主要体现在地基沉降值的大小。因此,换填方式对于地基均匀沉降的适应性较差,单纯采用换填方式无法达到消除差异沉降的目的。

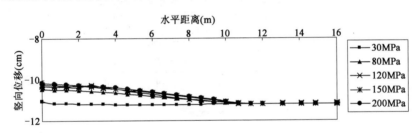

图4-5 路基顶面曲线($\Delta=10cm$)

3. 地基非均匀沉降模型

当地基发生非均匀沉降时,桥头换填路堤将产生塑性变形,路堤的填筑方式对变形的影响较大。将路基填筑视为等速加载过程,应用MARC的表格功能,定义荷载随加载时步的变化曲线,加载共分10步,即10个不同工况。前5步等速施加自重荷载,第5步施加全部自重荷载和外部作用荷载并延续至第10步。

(1) 路基沉降特征

图4-6为不同填料时路堤顶面的沉降曲线。比较3个分图可以看出,3种填料路堤沉降最大值都发生在桥台附近,而地基差异沉降对一般土质填料路基沉降影响最大,砂砾填料次之,灰土填料最小。图a)中的路堤顶面沉降曲线为下凹形抛物线。荷载较小时,路堤的沉降值较小,曲线较为平缓,随着上覆荷载的增大,地基变形增加,其反射到路基顶面的影响区域扩大,靠近桥台的路堤沉降增加尤为迅速,荷载工况5时,桥头路堤沉降曲线产生突变,沉降值增长迅速,表明塑性应变区已贯通全部区域。工况5到工况10时,虽然荷载不再增加,由于路堤中塑性区已经贯通,即使荷载不再增加,变形也将继续增大。图b)中砂砾填料路基顶面沉降曲线变化趋势与图a)基本相似,但地基差异沉降反射到路基顶面的影响区域减小,其沉降值也明显小于一般土质填料,且随上覆荷载的增加量值差异越大。图c)中,灰土换填时,桥台5m后路基顶面的沉降曲线形态与图b)基本相似,5m内曲线差异较大,桥台与路堤的台阶差相对

其他两种填料要小得多,最大值为1.8cm,同时其路基顶面沉降值随上覆荷载增加增长缓慢,且没有出现如图a)及图b)中的突变现象,而从工况5至工况10,沉降值也不再增加,表明路堤的塑性区开展较小。因此,可以认为,灰土填料具有较强的适应地基差异沉降的能力,砂砾次之,而土质填料最差。

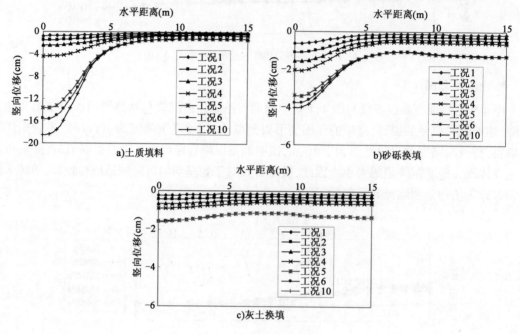

图4-6 路堤顶面沉降曲线

(2) 位移等值线

图4-7表示不同填料在工况十时的竖向位移等值线。在差异沉降模式下,由于两侧的填土和桥台位移很小,从而对换填区产生了一个向上的裹附力,由于换填料抗剪强度和模量的差异,从而导致路堤竖向位移性状产生较大差异。从图中可以看出,3种不同填料的最大沉降值均发生在靠近桥台的路基底面,但它们沿路堤高度的变化性状有所差异。图a)中土质填料位移等值线从沉降的最大区域向外由疏至密,曲线形状由弧形过渡为直线,斜率逐渐变大,说明在靠近桥台区域的地基沉降沿路堤填高消减量较小。图b)中砂砾填料的位移等值线间距从沉降最大区域向外逐渐由密到疏,曲线为波浪形,说明砂砾填料地基的沉降值沿路堤填高消减量较大。图c)中桥台附近的位移等值线为一竖向直线,同时灰土换填区等值线一直延伸至相邻填土区,表明由于灰土填料模量大,抗剪强度高,灰土换填区在两侧的填土、桥台产生的裹附力作用下,明显地限制了地基差异沉降对路基顶面的反射。

(3) 塑性应变等值线

路堤填料对地基差异沉降适应性的差异主要是其填料抗剪强度的差异造成的。当地基产生差异沉降时,路堤中将产生塑性区,图4-8示出了工况10时,不同填料路堤的塑性应变等值线。从图中看出,塑性应变最先开展于换填区与一般填料区的交界位置,这是由于两者存在差异沉降造成的,随着荷载的增加逐渐向上发展,图a)及图b)中,塑性区已贯通桥头路堤,而灰土填料的塑性区开展区域很小。同时,不同填料塑性区的开展性状差异较大,图a)中路堤填料塑性区呈"剪切型"斜向发展,图 b)中砂砾填料塑性区呈"脱落型"向上发展,图 c)中塑性区开展区域很小,但从其位移等值线看出,灰土填料的破坏形式为垂直向的脆性断裂。

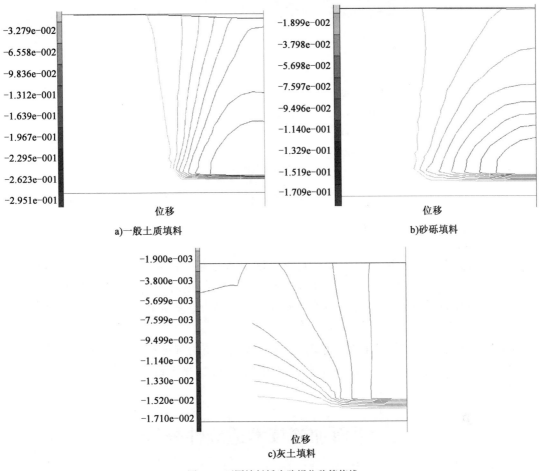

图 4-7 不同填料桥头路堤位移等值线

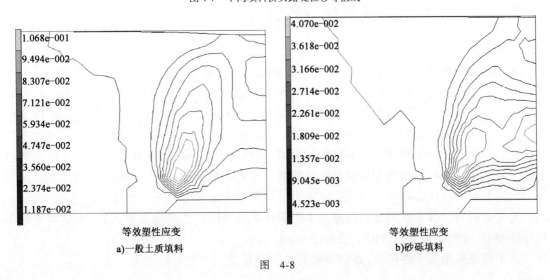

图 4-8

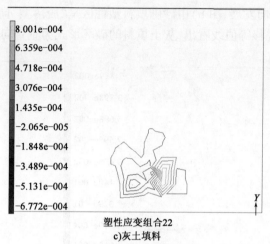

塑性应变组合22
c)灰土填料

图 4-8 塑性应变等值线

(三)小结

(1)桥头路堤换填压缩模量大的填料可以明显减小路堤的压缩变形,同时沿路堤高度 1∶1 的楔性"刚柔过渡"换填方式不仅可以大大减少换填量,更有利于协调其沉降差。

(2)当地基为均匀沉降模式时,路堤沉降量主要体现为地基沉降值的大小,换填方式无法起到消化地基沉降的作用。

(3)当桥头地基存在局部软弱区域时,桥头路堤换填抗剪强度高、具有一定整体性的填料如灰土,能够较好地消化地基的差异沉降,而砂粒填料次之,黏土最差。但换填灰土一定要保证施工压实,使其成为一个整体。

三、平面加筋技术适应性分析

(一)不固定时土工格栅加筋作用性状

1.计算模型

土工格栅加筋计算模型、边界条件与土工格室加筋体基本相同,但其布置间距为 50cm,如图 4-9 所示。由于土工格栅是一种薄膜状的平面结构网格,它只能受拉不能受压,不具有抗弯刚度,故以三维薄膜单元模拟其土工格栅单元特性,由于现行规范得到的土工格栅的刚度 J 单位为 $kN \cdot m^{-1}$,而本书薄膜单元的单位为 kPa,其换算公式为 $E_r = J/A_r$(A_r 表示单位宽度土工格栅的截面积),通过试算表明,当薄膜单元的拉伸刚度 $E_r A_r$ 与土工格栅的张拉刚度保持数值上的一致时,E_r 和 A_r 数值的相对变动对计算结果没有影响。根据土工格栅的材料性能,薄膜单元的厚度取为 0.002m。

为避免材料参数选取的复杂性掩盖了影响桥头加筋路堤的其他重要因素,路堤填土采用线弹性模型,变形模量 $E = 20$MPa,泊松比 0.35。

土工格栅采用线弹性模型,其拉伸刚度取不同值。

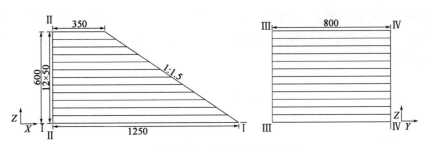

图 4-9　土工格栅加筋三维计算模型(尺寸单位:cm)

接触面单元采用线弹性模型,$K_s = 20 \times 10^3 \mathrm{kN/m^3}$;为避免接触面相互切入,法向劲度模量 K_n 取一较大的值,$K_n = 1 \times 10^8 \mathrm{kN/m^3}$。

2. 计算结果分析

(1)土工格栅加筋对桥头路堤竖向位移的影响

图 4-10 为桥头路堤加筋和不加筋情况下的竖向沉降曲线,从图中可以看出:

①土工格栅加筋路堤的竖向沉降小于未加筋时的沉降值。且随着土工格栅张拉刚度的增大,竖向沉降的减小更明显。

②土工格栅必须具有较大的张拉刚度才能有效地减小路堤竖向位移,在图 4-10a)中,当土工格栅张拉刚度≤1000kN/m,竖向位移减小量较小。当 EA 分别为 10^4kN/m 和 10^5kN/m 时,竖向位移分别减小了 16.7% 和 33%。但是,过大的张拉刚度对于继续减小路堤竖向位移作用甚微。

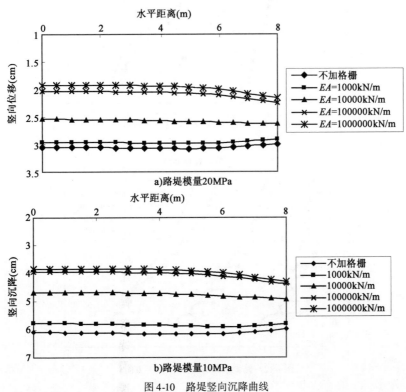

图 4-10　路堤竖向沉降曲线

③随着路堤变形模量的减小,路堤的压缩变形增大,土工格栅减小竖向位移的加筋作用更显著。在图 4-10b)中,当土工格栅张拉刚度 EA 分别为 $10^4 kN/m$ 和 $10^5 kN/m$ 时,竖向位移减小 23.5% 和 35.4%。

(2)土工格栅加筋对桥头路堤侧向位移的影响

图 4-11、图 4-12 分别示出了路堤横向和纵向侧向位移变化曲线,从图中可以看出:

①土工格栅加筋路堤的侧向位移明显小于未加筋路堤,且随着张拉刚度的增加,这种限制侧向位移的作用更显著。

②加筋路堤中,土工格栅筋材与相邻土体路堤边坡侧向位移(X 方向)较为连续,而路堤纵向的侧向位移(Y 方向)则产生较小的相对错动,且随筋材张拉模量的增大,错动位移有所增加。产生土工格栅筋材与土体横向和纵向相对位移差异的主要原因是由于路堤横向边坡的存在,边坡体竖向应力较小,故筋材与土体的界面黏合作用相对较强,因此筋材与土体侧向位移较为连续。

③土工格栅具有较大的拉伸刚度,通过筋材与土体的界面摩擦和咬合作用,限制了土体的侧向位移,从而减小了路堤的竖向位移。

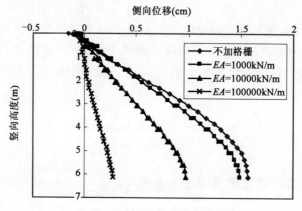

图 4-11 路堤边坡的侧向位移(X 方向)

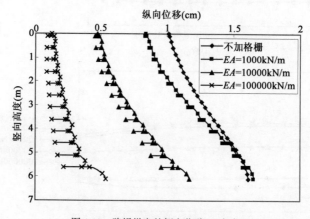

图 4-12 路堤纵向的侧向位移(Y 方向)

(3)土工格栅加筋对路堤应力分布性状的影响

图 4-13 示出了土体变形模量 10MPa 时路堤横断面底面竖向应力分布曲线,从图中可以看出,加筋使路堤底面的竖向应力分布稍趋于均匀,但数值差异较小,表明当路堤变形较小时,土工格栅加筋对路堤的应力分布影响不大。

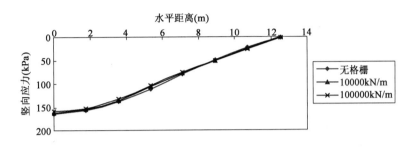

图 4-13 路堤横断面底面竖向应力($Y=0$)

(二)固定时土工格栅加筋作用性状

1. 计算模型

土工格栅的计算模型和边界条件与土工格室柔性搭板基本相同,其布置形式见图 4-14。

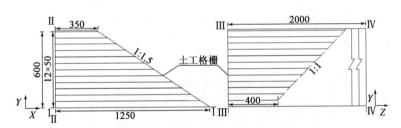

图 4-14 土工格栅计算模型(尺寸单位:cm)

路堤填土采用基于 D-P 屈服准则的理想弹塑性模型。计算参数为:弹性模量 $E=30$MPa,泊松比 $\nu=0.35$,$\gamma=20$kN/m^3,$c=25$kPa,$\varphi=22°$。

土工格栅取三维薄膜单元,采用线弹性模型,拉伸模量 $E=10000$kN/m。

2. 计算结果分析

(1)桥头路堤位移性状

图 4-15 示出了土工格栅固定时路基顶面的沉降曲线,从图中可以看出,地基沉降是构成路堤沉降的主要部分。由于土工格栅一端锚固于桥台上,故桥台与路堤的台阶差得到消除,并且通过土工格栅的抗拉性能,阻止了桥台附近一定范围内土体的沉降变形,当地基沉降较小时,路基顶面沉降曲线相对较缓;但由于土工格栅只有拉伸能力,不能受压,且不具有抗弯刚度,故土工格栅抵抗竖向荷载的能力较弱,因此,当地基沉降较大时,桥台与路堤的沉降差过渡长度较短,曲线变化也很陡。从图 4-15 也可以看出,土工格栅减小的路堤压缩变形值相对于较大的地基沉降值而言显得比较有限。

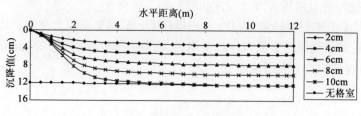

图 4-15　路基顶面沉降曲线

(2) 位移云图

图 4-16 为土工格栅加筋桥头路堤的位移云图,从图中可以看出,固定端附近位移很小,距桥台距离越远,沉降变形值逐渐增大;同时竖向位移云图由下向上较为连续,没有产生明显的位移突变,表明土工格栅加筋桥头路堤时,脱空区只发生于离桥台很小的距离内。同时,位移云图的过渡区域较小,说明土工格栅对地基沉降的消化能力较弱。

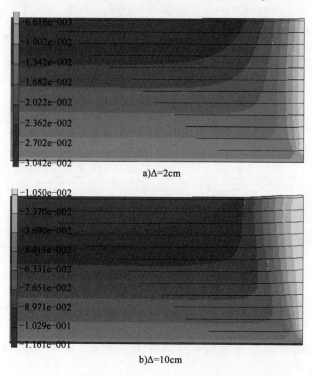

图 4-16　不同地基沉降时土工格栅加筋桥头路堤位移云图

(3) 等效塑性应变云图

图 4-17 示出了土工格栅加筋桥头路堤的等效塑性应变云图,从图中可以看出:

① 塑性区首先开展于桥台附近土工格栅,随着地基沉降的增大,塑性区范围逐渐扩大,且加筋路堤塑性区区域由路堤底面向上呈楔形布置。

② 土工格栅加筋路堤的塑性区开展区域较为有限,表明土工格栅布置区域土体由于地基沉降而产生错动和脱空的区域较短。因此,从消化地基沉降的角度来看,土工格栅发挥作用的区域很短。

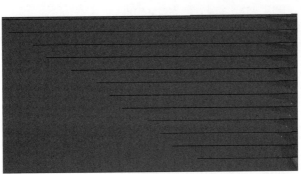

a) Δ=2cm

b) Δ=10cm

图 4-17　不同地基沉降时土工格栅加筋桥头路堤塑性应变云图

(三)小结

1. 土工格栅加筋的作用

通过以上分析可知,土工格栅加筋的作用性状主要表现为以下几个方面:

(1)土工格栅利用较大的拉伸模量,通过与土体的界面摩擦和咬合作用,限制了路堤填土的侧向位移,提高了土体的抗剪强度和抗变形能力,从而减小了路堤的压缩变形值。且随着路堤变形模量的减小,其作用更显著。

(2)土工格栅变形后也存在"网兜效应",从而使荷载的分布趋于均匀。

(3)土工格栅由于一端锚固于桥台上,利用其抗拉伸能力,阻止了桥台附近土体的向下沉降,同时,也减小了桥头路基和地基的竖向应力。

2. 建议

同时,基于以上的分析,针对桥头路堤平面加筋处治技术提出以下建议:

(1)平面加筋材料应选用具有较大拉伸刚度的筋材,同时,桥头应换填内摩擦角较大的填料。

(2)平面加筋材料对于减小路堤自身的压缩变形较为有效,但由于其不具有抗弯刚度,故消化地基沉降变形的能力较差,因此,土工格栅加筋技术适用于处治地基条件较好的桥头过渡段。当地基较差时,应结合其他方法进行综合处治。

四、楔形柔性搭板适应性分析

(一)土工格室加筋体作用性状

为了分析土工格室加筋体的加筋效果,取土工格室加筋体路堤与相同条件下的普通路堤进行比较。

考虑路堤沿纵向左右对称,取半副路堤作为计算模型,如图 4-18 所示;路堤填高 6m,路堤宽 3.5m,坡率 1:1.5,计算长度取 8m。土工格室沿路堤纵向采用等长布置,间距均为 8m。

边界条件如图4-18 所示,Ⅰ-Ⅰ断面 Z 方向位移为 0,Ⅱ-Ⅱ断面 X、Z 方向位移为 0;Ⅲ-Ⅲ断面与桥台接触,Z 方向位移为零,Ⅳ-Ⅳ断面为自由边界。

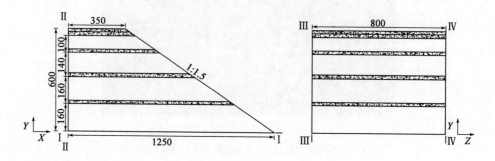

图 4-18 土工格室加筋体计算模型(尺寸单位:cm)

将汽车荷载和路面荷载等代成均布荷载,$p = 40\text{kN/m}^2$。

为避免材料参数选取的复杂性掩盖了影响桥头加筋路堤的其他重要因素,本章在进行加筋与不加筋路堤的性状分析中,路堤填土采用线弹性模型。计算参数变形模量 $E = 20\text{MPa}$,泊松比 0.35。

土工格室加筋体采用线弹性模型,复合模量根据格室内充填料的不同分别取 $E = 60\text{MPa}$、120MPa 和 200MPa。

接触面单元采用线弹性模型,$K_s = 20 \times 10^3 \text{kPa/m}$;为避免接触面相互切入,法向劲度模量 K_n 取一较大的值,$K_n = 1 \times 10^8 \text{kPa/m}$。

1. 土工格室加筋体对桥头路堤竖向位移的影响

从图 4-19 还可以看出,土工格室加筋明显减小了桥头路堤的竖向变形。且这种影响随土工格室复合模量的增大而变大。复合模量 $E = 60\text{MPa}$、120MPa、200MPa 时竖向位移相对于原路堤分别减小了 12%、19.1%、26.2%。

为比较路基变形模量对土工格室加筋效果的影响,图 4-20 示出了路基变形模量 $E = 10\text{MPa}$ 时土工格室加筋路堤与一般路堤的路基顶面沉降曲线。图中的曲线形态与图 4-19 基本类似,但由于变形模量的减小,路基顶面的竖向位移值明显增大,且土工格室加筋减小竖向位移的作用更加显著。$E = 20\text{MPa}$、60MPa、120MPa、200MPa 时竖向位移相对于原路堤分别减小了 9.6%、20.7%、27.7%、32.8%。与 $E = 20\text{MPa}$ 时相比,土工格室加筋减小竖向沉降的幅度约增加8%。同时,随着土工格室复合模量的增加,其对竖向位移的影响变得越来越弱。

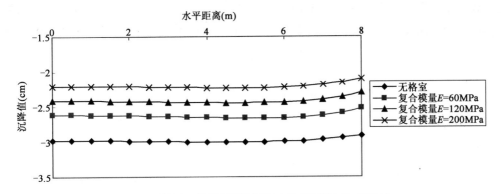

图 4-19　路基中心线顶面沉降曲线(土基变形模量 $E=20$MPa)

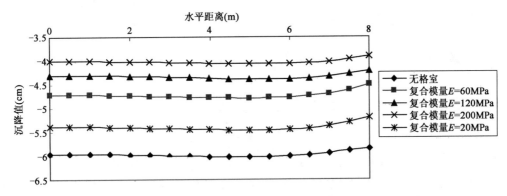

图 4-20　路基中心线顶面沉降曲线(土基变形模量 $E=10$MPa)

从图 4-21 可以看出,土工格室加筋后路堤顶面横桥向的沉降值趋于均匀,普通路堤中心点和边缘的沉降差异为 1.9cm,而复合模量越大,沉降差异越小,当 $E=200$MPa 时,沉降差异减小了 53%,表明土工格室复合体由于具有大刚度的特性,从而使路基顶面的沉降趋于均匀。

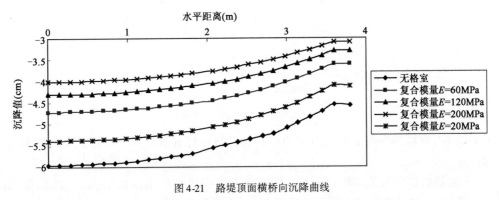

图 4-21　路堤顶面横桥向沉降曲线

2. 土工格室加筋体对桥头路堤侧向位移的影响

桥头路堤三维计算模型中,侧向位移包括路堤纵向(Z 方向)和横向(X 方向)两个位移量。

图 4-22 为桥头 4m 断面路基边坡的 X 方向位移图。图中 4 条侧向位移曲线沿路堤高度的变化趋势基本一致。距路基顶面 0.5m 以内,侧向位移为负值,朝向路堤方向,且位移值差别很小;随后,随着路堤高度的减小,侧向位移变为正值,且呈线性增大,在距路堤顶面高度 4m 以后,侧向位移增加趋于缓慢,而其最大值均发生于路基底面。同时,在土工格室布置处,曲线稍有内凹趋势,且随路堤高度的减小,侧向位移增大,这种趋势更加明显。另外,土工格室加筋路堤的 X 方向侧向位移值明显小于未加筋路堤,且随复合模量的增加,土工格室限制路堤侧向位移的作用更加显著。

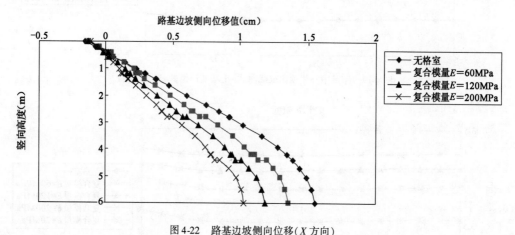

图 4-22　路基边坡侧向位移(X 方向)

图 4-23 表示临空面处沿路堤高度纵向的 Z 方向位移曲线。从图中可以看出,加筋桥头路堤沿路堤高度和纵向 Z 方向位移明显小于不加筋路堤的位移值,且随复合模量的增加 Z 方向的位移减小更明显。

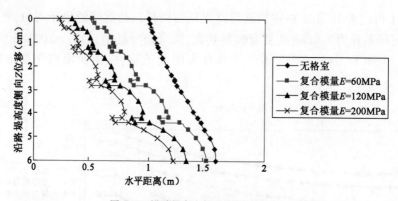

图 4-23　沿路堤高度侧向位移(Z 方向)

图 4-23 中,路堤加筋与未加筋时 Z 方向位移曲线性态有所差异。差异主要表现为以下几个方面:

(1)未加筋时临空面处路堤顶面与路堤底面 Z 方向位移只相差 0.59cm,且随路堤填高的减小逐渐增加,而加筋路堤在不同复合模量时,Z 方向位移沿路堤填高的变化曲线近似平行,路堤顶面与底面的 Z 方向位移均相差 1cm。

(2)对于加筋路堤而言,由于土工格室复合体模量远大于填土模量,故在荷载作用下,土工格室复合体与填土之间产生了一定的错动变形。

(3) 图 4-23 中,当 $E=60$ MPa 时,格室层之间的土体侧向位移随填高的减小呈线性增加;而 $E=120$ MPa 时,格室层土体侧向位移曲线呈中间大、两头小的拱形,$E=200$ MPa 时,拱形更加明显,且分布于整个路堤高度区域。这是由于土工格室复合体具有大刚度和较大拉伸强度的特性,通过其与填料之间的摩擦咬合作用,对周边土体的侧向位移提供了强大的限制作用,且其随距离的增加而减弱,因此,当土工格室复合模量较大时,土工格室层之间土体会产生明显的土拱效应,从而减小了土体的侧向位移,提高了抗剪强度。

从上述分析可知,土工格室复合体由于具有较大的刚度和拉伸强度,通过界面的摩阻力和黏附力限制了周围土体的侧向变形,提高了土体的抗剪强度,从而减小了路堤本身的压缩变形。

3. 土工格室加筋体对路堤竖向应力的影响

图 4-24 表示加筋与不加筋时路基底面纵向和横向的竖向应力曲线。从图中可以看出,除图 4-24 临空面处竖向应力曲线有所差异外,其余位置处曲线几乎没有差别。说明按计算模型的加筋方式,其对路堤底面的竖向应力影响很小。上述计算结论与土工格室垫层在加筋软土地基中的作用机理有所矛盾。有关文献认为,土工格室在处治浅层软土地基时,能有效地约束地基的侧向变形和扩散应力,从而提高地基承载力。笔者认为产生上述矛盾的主要原因如下:

(1) 计算时只考虑了路基压缩变形,而没有考虑沉降变形,故路堤横断面弯沉盆曲率变化较小,土工格室复合体由于弯曲产生的抵抗竖向荷载的应力分量也小。

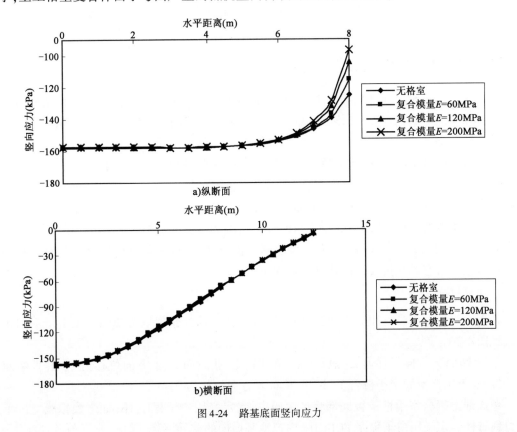

图 4-24 路基底面竖向应力

(2) 与土工格室加筋层在路堤中的布置位置有关。软土地基加筋时,土工格室一般布置于软基顶面,且存在一定厚度的砂垫层,路堤底面横断面竖向应力和沉降分布不均匀这种现象更显著,土工格室复合体的作用类似于柔性筏基,故其扩散竖向应力的作用较显著。而桥头路堤布置土工格室主要是协调桥台与路堤的刚度差,故其布置位置相对较高,从而降低了其扩散竖向应力的作用。

图 4-25 示出了第一层格室下横断面的竖向应力分布曲线,从图中可以看出,由于路基顶面作用均布荷载,故土工格室对路基横断面的竖向应力分布影响不明显,但是随着土工格室复合体模量的增加,可以看出由于土工格室的网兜效应,横断面竖向应力稍趋于均匀。

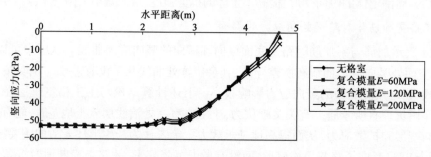

图 4-25 第一层格室下横断面竖向应力

图 4-24、图 4-25 表明,当路堤变形较小时,不固定的土工格室加筋方式扩散路堤竖向应力的作用并不明显。

(二)土工格室柔性搭板作用性状

土工格室相对于平面结构的土工网、土工格栅的一个最大差异是其三维网状结构对充填料提供了较大的侧向约束作用,格室侧壁对其中填料产生了向上的摩擦支承力,从而形成一个具有较大抗拉强度与抗剪强度的复合体。如前所示,虽然桥头路堤采用土工格室加筋体处治也能起到减小路基沉降的作用,但桥台与路堤之间的台阶差仍然过大,因此,无法消除差异沉降现象。本书的方法是将土工格室复合体一端通过特殊的连接构件固定于桥台上,另一端伸入路基中一定长度,形成一楔形柔性加筋体系,谓之土工格室柔性搭板,其作用性状类似于具有一定抗弯刚度的搭板,从而很好地协调桥台与路堤的沉降差,消除了差异沉降现象。因此,很有必要研究土工格室柔性搭板消化地基沉降及协调桥台与路堤沉降差的作用性状,从而更好地认清土工格室柔性搭板处治差异沉降的作用机理。

1. 计算模型

计算模型与土工格室加筋体分析模型基本相同,仅计算长度取为 20m。土工格室的布置形式见图 4-26。

Ⅰ-Ⅰ 断面 Z 方向位移为 Δ(地基沉降条件),Ⅱ-Ⅱ 断面 X、Z 方向位移为 0;Ⅲ-Ⅲ 断面与桥台接触,土工格室固定于桥台上,Ⅳ-Ⅳ 断面 Z 方向位移为 0。

考虑到土工格室柔性搭板底部将产生脱空区,定义用户子程序 Hypla 来模拟脱空区单元的材料特性。定义用户子程序 FORCDT 模拟地基横向的差异沉降。

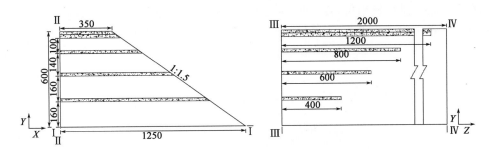

图4-26 土工格室柔性搭板计算模式图(尺寸单位:cm)

路堤填土采用基于D-P屈服准则的理想弹塑性模型。计算参数为:弹性模量$E=30\text{MPa}$,泊松比$\nu=0.35,\gamma=20\text{kN/m}^3,C=25\text{kPa},\varphi=22°$。

土工格室柔性搭板采用线弹性模型,复合模量取路堤填料的两倍,即$E=60\text{MPa}$,泊松比$\nu=0.30,\gamma=20\text{kN/m}^3$。

2. 计算结果分析

(1)桥头路堤位移性状

①路基顶面沉降曲线

图4-27为桥头路堤在地基产生不同的沉降时路基顶面的沉降曲线。桥头路堤沉降由地基沉降和路堤压缩变形两部分组成,从图中可以看出,路堤顶面的沉降随着地基沉降的增大而变大,且桥头一定区域以外,其增量与地基的沉降增量一致;同时,柔性搭板处治后,路基顶面沉降曲线在桥头处理区呈抛物线形状,其曲线斜率和变化范围与地基沉降值有关。当$\Delta=10\text{cm}$时,处理区路基顶面沉降曲线斜率最大,其变化长度在7m以内;$\Delta=0\text{cm}$时,曲线斜率最小,其变化长度也最短。同时,处理区路基顶面沉降值从路桥衔接处零值逐渐平缓、顺滑地过渡到未处理区较大的沉降值,故与刚性搭板相比,柔性搭板处理区与未处理区衔接处不会产生二次跳车现象。因此,柔性搭板处治效果的定量评价值(纵坡)相对于刚性搭板处治后的值可有所增大。桥头路基未处治时的沉降曲线为一条直线,说明柔性搭板方法可以较好地消化地基的沉降,协调桥台与路堤的沉降差,从而起到消除差异沉降病害的作用。

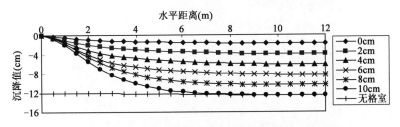

图4-27 桥头路堤中心线沉降曲线

②桥头路堤位移云图

图4-28示出了桥头路堤的竖向位移云图,反映了地基发生不同沉降值时竖向位移在桥头过渡段的变化规律。从位移云图可以看出,路堤底面地基横向存在差异沉降,通过第4层土工格室的消减,桥头地基的横向差异沉降被消除,随着填高和土工格室布置长度的增加,竖向位移在每一层柔性搭板处都有突变,且这种突变的区域随着地基沉降值的增大而变大。柔性搭

板的这种连续层状结构使得位移在层与层之间呈现积累—消除—积累—消除的过程,从而有效地消化了地基沉降对路堤顶面的反射,起到了协调桥台与路堤沉降差的目的。

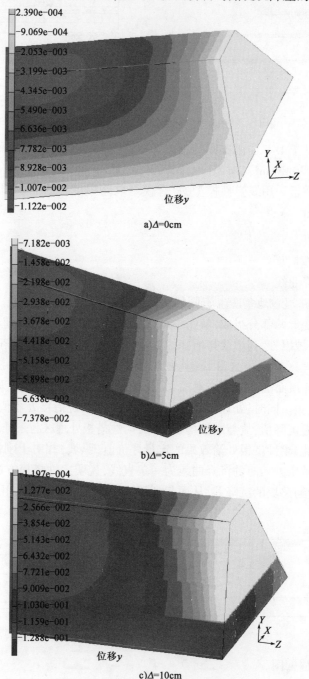

图 4-28 不同地基沉降时路基竖向位移云图

三幅位移云图反映的位移变化规律基本一致,区别在于位移发生突变的区域大小。$\Delta = 10\text{cm}$ 与 $\Delta = 5\text{cm}$ 的突变区域都较大,$\Delta = 0\text{cm}$ 时由于地基条件良好,故位移发生突变的区域很有限。

地基变形越大,位移发生突变的区域就越大,故土工格室柔性搭板具有较强的消化地基沉降变形的能力。

(2)桥头路堤塑性区开展性状

层状土工格室布置于桥头路堤中,当地基产生沉降时,土工格室将产生一定的弯曲变形,形成一定的斜率;由于路堤填土为散粒材料,不能承受拉力,每一层土工格室上面的填土必然会随着土工格室复合体的弯曲而发生一定的松动和错动位移,同时,土体所受剪应力也随之增大。因此,土工格室布置区将产生塑性应变。图4-29为不同沉降值时路堤等效塑性应变云图,地基沉降0cm时,没有产生塑性区,故未将其列出。从图中可以看出,路堤塑性区首先开展于桥头土工格室布置区下,且随着地基沉降的增大,塑性区向两个方向发展,一是沿土工格室布置纵向开展;二是沿桥头竖向开展,并逐渐连通两层格室布置填土区。当地基沉降10cm时,塑性区开展区域最大。

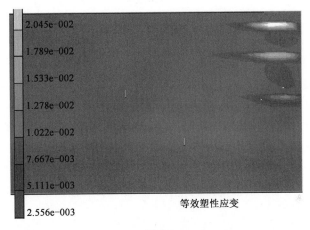

a)Δ=2cm

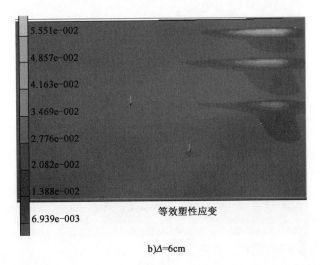

b)Δ=6cm

图 4-29

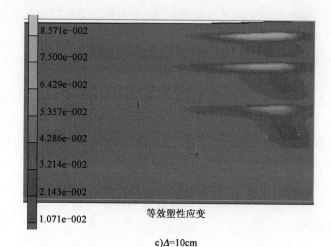

c) $\Delta=10\text{cm}$

图 4-29　不同地基沉降时路基塑性区开展图

(3) 桥头路堤应力性状

① 应力云图

应力云图 4-30 反映了不同的地基沉降值时路桥过渡段路基竖向应力 σ_y 的变化规律。图中不同颜色层代表不同的应力区域，从图中可以看出，$\Delta=0\text{cm}$ 时，竖向应力云图层次比较分明，在靠近桥头段，竖向应力云图发生弯曲，表明应力在此区域减小，且随着路堤填高的减小，竖向应力减小区域增大。$\Delta=5\text{cm}$ 和 $\Delta=10\text{cm}$ 应力云图相对比较杂乱，但是从图中明显可以看出，柔性搭板处理区路基竖向应力明显减小，且随着地基沉降的增大，竖向应力减小的区域有所扩大。三幅图中，在柔性搭板固定的地方，σ_y 较大，因此在固定柔性搭板时，必须保证其固定质量。

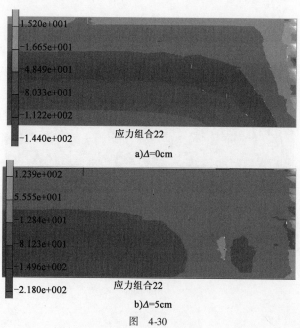

a) $\Delta=0\text{cm}$

b) $\Delta=5\text{cm}$

图 4-30

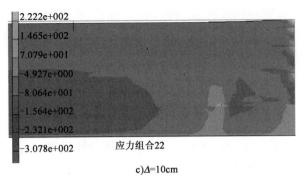

c) $\Delta=10\text{cm}$

图 4-30　不同地基沉降时路基竖向应力云图

②路堤底面竖向应力

图 4-31 示出了不同地基条件时路基底部的竖向应力曲线。从图中可以看出,土工格室处理区路基底部竖向应力减小十分明显,其范围为 0 ~ 9m,且随着地基沉降的增加,土工格室柔性搭板阻止上部填土沉降的区域扩大,相应的路基底面应力影响范围扩大,竖向应力值也减小,从而减小了桥头地基所受附加应力。

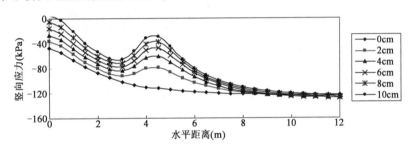

图 4-31　路基底面竖向应力

(三)小结

对比分析土工格室加筋体与土工格室柔性搭板两种方式的作用性状可以看出:土工格室柔性搭板能够较好地消化地基的沉降变形,协调和控制桥台与路堤的沉降差,从而达到消除差异沉降的目的。其作用性状主要表现为以下几个方面:

(1)土工格室较大的限制侧向变形的能力不仅限制了其中填料的侧胀,同时其构成的复合体由于具有较大的刚度和拉伸强度,通过界面的摩阻力和黏附力也限制了周围土体的侧向变形,提高了土体的抗剪强度,从而减小了路堤本身的压缩变形。

(2)由于土工格室复合体具有较大的压拉强度、抗剪强度和一定的弯拉强度,通过其一端锚固于桥台,一端伸入路基中,能有效地阻止了上层土体的向下沉降,从而在复合层下面产生了松动区。同时由于土工格室的多层连续布置,使得路堤的沉降在每一层中都得到消减,使得桥台与路堤之间的沉降差在较长的范围内得到平缓过渡。

(3)由于松动区的存在,路基竖向应力明显减小。桥台附近一定范围内地基的附加应力也得到减小,从而不仅减小了路基的压缩变形,也减小了地基的沉降变形。

(4)格室变形后产生的"网兜支承效应"使荷载分布趋于均匀。

五、路桥过渡段路基加固体的拓扑优化

(一)概述

工程设计人员总结工程实践经验,在布置路桥过渡段路基加固体时,常采用倒梯形的加固方式,但这种做法尚需上升到相应的理论。如何将路桥过渡段路基处治方式的设计由感性变为理性,在满足技术可行性的同时实现对材料的最合理利用,对于更好地指导工程实践具有重要意义。综合技术和经济两方面的要求,可以认为最合理的路基加固方式应是在一定加固面积约束条件下实现抵抗荷载和变形的能力最强。本节基于连续体的结构优化理论和上述加固目的,采用简化的假定条件,应用拓扑优化理论,针对路桥过渡段路基加固体进行结构布局优化。

(二)计算模型

拓扑优化考虑体积约束和结构平衡方程,以结构的柔顺度最小,即刚度最大为目标,进行拓扑优化以得到最强的抵抗变形的能力。而路桥过渡段路基加固的目的是消化地基沉降变形,弥补过渡桥台与路堤的刚度差,采用的加固体布置方式也需达到抵抗变形的能力最强。故拓扑优化和工程设计人员两者的目标一致,因此,利用拓扑优化方法可以得到路桥过渡段加固体的初步布置形式。在此基础上,再针对具体的处治措施进行相关设计参数优化,得到最优的设计方案。

1. 拓扑优化计算模型

考虑计算容量和收敛精度,将路桥过渡段简化为平面模型,建立如图4-32 所示的拓扑优化基结构。

图4-32 路桥过渡段拓扑基结构

计算参数为:路堤填土 $E = 50\text{MPa}$, $v = 0.35$, $\gamma = 20\text{kN/m}^3$。

位移边界条件:桥台处固定,其他边界点不约束。

荷载边界条件:路桥过渡段加固体基结构的荷载布置方式一方面是桥头实际荷载情况的反映,另一方面也取决于桥台与路基沉降差的过渡长度要求。这样,取路桥过渡段路基加固体基结构顶面的荷载为梯形布置,冲击系数取1.4,桥台处值为 $p = 42\text{kN/m}$,过渡区域末段 $p = 30\text{kN/m}$。

2. 拓扑优化定义及过程控制

定义一个荷载工况下的结构柔顺度为拓扑优化函数,函数名为 COMP,将 COMP 指定为优化计算的目标函数,将结构的名义总体积 VOLUME 指定为约束函数。选择优化判据法(OC)的优化算法,定义迭代精度为 10^{-4},优化迭代次数为20次。

计算结果输出后,定义最优拓扑图形的密度阈值为0.2,即当密度值大于0.2时,则视为有效加固区域,而当密度值小于 0.2 时,该区域为不需要加固区域。

(三)结果分析

1. 4m-8m-6m(4m 表示路基高度;8m 表示计算长度;6m 表示荷载作用长度)

图 4-33 为填高 4m,长度 8m,不同荷载作用时的最优拓扑图,图中,白色代表单元密度为 0 的区域(W),表示此区域不需要加固;红色代表单元密度为 1 的区域(R),表明该区域对刚度的贡献最大,为有效加固区域,其他的颜色在 0~1 之间。

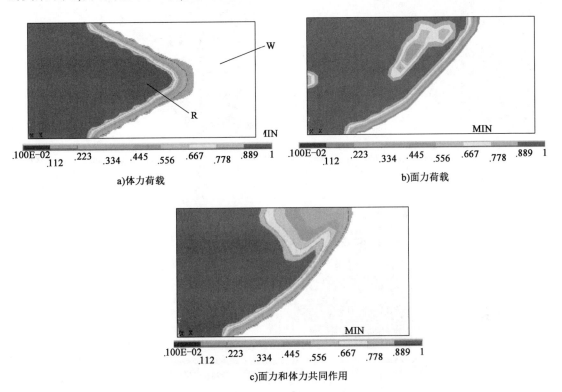

图 4-33 不同荷载作用下的最优拓扑图

从图中可以看出,不同荷载作用下最优拓扑差异较大,体力荷载作用下的最优拓扑图沿高度中心线上下对称,如两个对称的梯形叠加,上下边长为 2.3m,中间长度为 5.7m。面力荷载作用下则为倒梯形,下边长 1.6m,上边长 6m,最优拓扑图形由下向上割线斜率为 1:1.1;面力和体力荷载作用下最优拓扑介于上述两者之间,其基本形状为倒梯形,下边长度增加到 2m,上边长度为 6m,但路基顶面离固定端较远一块区域的密度在 0~1 之间,表明该区域对结构刚度的贡献较小,同时,图形由下向上割线斜率近似为 1:1。故荷载布置形式是影响路桥过渡段最优拓扑图形的主要因素。从桥头荷载情况出发,应选择图 4-33c)的荷载作用形式。因此,在路基填高 4m 情况下,路堤加固体底面长度应大于 2m,斜率小于 1:1。

2. 6m-10m-8m(6m 表示路基高度;10m 表示计算长度;8m 表示荷载作用长度)

图 4-34 为路堤填高 6m,面载作用长度 8m,加固面积不同时的最优拓扑图。从图中可以看出,基结构的最优拓扑是结构体力和面力共同作用的结果,路基顶面面力的作用区域是影响

顶面加固长度的主要因素,但由于体力的作用,顶面离固定端较远一块区域的密度在0~1之间,而中间部位的密度为1,表明该区域对结构刚度的贡献低于加固体中间部位;随着加固面积的增加,加固区域向外扩展,但中间区域的长度变化不大,主要是上下两段加固长度的增加。因此,可以认为,加固体对结构刚度的贡献排序为:固定端附近区域—中间偏上区域—中间偏下区域—路基顶面远端区域。当加固面积为60%时,最优拓扑的密度值除路基顶面很小区域小于1外,其他区域均为有效加固区域。此时,最优拓扑图形呈倒梯形。

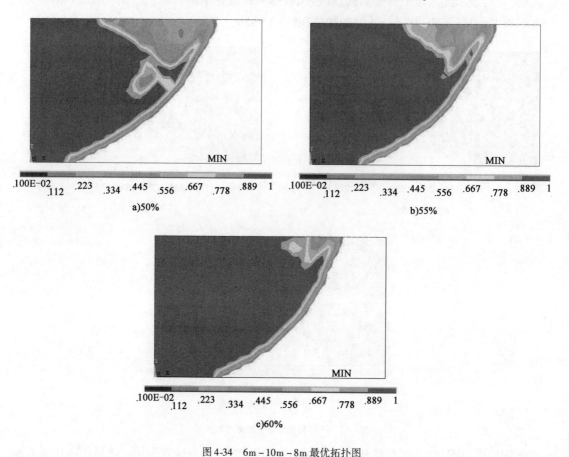

图4-34 6m-10m-8m最优拓扑图

图4-34a)中,加固体底边长度为1.9m;图4-34b)中,底边长度为2.3m,图4-34c)中底边长度为2.8m,此时,加固体路基接触边斜率最大,其割线斜率为1:0.9。

3.6m-10m-10m(6m表示路基高度;10m表示计算长度;10m表示荷载作用长度)

图4-35为面力作用长度10m的最优拓扑图。从图中可以看出,与图4-34相比,随着面力作用长度的增加,相应的加固体顶面长度也增加,但路基顶面离固定端较远区域对刚度的贡献相对较小。随着加固面积的增加,加固区域向外扩展,加固体上下两边的长度增加,最优拓扑图形更趋于倒梯形分布。

图4-35a)中,底面长度为2.3m;图b)中,底边长度为2.7m;图c)中底边加固长度增加到3.5m,此时,加固体路基接触边斜率最大,其割线斜率为1:1.1。

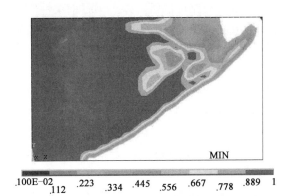
a) 60%

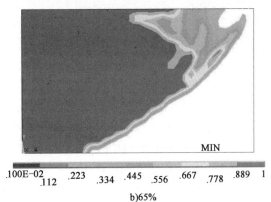
b) 65%

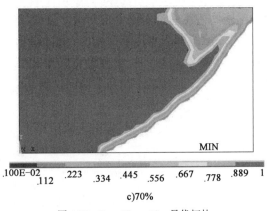
c) 70%

图 4-35　6m–10m–10m 最优拓扑

(四) 小结

(1) 拓扑优化基于变形能最小、刚度最大的优化目标函数与路桥过渡段路基加固的目标一致,因此,应用拓扑优化方法可得到路基加固体的初步布置方式。

(2) 路桥过渡段路基加固体的拓扑优化结果表明,采用上长下短的倒梯形布置形式的结构刚度最大,其抵抗地基沉降变形的能力最强,表明目前桥头常用的倒梯形布置形式具有理论上的合理性。

(3) 路桥过渡段路基加固的不同区域对结构刚度的贡献排序为:固定端附近区域—中间偏上区域—中间偏下区域—路基顶面远端区域。

(4) 拓扑优化结果表明,路基加固体布置区域主要取决于面力荷载布置长度和加固面积大小。但路基加固体底面布置长度应不小于2m,由下向上斜率应缓于1:1。

六、楔形柔性搭板的设计优化

(一) 概述

土工格室柔性搭板作用性状的数值仿真分析表明,柔性搭板能够较好地消化地基沉降变形,减小路基的压缩变形,从而协调和控制路桥过渡段桥台与路堤的沉降差。但目前柔性搭板的设计主要以工程经验为依据,因此,从经济和技术两方面考虑,希望通过合理的布置,使柔性搭板在处理不同地基条件的桥头路堤时,不仅能够充分发挥它的性能,达到最佳的处理效果,且能尽量减少材料用量,对柔性搭板的设计优化正是为了达到这样的目的。

路桥过渡段的拓扑优化表明,在加固体积一定情况下,楔形加固体刚度最大,抵抗变形的能力最强。拓扑优化给出了土工格室柔性搭板的初步布置方式,但实际工程中,影响柔性搭板作用性能的因素包括地基和路基条件和柔性搭板的设计参数,如复合体模量、层数、间距、长度等,而由于柔性搭板层状体系在变形过程中与土体相互作用的复杂性及桥头路堤对沉降变形的敏感性,因此,有必要利用数值分析手段综合考虑这些因素。

地基沉降变形是路桥过渡段桥台与路堤沉降差的主要构成部分,其在桥头路堤纵断面和横断面分布都是不均匀的,其中路堤纵向的工后沉降变形是影响柔性搭板适应性和布置方式的关键因素。因此,本章以不同的桥头地基沉降变形作为柔性搭板设计优化的出发点,分别选取三种简化的地基沉降模式来模拟地基情况(图4-36),以此筛选出既能满足不同地基条件下协调桥台与路堤沉降差的目的,又能满足经济性要求的柔性搭板形式。

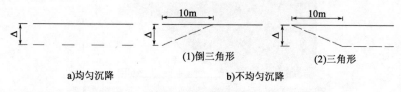

图4-36 地基沉降模式

为便于说明问题,柔性搭板的布置如图4-37所示,在以后的分析中,关于柔性搭板的布置尺寸均参考此图。

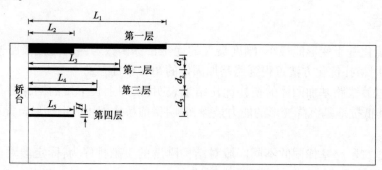

图4-37 柔性搭板布置图

(二)地基沉降影响特征

图4-38为三种地基沉降模式下加格室与不加格室时桥头路基顶面沉降曲线。从图中可以看出,不加格室时桥头路堤顶面沉降曲线形态与地基沉降形态基本相似,均匀沉降时为一直线,非均匀沉降模式下由于路堤填土颗粒之间的摩擦和黏着作用,路基顶面的沉降变化区域扩大,沉降值相对趋于均匀;但3种不同地基沉降模式下桥台与路堤衔接处均存在较大的沉降错台,从而导致差异沉降产生。而经土工格室柔性搭板处治后,桥头路基顶面的沉降曲线得到明

显改善。在一端锚固的层状柔性搭板作用下,桥头地基的沉降变形得到消化,不仅消除了桥头的错台现象,而且桥台与路堤的沉降差得到很好的控制和协调。但不同的地基沉降模式下路基顶面沉降曲线有所差异。均匀沉降模式下沉降曲线呈抛物线形,路基顶面的沉降受地基沉降的影响较大,过渡曲线相对较短;倒三角形沉降模式时,路基顶面沉降曲线呈马鞍形。柔性搭板一端锚固于桥台,另一端搭在沉降较小的路基中,由于土工格室柔性搭板具有较大的弯拉强度,形成"桥跨效应",从而对上部土体产生向上的托举力,有效地阻止上部填土的沉降,故路基顶面的沉降值最小,桥头过渡曲线较缓,且受地基沉降变形的影响较小;三角形地基沉降模式,桥头的地基沉降小,远端的沉降大,故柔性搭板需消化的地基变形较小,其沉降曲线呈近似的线性,路基顶面沉降值介于上述两者之间。故可以认为,在地基最大沉降值相同的情况下,柔性搭板消化倒三角形地基沉降的能力最大,三角形沉降次之,均匀沉降稍弱。

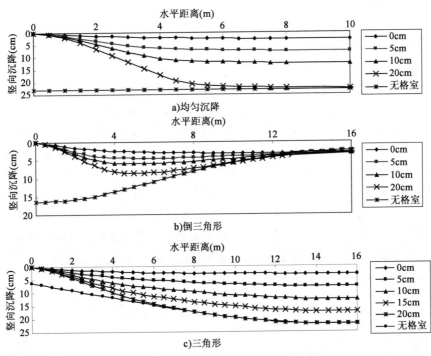

图 4-38 地基不同沉降模式时路基顶面沉降曲线

(三)路基填料影响分析

图 4-39 示出了路堤填料取不同模量时的路基顶面沉降曲线。从图中可以看出,路基填料的模量对路基顶面沉降影响较大。在处理区以外,路基沉降值的减小主要体现在路基自身压缩变形的减小。而在桥头,填料模量的增大还体现在其消化地基沉降变形能力的增强。随着填料模量的增大,桥台与路堤沉降差的过渡区变长,过渡曲线变化趋缓。图中,$E=15\mathrm{MPa}$ 时,路基顶面沉降最大,$E=30\mathrm{MPa}$ 与 $E=90\mathrm{MPa}$ 之间,模量对沉降的影响不是很明显。而当 $E \geqslant 120\mathrm{MPa}$ 时,桥头过渡段沉降过渡曲线明显变缓。可见,桥头过渡段换填采用模量大、抗剪强度高、具有一定整体性的填料更能起到消化地基沉降变形,缓和过渡桥台与路堤沉降差的目的。

另一方面,路基压实度的大小也主要通过模量值来反映,因此,从图4-39也可以看出路基压实的好坏对路基的沉降具有较大影响。

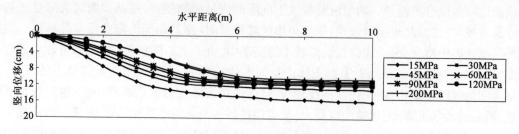

图4-39 不同路堤填料模量的路基顶面沉降曲线($\Delta = 10cm$)

(四)柔性搭板层布置优化

1. 柔性搭板层的间距

(1)均匀沉降

从图4-40可以看出,柔性搭板布置间距对路基顶面沉降有一定影响。这种影响主要体现在桥头1~6m范围内。随着间距的增加,桥头路基顶面的沉降值减小,沉降曲线变化趋缓;且随着地基沉降的增大,间距的影响更显著。但当间距大于2m时,曲线在地基沉降较小时基本重合,地基沉降为20cm时,稍有差异。究其原因,是由于路堤填土具有一定的抗剪强度,其沉降变形值的大小与相邻土体的侧向限制作用有关。桥头路堤中,柔性搭板由于一端锚固于桥台上,有效地减小上部土体的沉降,从而约束了相邻土体的沉降变形。土工格室柔性搭板作为层状布置体系,当其间距较大,布置位置较低时,柔性搭板约束相邻土体沉降变形的限制作用发挥最早,限制范围最广;而土工格室的布置位置较高时,柔性搭板的这种约束作用只发生在路堤上部区域,从而不利于减小路基填土的沉降变形。另一方面,由于柔性搭板层状体系能够起到消减路堤竖向应力的作用,从而减小了路基的压缩变形。

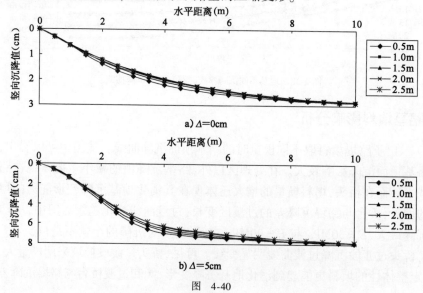

图 4-40

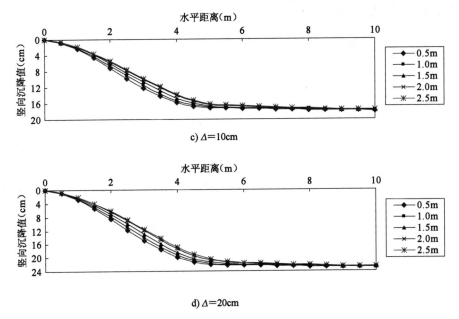

图 4-40　不同地基沉降时布置间距与路基顶面沉降的关系

间距不仅对路堤的沉降有影响,而且对路基底面的竖向应力也有较大影响。分别计算 5 种不同布置间距时路基底部的竖向应力,所得结果示于图 4-41 中。从该图可以看出,柔性搭板布置间距对路堤底面的竖向应力有较大影响。间距越大,柔性搭板处理区路基底面的竖向应力就越小。且随着地基沉降的增大,影响区域扩大,竖向应力减小值也增大,从而减小了地基的附加应力,故增大柔性搭板布置间距有益于减小地基的固结沉降。

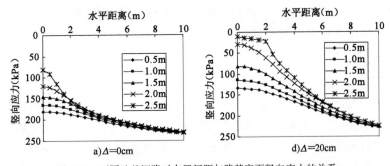

图 4-41　不同地基沉降时布置间距与路基底面竖向应力的关系

（2）倒三角形

倒三角形沉降模式下柔性搭板布置间距对路基顶面沉降的影响与均匀沉降规律基本一致。但间距对路基顶面沉降的影响范围比均匀沉降时更大。

（3）三角形

当地基沉降为三角形模式时,由于桥头附近的地基沉降值较小,因此,间距对路基顶面的沉降值影响并不显著。但间距对沉降的影响规律相似。

综上所示,柔性搭板的布置间距设计中,当布置层数一定情况下,以分散布置于桥头路堤中为最佳。

2. 柔性搭板布置长度的影响

图4-42反映了柔性搭板底层布置长度对沉降的影响。从图中可以看出,两条曲线差别较小,这说明,6m与4m布置长度的处理效果差别不大。从第四章图4-28位移云图可以看出,地基沉降较大时,最底层柔性搭板产生的松动区范围在4m左右(靠近4m处,其松动区单元节点之间的沉降差已经很小),故在地基沉降较大时,柔性搭板在最底层布置4m,可以更好地形成松动区,同时也比较经济。路桥过渡段加固体的拓扑优化表明,在加固面积一定的情况下,楔形加固体由下向上以缓于1:1的斜率布置为最优,同时这种结构也有利于路桥过渡段模量差的逐渐过渡。另一方面,土工格室复合体具有较强的限制土体侧向变形能力,能够减小路堤的变形。同时土工格室变形后产生的"网兜支撑效应",尤其是路基顶面的几层,可以有效地分散汽车荷载的作用力,使荷载分布更均匀。因此,综合考虑路桥过渡段车辆平稳行驶要求和经济性两方面的因素,建议当地基条件较差时,柔性搭板由下而上布置斜率为1:1,顶层长度不小于12m,最底层不少于4m。其他层以图4-37的方式进行布置。

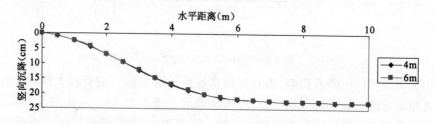

图4-42 柔性搭板布置长度对路基顶面沉降的影响

从 $\Delta=0$ cm 的位移云图可以看出,柔性搭板产生的松动区完全在固定端附近,区域的范围也较小。故当地基条件较好时,可以减小最底层布置的长度,建议布置为2~3m,路基顶面布置长度不低于4m,由下而上布置斜率为1:1。

3. 柔性搭板布置层数

(1)均匀沉降

图4-43反映了柔性搭板布置层数与沉降的关系。从图中可以看出,柔性搭板布置层数对沉降有较大的影响,且这种影响随着地基沉降值的增大而有所差异。当地基沉降较小时,层数的增加对路基顶面减小沉降的贡献较微,因此,当地基条件较好时,过多的增加柔性搭板布置层数所能减小的桥头路堤沉降值与增加的土工格室用量相比在性价比上是不可取的。故建议布置2层或3层的土工格室。而随着地基沉降的增大,布置层数的增加对减小桥头路基顶面的沉降值效果明显,故在地基沉降较大时,土工格室柔性搭板布置层数应大于3层。

(2)倒三角形

与均匀沉降模式相比,柔性搭板布置层数对沉降的影响更显著,不同布置层数的曲线差异均较明显。

(3)三角形

与均匀沉降和倒三角形沉降模式相比,三角形地基沉降模式时,层数对路基顶面沉降的影响规律基本相似,但随着层数的增加,路基顶面沉降减小并不显著。

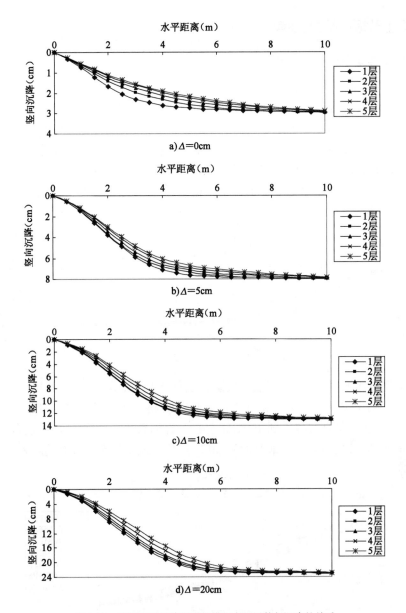

图 4-43　不同地基沉降时柔性搭板布置层数与沉降的关系

通过以上分析可知,增加柔性搭板布置层数对沉降值的减小作用明显,布置层数越多,桥头的沉降差也就越小,沉降曲线也越平缓。但是,增加层数一方面使得土工格室用量大大增加而使造价提高;另一方面,在一些桥台中较难解决柔性搭板的固定问题,例如空腹式桥台,柔性搭板只能固定在台帽上。在这种情况下,布置在下面的几层柔性搭板也就无法很好地发挥它应有的作用。因此,设计时,应视工程实际情况来选择柔性搭板的布置层数;但是,在较大的地基变形情况下,柔性搭板必须布置 3 层以上才能起到较好的处理效果。对于空腹式桥台的处理,可以把下面几层柔性搭板靠近桥台的一端伸入桥台里面一定距离,而桥台里面由于沉降较小,所以,伸入一定长度的柔性搭板在一定程度上起到了固定端的作用。

(五)柔性搭板层厚度影响

1. 柔性搭板层复合模量的影响

图 4-44 示出了土工格室复合体模量和路基顶面沉降的关系曲线。从图中可以看出,复合模量对位移影响较大。复合模量越大,其路基顶面的位移就越小,且过渡区范围增大,过渡曲线也越缓,尤其以 4m 范围处的位移值差别最大。同时,注意当 $E_复$ = 30MPa 时,沉降曲线始终是下凹的,而当 $E_复$ > 120MPa 时,在离桥台 4m 左右的范围以内沉降曲线是上凸的,从而更有利于路桥过渡段车辆的平稳行驶。因此提高复合体的模量可以更好地协调桥头的差异沉降,但提高复合体的模量需要采用强度更大的土工格室或换填其他填料。因此,建议在有条件的情况下,格室内充填碎石或砂粒。

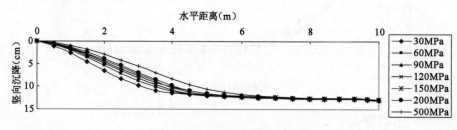

图 4-44 土工格室复合体模量的影响

土工格室复合体模量的增大,更能有效阻止上部土体的沉降,因此,路堤底面的应力也得到衰减。从图 4-45 可以看出,这种衰减作用表现在离桥台 12m 范围内。12m 处竖向应力为 240kPa,在桥台附近竖向应力减小到 100kPa 左右。且随着土工格室复合体模量的增大,竖向应力也随之减小,从而减小了桥头地基的附加应力,相应地基的沉降变形也减小。

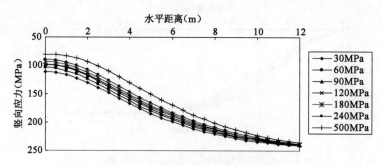

图 4-45 土工格室复合体对路堤底面竖向应力的影响

2. 柔性搭板顶层厚度的影响

(1) 均匀沉降

图 4-46 示出了柔性搭板第一层厚度与路基顶面沉降的关系曲线。从图中可以看出,柔性搭板顶层厚度对沉降的影响主要体现在靠近桥台的范围,第一层厚度越大,桥头路基顶面沉降值便越小,且随着地基沉降值的增大,桥头沉降差过渡区域增大,过渡曲线更加平缓,其中尤以 4×0.2 与其他厚度的沉降曲线差异最大。当地基沉降较小时,不同厚度的沉降曲线变化不明显,而当地基沉降较大时,第一层厚度应布置 4×0.2 以上才能更好地协调沉降差的作用。

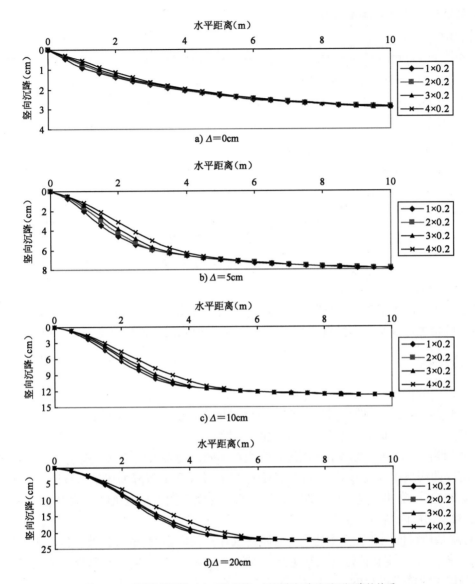

图 4-46 不同地基沉降时土工格室第一层厚度与路基顶面沉降的关系

图 4-46a) 中厚度变化只对 3m 范围的沉降值有较大的影响，图 4-46b) 中此影响范围为 4m，图 4-46c) 中为 5m，图 4-46d) 中为 6m，因此，可以将第一层的柔性搭板不等长布置，如图 4-37 所示，将下面的两层土工格室视不同的地基情况布置为 3~6m。

(2) 倒三角形

地基沉降为倒三角形模式时，柔性搭板顶层厚度对沉降的影响与均匀沉降规律基本一致。故当地基沉降较大时，第一层厚度应布置 4×0.2m 以上才能更好地协调沉降差的作用。

(3) 三角形

地基沉降为三角形模式时，柔性搭板顶层厚度对沉降的影响与均匀沉降和倒三角形规律基本一致。但 4×0.2m 与其他布置厚度时的路基顶面曲线差异减小。

3. 柔性搭板其他层厚度的影响

(1) 均匀沉降

从图4-47可以看出,增加下面几层柔性搭板的厚度(第一层以下)对路基顶面沉降有一定影响,尤其是第四层厚度的增加对路基顶面的沉降影响最明显,而其他几层的增加对沉降影响相对较小。因此,建议在地基条件较差时,柔性搭板最底层厚度设置为0.4m,即两层4m长的土工格室,其他层只设置一层土工格室。当地基条件较好时,可都只布置一层。

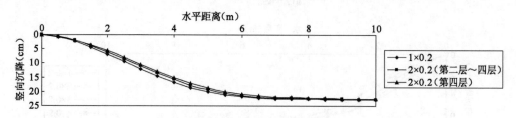

图4-47 柔性搭板厚度与路基顶面沉降的关系曲线($\Delta = 20cm$)

(2) 倒三角形

倒三角形沉降模式下,柔性搭板厚度对路基顶面沉降的影响与均匀沉降规律一致。即第四层厚度的增加对路基顶面的沉降影响最明显,而其他几层的增加对沉降影响相对较小。

(六)小结

通过以上分析,可以得出以下几点结论:

(1) 地基沉降变形是路桥过渡段桥台与路堤沉降差的主要构成部分,路堤纵向的工后沉降变形是影响柔性搭板适应性和布置方式的关键因素。

(2) 柔性搭板处治后的路基顶面沉降曲线在不同的地基沉降模式下有所差异。均匀沉降模式下沉降曲线呈抛物线形,倒三角形沉降模式时,路基顶面沉降曲线呈马鞍形。三角形地基沉降模式时,其沉降曲线呈近似线性。柔性搭板消化倒三角形地基沉降的能力最大,三角形沉降次之,对均匀沉降稍弱。

(3) 路基填料特性和压实度的大小对路堤沉降有较大影响,桥头过渡段换填采用模量大、抗剪强度高、具有一定整体性的填料更能起到消化地基沉降变形,减小路堤压缩变形,缓和过渡桥台与路堤沉降差的目的。

(4) 土工格室复合体模量的大小作为衡量土工格室消化地基沉降变形能力的重要因素,其模量的提高可以使桥头沉降差过渡更加平缓。

(5) 在相同布置层数下,柔性搭板布置的间距对桥头路基的作用表现在:一方面随着间距的增加,桥头路基顶面的沉降值减小,沉降曲线变化趋缓。另一方面,随着间距的增大,路基底面的竖向应力大大减小。因此,柔性搭板以分散布置于桥头路堤中为宜。

(6) 柔性搭板布置层数对沉降有较大影响,设计时应考虑具体的地基条件进行选择。当地基条件比较好时,可以布置2~3层土工格室。当地基条件较差时,布置3~5层。

(7) 柔性搭板顶层(紧靠路基顶面的一层)布置厚度的增加可以改善柔性搭板的弯拉强度和刚度。第一层厚度越大,桥头路基顶面沉降值越小,其中尤以$4 \times 0.2m$与其他厚度的沉降曲线差异最大。而布置长度的增加,一方面土工格室变形后产生的"网兜支撑效应",尤其是路基顶面的几层,可以有效地分散汽车荷载的作用力,使荷载分布更均匀。另一方面,通过与周围土体的摩擦和黏着力,提供土工格室弯拉变形所需拉伸力。因此,柔性搭板顶层(紧靠路基顶面的一层)布置长度以 8~12m,厚度以布置 2~4 层土工格室为宜。

(8)增加土工格室每层的厚度,一定程度上等价于柔性搭板复合模量的增加。底层土工格室布置厚度的增加对路基顶面的沉降影响最明显,而其他几层的增加对沉降影响相对较小,故建议在地基条件较差的情况下,最底层柔性搭板布置两层土工格室。

第五章 路桥过渡段楔形柔性搭板处治技术

楔形柔性搭板是利用土工格室加固层新颖的立体结构和独特的加固机理,形成整体性好、刚度较大的柔性结构层,采用模量渐变原理,同时考虑地基和路基两部分沉降因素,在路桥过渡段设置楔形加固区。柔性结构层一端固定于桥台,另一端与路基相连,实现刚性桥台与柔性路基模量的平稳过渡,消除过大的差异性沉降,形成平缓的沉降过渡段,达到防治桥台跳车之目的。

一、楔形柔性搭板的技术要点

(1)根据台背填土高度,采用焊距40cm、高度10cm或15cm规格的土工格室作为加筋材料,格室中充填满足路基填筑要求的填料,经机械压实后,在楔形区形成一定间距的多层柔性搭板结构层,提高该区的路基模量,实现路桥过渡段模量刚柔平稳过渡。

(2)柔性搭板采用上密下疏,上长下短的楔形布置形式,布置间距在1~2m之间,由下而上的斜率缓于1:1。

(3)在桥台混凝土圬工体上,按一定间距布置"冂"形连接件,采用 $\phi 10 \sim \phi 12$ 的防腐锚钉与桥台锚固。

(4)在顶层柔性搭板与桥台连接部位,紧靠柔性搭板层,设置柔性支撑(亦称"牛腿"支撑)结构层。

(5)采用专用连接件使柔性搭板结构层与桥台固定连接,以严格控制刚性桥台与柔性结构层之间的差异性沉降,如图5-1所示。

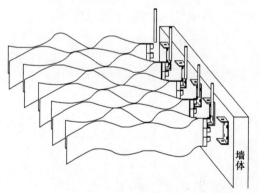

图 5-1 柔性搭板结构层与桥台固定连接图

二、楔形柔性搭板的结构形式

柔性搭板布置按桥台类型(重力式、桩柱式、肋板式)的不同而分为3种基本形式,如图5-2所示。

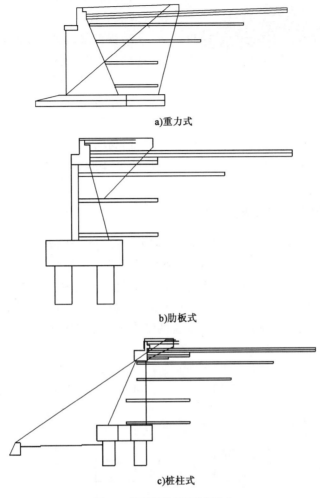

图 5-2 楔形柔性搭板结构形式

三、楔形柔性搭板的材料特性

(一)概述

土工格室是 20 世纪 80 年代在国际上出现的一种新型土工合成材料。这是一种高分子聚合物宽条带经强力焊接而成的三维网状结构(图 5-3),它伸缩自如,运输时可缩叠起来,使用时张开,并在格室中充填砂、碎石或泥土等材料,构成具有强大侧向限制和大刚度的结构。它可以用来作垫层,提高软弱地基承载力;也可铺设在坡面,构成坡面防护结构;还可以用来建造支挡结构等。目前广泛用于浅层地基处理、坡面防冲和城市大型管道支撑等工程。

土工格室有如下特点:

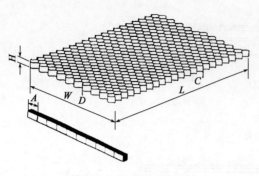

(1) 可将上覆集中荷载分散,从而大大提高松软地基承载力;
(2) 强大限制侧向变形能力;
(3) 抗冲蚀,抗腐蚀;
(4) 填充材料可就地取材,降低工程成本;
(5) 耐老化,适用温度宽;
(6) 刚性大,填层厚度可减薄50%;
(7) 材料抗拉强度高(30MPa 以上),焊缝抗拉强度大(1000N/100mm 左右);

图 5-3　土工格室示意图

(8) 可缩叠,便于运输。

(二) 土工格室的工作机理

传统的加筋土是将具有较大变形模量和足够大抗拉与黏着强度的加筋材料成层平铺地埋置在填土结构物中,构成一个土筋复合体(形成复合材料),该复合体在受力变形过程中,平铺的筋材与土体共同受力,相互作用,协调变形,依靠筋材的强度和筋材与土体接触面上的摩阻力,限制了土体的侧向变形,其作用相当于筋材给土体提供了一个附加的侧向约束力,使土体的强度得到提高,达到了加固的目的。加筋土的工作机理参见图 5-4。

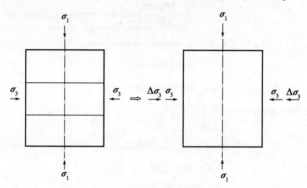

图 5-4　加筋土的工作机理

其等效侧向约束应力的计算分加筋土拉力破坏和黏着破坏两种情况:
(1) 加筋土拉力破坏:

$$\Delta\sigma_3 = \xi \times RT/\Delta H \tag{5-1}$$

其中 RT 为加筋材料的单宽抗拉强度;ΔH 为加筋的竖向间距;ξ 为加筋材料抗拉强度的折减系数。

(2) 加筋土黏着破坏:

$$\Delta\sigma_3 = F\sigma_1 + \sigma_{0c} = \frac{2G(R)}{R \cdot \Delta H}(\alpha\sigma_1 \mathrm{tg}\varphi_1 + \beta c_1) \tag{5-2}$$

$$\tau_u = \sigma_1 \mathrm{tg}\varphi_1 + c_1 \tag{5-3}$$

$$G(R) = \int_0^R rf\left(\frac{r}{R}\right)\mathrm{d}r \tag{5-4}$$

各式中:σ_1、σ_3——加筋土三轴试件的大、小应力;

τ_u——加筋接触面上的抗剪强度；

φ_1、c_1——土筋之间的摩擦角和黏聚力；

R——加筋土试件的半径；

α、β——考虑加筋之间竖向约束效应的折减系数；

$f\left(\dfrac{r}{R}\right)$——筋土接触面上的径向剪应力的变化系数，其含义如图5-5所示。

土工格室加筋土不同于一般意义上的加筋土，在土工格室加筋土结构中，筋材面与大主应力作用方向是重合的。即土工合成材料面不垂直于大主应力方向。在土工格室中充填砂石或其他材料，则土工格室与填料所构成的这种复合体，其抗拉、抗剪强度和整体性远远高于无筋土。若将这种复合体视为传统意义上的加筋材料，则加筋面即为水平面，土与"加筋"的接触面也即为水平面，这种加筋土结构与一般意义上的加筋土结构相同，而土与"加筋"的接触面即为土与土的接触。因此，在这种加筋土结构的受力变形过程中：①土与土的摩擦与黏着提供了较大的摩擦因数与黏着力，产生了较大的摩擦力和抗拔力；②土工格室提供了

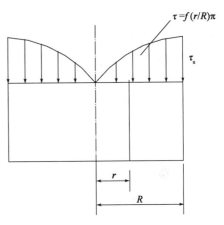

图5-5 筋材接触面上剪应力变化规律

较大的抗拉强度，以满足防止发生拉力破坏的需要；③土工格室与充填于其中的填料共同工作，相互作用；土工格室对填料提供了较大的侧向约束作用，格室侧壁对其中的填料产生了向上的摩擦支承力，从而形成一个具有较大抗拉强度与抗剪强度的复合体。

土工格室对填充材料提供了很大的侧向约束力，这个侧向约束力的量化计算，已有文献对此进行了讨论：

假定格室体在受力过程中，体积保持不变，根据Henkel和Gilbert的橡皮膜理论，格室所产生的侧向约束力为

$$\Delta\sigma = \dfrac{2M}{d_0}\left(\dfrac{1-\sqrt{1-\varepsilon_0}}{1-\varepsilon_0}\right) \tag{5-5}$$

式中：M——格室材料模量，kN/m；

d_0——格室初始直径；

ε_0——格室允许轴向应变。

同筋材平铺相比，土工格室加筋土的优越性可以归纳为以下几点：①平铺加筋时，加筋体只是筋材本身；而对土工格室加筋而言，加筋体已变成于格室及材料构成的复合体；②平铺加筋的抗拉性能是通过土筋界面摩擦而发挥的；而格室筋材是通过直接限制填料的侧胀而发挥出来的，因而更能利用筋材的抗拉性能；③对格室体而言，"土筋摩擦因数"就是填料本身的内摩擦因数，因而可以提供比平铺加筋大得多的黏着强度。

(三) 土工格室结构层压缩变形性状

1. 试验目的

土工格室是新型的土工合成材料，目前国内外还较少有人进行系统的研究。以往的研究

都是针对某一方面的特性,对土工格室作用机理和计算方法研究较少。尚无较为完整与系统的设计理论。

本次试验通过承载板试验,测得不同类型土工格室加筋层的变形模量和回弹模量,从而得出不同土工格室加筋层的区别以及相关的规律。通过其 P-S 曲线,得出土工格室加固后地基承载力基本值。并比较不同加筋的关系,探讨其机理。

2. 试验内容

土工格室压缩试验分别在两种地基上进行。并采用两种填料,四种格室类型,由承载板静力试验测得。测试土工格室结构层在一般地基上的变形模量和回弹模量;在软弱地基上的 P-S 曲线、承载力和回弹模量。具体的测试内容如表 5-1 所示。

试验内容 表 5-1

地基形式	压实度	格室填料	格室类型	测试参数
一般黄土地基	90%左右	黄土	400×100、400×150、素土、680×100、680×150	变形模量 回弹模量
		粗砂	400×100、400×150、素砂、680×100、680×150	变形模量 回弹模量
	95%以上	黄土	680×100、680×150、素土	变形模量 回弹模量
软弱地基	90%	黄土	400×100、素土;400×150、素土;680×100、素土;680×150、素土	地基承载力
		粗砂	400×100、素砂;400×150、素砂;680×100、素砂;680×150、素砂	地基承载力

注:土工格室型号表示为网高×焊距,以后碰到此情况不再注明。

3. 一般地基土工格室结构层试验

(1)黄土填料的土工格室结构层试验

①变形模量计算

本次试验的一般地基是用黄土经人工碾压形成的,格室结构层内的土用冲击夯夯实,夯实遍数为三遍。取土的泊松比 μ 为 0.38,变形模量计算结果如表 5-2 所示。

结构层变形模量计算表 表 5-2

格室型号	100×680	150×680	100×400	150×400	100×680	150×680	素土
压实度(%)	89.8	90.1	87.2	91.8	98	98	90.6
变形模量(MPa)	42.5	43.1	40.5	44.5	45.73	46.36	37.3
提高的模量(MPa)	5.2	5.8	3.2	7.2	8.43	9.06	—
提高的百分比(%)	13.94	15.55	8.58	19.30	22.6	26.36	—

表5-2表明,土工格室结构层与地基组成复合层的变形模量明显大于素土的变形模量。由于压实度和格室型号的差别,导致了变形模量的提高为8%~27%。压实度为90%左右时,变形模量提高8%~20%;压实度为98%时,变形模量提高为22%~27%。

②抗压回弹模量计算

每个试样的回弹模量都由 $P\text{-}l$ 曲线上直线段的数值确定,如图5-6所示为 100×680 土工格室结构层单位荷载与回弹变形的关系曲线。如果 $P\text{-}l$ 曲线不通过原点,则将初始直线段与纵坐标的交点当作原点,修正各级荷载下的回弹变形和回弹模量。结果如表5-3所示。

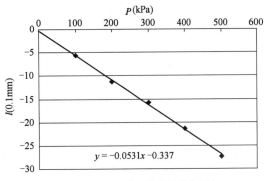

图5-6 100×680 格室结构层单位压力与回弹变形($P\text{-}l$)的关系曲线

100×680 格室结构层回弹模量 表5-3

荷载(kPa)	回弹变形(0.1mm)	修正回弹变形(0.1mm)	回弹模量(MPa)	平均模量(MPa)
100	5.7	5.363	62.650	
200	11.34	11.003	61.073	
300	15.75	15.413	65.398	63.111
400	21.31	20.973	64.081	
500	27.28	26.943	62.353	

同理可计算出其他类型的格室结构层当量回弹模量(即土基和土工格室结构层构成整体当量回弹模量,以后本书所提到的回弹模量即是指当量回弹模量)如表5-4所示。

格室结构层的回弹模量 表5-4

格室型号	100×680	150×680	100×400	150×400	100×680	150×680	素土
压实度(%)	89.8	90.1	87.2	91.8	98	98	90.6
回弹模量(MPa)	62.933	63.111	62.475	63.384	68.031	68.973	59.513
提高的模量值(MPa)	3.420	3.598	2.962	3.871	8.519	9.461	—
提高的百分比(%)	5.75	6.05	4.98	6.50	14.3	15.9	—

由表5-4计算出的土工格室结构层与地基组成的复合层和素土结构层的回弹模量可知,由于土工格室的作用,回弹模量得到了提高,提高程度为5%~16%。压实度为90%左右时,回弹模量提高5%~7%。压实度在98%左右时,回弹模量提高为14%~16%。

③综合分析

由表5-3和表5-4得知,由于土工格室结构层的作用,变形模量和回弹模量较素土都有了一定的提高。

图5-7表示压实度90%左右结构层的模量。由图5-7可知道,在压实度为90%左右时,由于土工格室的作用,变形模量和回弹模量都有一定的提高,即地基的承载力和恢复变形能力(弹性)有了提高。100×400 的土工格室结构层变形模量和回弹模量比素土高,但比其他型号的格室结构层低,这是因为 100×400 的格室结构层的压实度较低。其他类型的格室结构层压

实度在90%左右,其提高变形模量和回弹模量值有微小的差别,但比较接近。

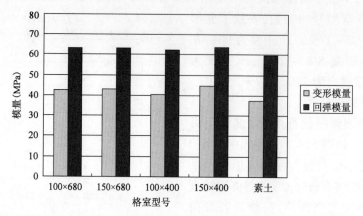

图5-7 压实度为90%的格室结构层模量

图5-8为压实度98%的格室结构层变形模量和回弹模量比较图。其中素土结构层的压实度为90.6%,地基的压实度达到了98%以上。图中,不管变形模量还是当量回弹模量,基本趋势是150×680的格室结构层模量最大,素土最低,100×680格室结构层在两者中间。100×680格室结构层的变形模量比150×680格室结构层小0.63MPa、比素土提高了22.6%,但是较150×680格室结构层低3.76%;回弹模量比150×680格室结构层小0.942MPa,比素土提高了14.3%,较150×680格室结构层低1.6%。土工格室结构层相对于素土结构层的模量和强度提高非常明显;两种格室结构层之间虽然有差别,但是差别不到1MPa,相差1%到3%,故认为两者差别不大。

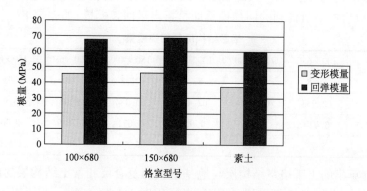

图5-8 压实度为98%的格室结构层回弹模量和变形模量

(2)粗砂填料的土工格室结构层试验

在土工格室中填入粗砂,形成土工格室砂复合结构层,铺设在一般黄土地基上,和黄土地基组成一个复合体,共同承受外部荷载。本试验的土工格室砂结构层用冲击夯进行压实。对于砂来说,黏聚力很小,压实过程主要是克服砂粒之间微小的摩擦力,使颗粒之间发生位移、错动、挤紧,致使颗粒间的孔隙体积减小,从而提高密实度。在击实振动波的作用下,砂颗粒易于移动、嵌紧,很容易振密达到压实的效果。因而此次试验的格室砂结构层压实度经试验测得均在90%以上,达到了压实要求。

①变形模量计算

土工格室砂结构层变形模量计算时,取泊松比 μ 为 0.35。计算结果如表 5-5 所示。

土工格室砂结构层变形模量计算表   表 5-5

格室型号	100×680	150×680	100×400	150×400	素砂
压实度(%)	90.3	90.5	89.8	90.7	91.1
变形模量(MPa)	38.45	39.65	39.18	39.78	29.35
提高的模量值(MPa)	9.1	10.3	9.83	10.43	—
提高的百分比(%)	31.01	35.09	33.49	35.54	—

从表 5-5 可以看,土工格室砂结构层比素砂结构层强度有明显的提高。提高程度都在 30% 以上。其中型号为 100×680 的土工格室结构层变形模量提高为 35.54%;型号为 150×680 的土工格室结构层变形模量提高为 31.01%;100×400 的为 33.49%;150×400 的为 35.09%,都在 30%~35% 左右。不同格室结构层之间的模量相差不大,差异在 4% 以内。

②回弹模量计算

土工格室砂结构层的回弹模量计算时取泊松比 μ 为 0.35。具体计算结果如表 5-6 所示。

土工格室砂回弹模量计算表   表 5-6

格室型号	100×680	150×680	100×400	150×400	素砂
压实度(%)	90.3	90.5	89.8	90.7	91.1
回弹模量(MPa)	67.284	68.866	68.204	69.186	56.770
提高的模量值(MPa)	15.707	17.245	15.962	17.062	—
提高的百分比(%)	18.5	21.3	20.1	21.8	—

根据表 5-6 可知,土工格室砂结构层和地基组成的当量回弹模量比素砂大很多,加入土工格室以后回弹模量提高了 18%~22%。提高值为 15~18MPa。

③综合分析

综合比较格室砂结构层的变形模量和回弹模量,(图 5-9)表明,无论是变形模量还是回弹模量,150×400 格室结构层模量最大,150×680 格室结构层次之,然后是 100×400 格室结构层,最后是 100×680 格室结构层,素砂结构层最小。

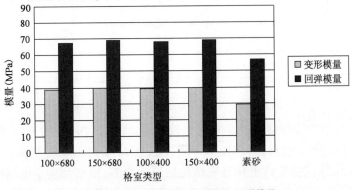

图 5-9 格室砂结构层的变形模量、回弹模量

4. 软弱地基土工格室结构层试验

本次试验采用了 4 种格室,分别以黄土和砂为填料,模拟软基工况对土工格室结构层进行了室内静力承载板试验。试验分 3 种工况,即软基、黄土(粗砂)换填、土工格室加筋,如表 5-7 所示。

试验内容　　　　　　　　　表 5-7

组　别	格室填料	工　况		
1	黄土	软基	换填黄土	100×400 土工格室结构层
2	黄土	软基	换填黄土	150×400 土工格室结构层
3	黄土	软基	换填黄土	150×680 土工格室结构层
4	粗砂	软基	换填粗砂	100×400 土工格室结构层
5	粗砂	软基	换填粗砂	150×400 土工格室结构层
6	粗砂	软基	换填粗砂	150×680 土工格室结构层
7	粗砂	软基	换填粗砂	150×800 土工格室结构层

(1) 黄土填料的土工格室结构层试验

本次对比试验分别进行了软基、换填黄土、土工格室结构层的承载板试验。

换填黄土的厚度和土工格室结构层铺设厚度基本一致,为 15~20cm(视土工格室结构层的高度而定)。软基和处理后的地基承载力,取沉降 10mm 和 15mm 时对应的荷载来判断。

图 5-10~图 5-12 分别为 100×400 土工格室结构层、150×400 土工格室结构层和 150×680 土工格室结构层的对比试验。表 5-8 为软基经土工格室处治、黄土换填和不处理 3 种工况下承载力计算表。

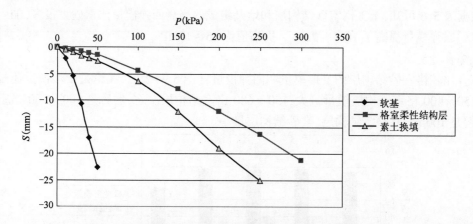

图 5-10　100×400 格室结构层荷载—位移曲线

由图可以看出,格室结构层的 P-S 曲线比较平缓,无明显拐点,图 5-11 中,换填黄土 P-S 曲线在 150kPa 时出现明显拐点;图 5-12 换填黄土在 200kPa 时出现明显拐点。在同一荷载作用下,软基的沉降位移比换填黄土和格室结构层要大得多,格室结构层的沉降位移最小。从 P-S 曲线及特定位移值时的承载力测试结果来看,经土工格室处理后的软弱地基,承载力得到了很大提高,说明用土工格室结构层处理软弱地基效果显著,是一种行之有效的处理软弱地基的简便方法。

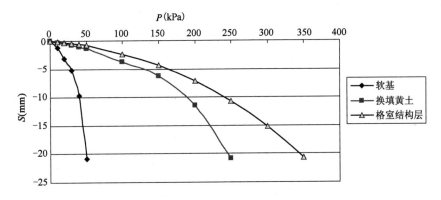

图 5-11　150×400 格室结构层荷载—位移曲线

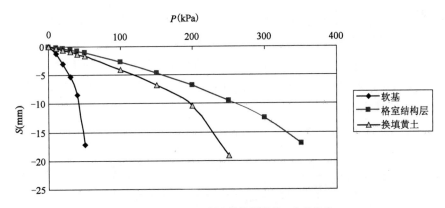

图 5-12　150×680 格室结构层荷载—位移曲线

由表 5-8 及图 5-10～图 5-12 所示的测试结果可知,对模拟厚度为 1.5m 软弱地基,在其上面铺设土工格室结构层以后,地基的承载力在竖向位移为 10mm 时大于 170kPa;在竖向位移为 15mm 时,地基的承载力达到 230kPa 以上。与软基相比,地基承载力提高 6 倍以上。

土工格室处理软基承载力计算表　　　表 5-8

格室型号 (网高×焊距)	沉降 (mm)	软基 (kPa) (1)	换填黄土 (kPa) (2)	黄土格室结构层 (kPa) (3)	$\frac{(2)}{(1)}$	$\frac{(3)}{(1)}$	$\frac{(3)-(2)}{(2)}\cdot$ 100%
100×400	10	28.87	131.59	174.9	4.55	6.06	32.90%
	15	36.88	172.07	233.51	4.66	6.33	35.70%
150×400	10	30.35	185.76	240.06	6.12	7.91	29.23%
	15	34.79	218.66	297.46	6.29	8.55	36.04%
150×680	10	41.79	193.74	258.85	4.64	6.19	33.61%
	15	47.57	226.28	327.70	4.76	6.89	44.82%

从表 5-8 及图 5-10～图 5-12 可以看出,采用换填黄土方法,对软基承载力的提高也有很大效果,其地基承载力在竖向位移为 10mm 时可达 130kPa 以上,比软基提高了 4 倍以上。在竖向位移为 15mm 时地基承载力可达 170kPa 以上,比软基的承载力提高 4 倍以上。

虽然换填黄土的软弱地基强度提高很大,但铺设土工格室结构层地基的承载力要高出换填黄土的地基承载力 30%～50%。而且,随着竖向位移的增大,承载力提高的程度越高。这主要是由于土工格室的侧向限制作用能有效地阻止黄土滑动面的形成和发展,使得土工格室中粒料的强度和刚度远大于单纯粒料的强度和刚度,形成一完整的结构层,起到了类似于筏板基础的作用。而且,当竖向位移增大时,土工格室的抗拉性能得到充分发挥,而地基却不具备抗拉性能,所以位移越大时,土工格室结构层的效果就越明显。

就承载力而言,几种规格的土工格室结构层均取得了理想效果,测试结果没有显著差异。这表明,当采用土工格室柔性结构层加固浅层软弱地基时,格室高度在 10～15cm,焊距 40～68cm 范围变化时,都能满足使用要求。

(2)粗砂填料的土工格室结构层试验

本次试验做了 4 组,测试特定位移下软基的承载力、换填粗砂的承载力和格室砂结构层的承载力。粗砂换填厚度和格室结构层厚度基本保持相同,视土工格室的高度而定(一般为 15～20cm)。经土工格室处治、粗砂换填和不处理的软基 3 种工况下的承载力,取沉降 10mm 和 15mm 时对应的荷载来判断。图 5-13～图 5-16 是 4 种不同型号的土工格室结构层、换填黄土和软基的荷载-位移曲线。

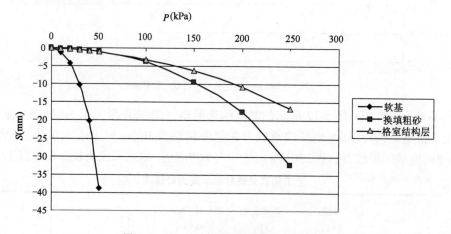

图 5-13　100×400 格室结构层荷载-位移曲线

图 5-13～图 5-16 中的 P-S 曲线都比较平缓,除了软基以外均无明显拐点,但曲线间存在很大的差异。在同一荷载作用下,软基的沉降位移明显大于粗砂换填和格室结构层,格室结构层的沉降位移最小,换填粗砂次之。在特定位移下的软基、换填粗砂和格室结构层的承载力测试结果如表 5-9 所示。经过土工格室处理过的软基,承载力得到了很大的提高。说明软基上铺设土工格室处理方法效果显著。

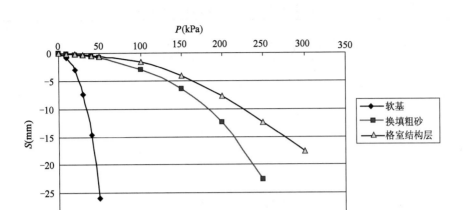

图 5-14　150×400 格室结构层荷载-位移曲线

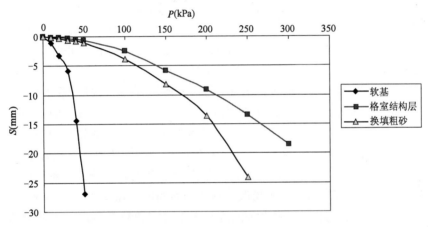

图 5-15　150×680 格室结构层荷载-位移曲线

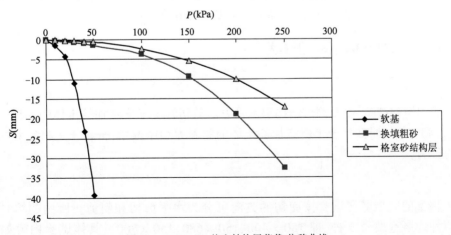

图 5-16　100×680 格室结构层荷载-位移曲线

土工格室处理软基承载力计算表　　　　表 5-9

格室型号 (网高×焊距)	沉降 (mm)	软基 (kPa) (1)	换填粗砂 (kPa) (2)	粗砂格室结构层 (kPa) (3)	$\frac{(2)}{(1)}$	$\frac{(3)}{(1)}$	$\frac{(3)-(2)}{(2)} \cdot 100\%$
100×400	10	29.49	153.16	193.07	5.19	6.55	26.06
	15	34.82	184.26	236.89	5.29	6.8	28.56
150×400	10	33.57	179.5	223.91	5.35	6.67	24.74
	15	40.33	212.68	274.71	5.27	6.81	29.17
150×680	10	34.88	167.26	209.64	4.8	6.01	25.34
	15	40.5	206.88	265.41	5.11	6.55	28.29
100×680	10	28.63	153.74	199.44	5.37	6.97	29.73
	15	33.29	180.16	234.86	5.38	7.05	31.09

从上面的荷载-位移曲线和表 5-9 的计算结果可以看出,在模拟厚度为 1.5m 的软基上铺设土工格室结构层以后,地基承载力在竖向位移为 10mm 时,达到了 190kPa 以上;在竖向位移为 15mm 时,达到了 230kPa 以上。比软基提高 6 倍以上。

从图 5-13 ~ 图 5-16 和表 5-9 还可以看出,用粗砂换填处理的软基,效果也比较明显。在竖向位移为 10mm 时,地基承载力达到 150kPa 以上,在竖向位移为 15mm 时,地基承载力达到 180kPa 以上。比软基的承载力提高 4 倍以上。虽然粗砂换填处理的软基,其承载力得到了很大提高,但是和土工格室结构层处理相比,土工格室结构层处理的地基承载力要比粗砂换填的地基承载力高出 24% ~ 32%。这是因为粗砂凝聚力接近于 0,加入土工格室以后,由于土工格室限制侧向位移的作用,有效地阻止了松散材料滑动面的形成和发展,使土工格室结构层中粒料的强度和刚度远大于单纯粒料的强度和刚度。土工格室和粒料组成一个复合体结构层,共同承受荷载,并且该结构层在荷载作用下具有抗拉性能。

由上可知,对于在软基上铺设的土工格室结构层承载力而言,不同型号的土工格室结构层并无明显区别,相对于软基,承载力提高的倍数基本在 6 到 7 倍。

(四)土工格室结构层剪切性状

1. 试验目的

通过剪切模型试验,主要测试结构层水平方向剪切时土工格室加筋土体的黏聚力和摩擦角;结构层 45°方向剪切时土工格室加筋土体的黏聚力和摩擦角;分析土工格室对黏聚力和摩擦角的影响。

2. 试验内容

土工格室的大型剪切试验按剪切的方向可分为水平剪切和斜剪。所用的填料有黄土和中砂两种。格室型号 3 种,即 150×400、150×680、150×800。具体试验内容如表 5-10 所示。

试 验 内 容 表 5-10

剪切方式	填料	格室型号	组数	所测参数
水平剪切	黄土	150×400	4	c、φ 值;强度包线
		150×680	4	c、φ 值;强度包线
		150×800	4	c、φ 值;强度包线
		素土	4	c、φ 值;强度包线
	中砂	150×400	4	c、φ 值;强度包线
		150×680	4	c、φ 值;强度包线
		150×800	4	c、φ 值;强度包线
		素砂	4	c、φ 值;强度包线
斜45°剪切	黄土	150×400	4	c、φ 值;强度包线
		150×680	4	c、φ 值;强度包线
		150×800	4	c、φ 值;强度包线
		素土	4	c、φ 值;强度包线
	中砂	150×400	4	c、φ 值;强度包线
		150×680	4	c、φ 值;强度包线
		150×800	4	c、φ 值;强度包线
		素砂	4	c、φ 值;强度包线

3. 试验方案设计

试验在桥梁结构试验室里进行。剪切试验原理与室内剪切试验完全相同,但由于现场试验设施的限制,采用三个剪切盒,在上、下剪切盒固定的条件下,施加竖向垂直压力,并对中间的剪切盒进行水平剪切。土工格室采用两种铺设方式,即水平铺设和45°角铺设。

(1)剪切盒的设计

剪切盒的外围尺寸为50cm×50cm×17cm。除去钢板厚度后为48cm×48cm×17cm,一组试验由三个剪切盒组成。为保证剪切盒的强度,在盒外加焊钢板,如图5-17所示。

(2)大型剪切试验的测试系统

剪切试验所需竖向力通过液压千斤顶和反力系统施加;剪切力的加载通过水平千斤顶实现。竖向力和水平力的大小通过两个传感器,由电子应变仪测得。由于剪切时需要控制剪切速度,故在水平千斤顶上布置千分表,由千分表控制剪切速率。具体设备如图5-18~图5-20所示。

加筋体的似黏聚力和内摩擦角是影响加筋体抗剪强度的直接因素。因此准确测定和比较加筋体的似黏聚力和内摩擦角可以直接看出加筋效果。剪切盒内的填料压实度用质量控制法控制,即根据已测得填料的最大干密度、最佳含水率、填料的含水率、剪切盒的体积,按压实度为90%反算所需填料质量,然后把这些质量的填料压入剪切盒内。

(3)试验方法

本次试验参照《公路土工试验规程》(JTJ 051—93)进行。剪切速度小于0.8mm/min。试验终止标准是剪切力减小或者剪切位移达到5cm。

图5-17 剪切盒

图5-18 测试系统

图5-19 剪切试验设备(一)

图5-20 剪切试验设备(二)

4. 土工格室结构层的平面剪切试验

由于土工格室的加筋作用，使土体整体性增强，承载力和模量都得到了提高。本次剪切试验的剪切面就是土工格室结构层层间的土层。共进行了素土(砂)和3种型号土工格室结构层的剪切试验。每种工况至少4组试验。试验结果如图5-21~图5-24和表5-11所示。

由表5-11可知：土工格室加筋后，黄土和中砂的抗剪强度在一定程度上得到了改善。黄土填料的土工格室结构层摩擦角增大0.8°~1.3°，提高的幅度为2.8%~4.3%；似黏聚力提高1.94~4kPa，提高的幅度为4.6%~9.5%。中砂的摩擦角提高0.17°和0.29°，提高幅度为0.5%、0.8%；似黏聚力提高了5.12kPa、5.42kPa，提高的幅度为52.9%、56%。

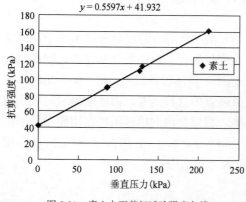

图5-21 素土大型剪切试验强度包线

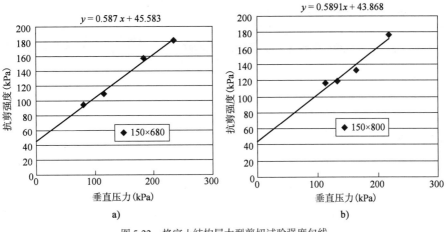

图 5-22　格室土结构层大型剪切试验强度包线

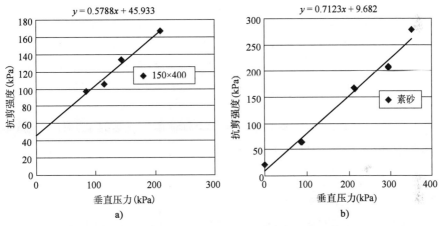

图 5-23　格室土结构层、素砂结构层大型剪切试验强度包线

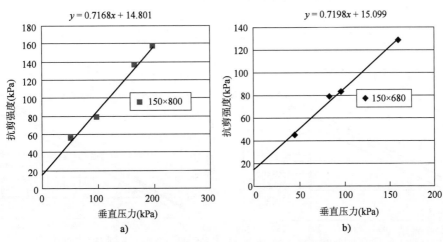

图 5-24　格室砂结构层大型剪切试验强度包线

土工格室结构层平面剪切强度结果　　　　表 5-11

填土类型	结构层类型	摩擦角 φ (°)	似黏聚力 C (kPa)	摩擦角提高值 (°)	摩擦角提高百分比 (%)	黏聚力提高值 (kPa)	似黏聚力提高百分比 (%)
黄土	素土	29.24	41.93	—	—	—	—
	150×400	30.06	45.93	0.82	2.8	4	9.5
	150×680	30.41	45.58	1.17	4	3.65	8.7
	150×800	30.50	43.87	1.26	4.3	1.94	4.6
中砂	素砂	35.46	9.68	—	—	—	—
	150×680	35.63	14.80	0.17	0.5	5.12	52.9
	150×800	35.75	15.10	0.29	0.8	5.42	56.0

总的来说,土工格室加筋黄土和砂的抗剪强度有所提高。从试验结果看,对于黄土而言,摩擦角和似黏聚力提高不大;相对而言,似黏聚力提高比摩擦角大。对于中砂而言,摩擦角提高了 0.5% 和 0.8%,影响很小,但似黏聚力提高幅度比较大,提高 5.12kPa 和 5.42kPa,提高的幅度为 52.9% 和 56%。

从试验结果来看,可以认为摩擦角并无影响,似黏聚力稍有提高。不同型号土工格室结构层之间基本相同,焊距和网高的影响较小,故可认为格室型号对剪切性状并无显著影响。

5. 土工格室结构层斜剪试验

土工格室结构层间的平面是抗剪强度最薄弱的面,但在实际工程中,路基破坏形式很少是平面剪坏的,一般剪切面都是沿一定角度,所以有必要对土工格室结构层进行 45°斜面剪切试验。

试验结果如图 5-25、图 5-26 和表 5-12 所示。

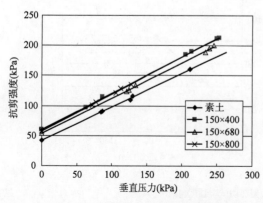

图 5-25　格室土结构层大型剪切试验强度包线

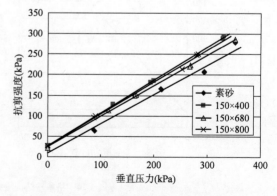

图 5-26　格室砂结构层大型剪切试验强度包线

土工格室结构层斜面剪切强度结果 表5-12

填土类型	结构层类型	摩擦角 φ (°)	似黏聚力 C (kPa)	摩擦角提高值 (°)	摩擦角提高百分比 (%)	黏聚力提高值 (kPa)	似黏聚力提高百分比 (%)
黄土	素土	29.24	41.93	—	—	—	—
	150×400	31.12	60.36	1.88	6.43	18.43	43.95
	150×680	30.45	53.71	1.21	4.14	11.78	28.09
	150×800	31.67	57.13	2.43	8.31	15.2	36.25
中砂	素砂	35.46	9.68	—	—	—	—
	150×400	38.74	26.96	3.28	9.02	17.28	178.51
	150×680	36.67	25.16	1.21	3.41	15.48	159.92
	150×800	37.73	27.71	2.27	6.4	18.03	186.26

从表5-12可以看出,由于土工格室的加入,黄土和中砂的抗剪强度有了明显的提高。土工格室中填入黄土,摩擦角提高分别为(网高为400、680、800)1.88°、1.21°、1.43°,提高的幅度分别为6.43%、4.14%、8.31%;似黏聚力分别提高了18.43kPa、11.78kPa、15.2kPa,提高幅度分别为43.95%、28.09%、36.25%。土工格室中填入中砂,摩擦角提高分别为(网高为400、680、800)3.28°、1.21°、2.27°,提高幅度分别为9.02%、3.41%、6.4%;似黏聚力的提高值分别为17.28kPa、15.48kPa、18.03kPa,提高幅度分别为178.51%、159.92%、186.26%。两种填料中,由于土工格室的加入,摩擦角提高值较小,没有明显区别;似黏聚力的提高幅度中砂要比黄土高得多,这是由于中砂黏聚力很小,黄土黏聚力大,所以基数不一样。但从提高的值看,中砂黏聚力的提高略大于黄土。

很明显,摩擦角提高的幅度不大,而似黏聚力提高比较显著。图5-25和图5-26比较了抗剪强度包线图,从图中可以看出型号为150×400和150×800的土工格室结构层强度包线很接近。图5-25中,两条线基本重合,图5-26中,150×800型号的土工格室结构层与150×400型号的土工格室结构层抗剪强度包线稍微有点差别,但非常靠近,并无很显著差异。但图5-25和图5-26有个共同的现象,型号为150×680的土工格室结构层强度比150×400和150×800的要低,很明显这并非格室焊距的影响。

在试验中所用土工格室150×400是由两个单元格组成,而150×680和150×800的土工格室是由一个单元格组成的。这3种土工格室在张拉后的理论长度是:150×400为616mm,150×680为480.76mm,150×800为616mm。很明显,型号为150×680的土工格室抗剪强度较另外两种型号土工格室低的主要原因是因为加筋长度比其他两种型号的短。当把格室材料埋置在剪切盒里时,按照45°埋置,中间剪切盒的格室长度为282.8mm,而在上下剪切盒中起到加筋作用的土工格室材料每个剪切面的长度是:150×400为166.6mm、150×680为98.98mm、150×800为166.6mm。150×400和150×800的土工格室在每个剪切面的有效加筋长度比150×680的格室长67.68mm,是150×680土工格室加筋长度的1.68倍,所以150×680的土工格室结构层抗剪强度要比其他两种格室的低。

土工格室结构层的平面剪切试验与斜面剪切试验相比,由于加筋体的直接参与,斜面剪切强度比平面剪切强度高得多。总的来说,平面剪切加筋体对强度提高不大,斜面剪切则有良好的效果。从提高的强度来说,主要体现在似黏聚力得到提高,内摩擦角提高不大。而且不同型号土工格室之间的加筋效果并没有显著区别。

(五)土工格室结构层拉伸性状

1. 试验目的

土工格室结构层拉伸试验主要测试土工格室结构层在水平拉力作用下的抗拉强度、拉伸模量、格室片材在拉伸过程中的应变变化规律以及不同断面格室片材在拉伸过程中的应变。

2. 试验内容

试验测试内容包括土工格室结构层黄土填料和中砂填料的抗拉强度以及格室片材的应变,如表5-13所示。

测 试 内 容　　　　　　　　　　表5-13

填料类型	格室类型	测点数	所测参数
黄土	100×400	50	拉力及对应片材的应变
中砂	100×400	50	拉力及对应片材的应变

3. 试验方案设计

为了防止格室结构层里内填料因为受挤压而挤出,同时与工程实际相符,故在结构层上堆载,经初步计算,堆载质量为1.8t。

(1)试验材料的选取

本次试验所用黄土、中砂与剪切试验所用的相同。

(2)试验装置的设计

根据试验的需要,选取了1m×1m的100×400格室。因而将试验装置设计为三边固定,沿拉伸方向可伸缩的刚框,尺寸为1m×1.5m。为了保证在拉伸工程中刚框不变形,钢板厚度取8mm。沿拉伸方向预留30cm的长度可供格室结构层受拉的伸缩变形,如图5-27所示。

格室结构层的拉伸通过水平千斤顶和传感器实现,测试系统为电子应变仪,与剪切试验相同。传感器和格室刚框之间的连接通过自行设计的装置实现,具体如图5-28所示。

图5-27 拉伸试验装置

图5-28 拉伸试验传力装置

(3)土工格室结构层拉伸试验格室内应变测点的布置

测点布置在土工格室壁的中间,每个测点布设电阻应变片一片。电阻应变片贴片位置如图 5-29 所示。

测点的布置如图 5-30 所示,左边为固定端,右边为拉伸端。把格室分成 7 个断面,每个断面由 A、B、C、D、E、F、G 表示,断面上的测点由 1、2、3、4、5、6、7、8 表示。

图 5-29　应变片贴片位置

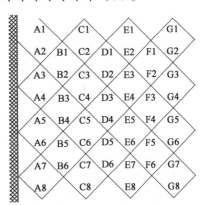

图 5-30　土工格室测点布置

(4)试验方法

本次试验可参照标准《土工布 拉伸试验方法 宽条样法》(GB/T 15788—1995)和《公路土工合成材料试验规程》(JTJ/T 060—1998)进行。试验拉伸速度为 0.8mm/min。试验终止标准为土工格室有两处以上拉断。

4. 土工格室结构层拉伸试验

土是松散体,本身不具备抗拉强度,土工格室加固以后,格室与土组成一个整体,形成一个有抗拉强度的结构层。结构层的抗拉强度主要来源于土工格室 HDPE 条带的高抗拉强度。但由于和土组成了整体,它所具备的抗拉性质,与材料的本身的性质有很大区别。本次试验通过在土工格室壁贴上应变片,测试在结构层受拉力作用下,格室片材的应变以及结构层本身的拉伸模量(图 5-31、图 5-32)。应变片贴片位置和编号如图 5-30 所示。将土工格室结构层分成 7 个横断面,断面 A、C、E、G 测点数目为 8 个,断面 B、D、E 的测点为 6 个。同时,结构层也分为 8 个纵断面,分别为断面 1、2、3、4、5、6、7、8。格室型号为 100×400,分别用黄土和中砂做填料。

图 5-31　贴了应变片的土工格室

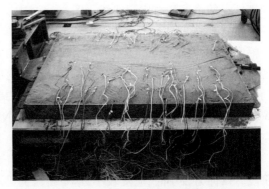

图 5-32　贴了应变片的土工格室结构层

(1)土工格室结构层的拉伸强度和拉伸模量

经试验测得,宽度为1m,长度为1m的土工格室结构层拉伸强度和拉伸模量如表5-14所示。

拉伸试验结果   表5-14

结构层填料	含水率（%）	压实度（%）	拉伸距离（cm）	延伸率（%）	拉伸强度（kN）	拉伸模量（MPa）
黄土	14.34	92.16	13.3	13.3	14.31	10.7
中砂	6.25	90.2	15.2	15.2	23.58	15.5

由上表可知,格室土结构层在拉力为14.31kN的时候,格室开始断开。此时结构层延伸率为13.3%,拉伸模量为10.7MPa。格室砂结构层在拉力为23.58kN的时候,格室才开始断开。格室延伸率为15.2%,拉伸模量为15.5MPa。格室断裂口都从焊点断开,而且是固定端（或拉伸端）附近的焊点断开,如图5-33所示。格室断开主要原因是在拉力作用下,格室片材挤压格室单元内的土体,土必定会对格室片材提供一个反力,并且协同作用,共同抵抗荷载。格室片材对里面填土挤压的同时,使格室在横截面宽度减小,而在长度上增加。但作用端和固定端的横截面宽度是固定的,当长度增大时,体积必然增大,导致作用端和固定端的格室单元内的土变虚,土不再参与作用,只有片材抵抗荷载。而焊点是格室强度最薄弱的点,所以靠近固定端的焊点先断,因而焊点强度控制着土工格室结构层强度。

图5-33 格室断点位置

土工格室砂结构层的拉伸率比格室土高主要是因为,土具有黏聚力,而砂没有,在力作用下,砂更容易发生错动。当结构层在拉力作用下,格室单元内的填料受到挤压,由于砂的流动性大,在力作用下,比格室土横断面宽度更小,则长度增加更大,故拉伸率高。

(2)土工格室结构层在拉伸作用时,不同拉力的格室片材的应变

图5-34a)是格室土结构层拉伸破坏点的格室片材应变曲线,图5-34b)是格室砂结构层拉伸破坏点的格室片材应变曲线。图5-34a)中所示测点G7在拉力6kN以前,应变量较小,曲线平缓,在拉力6kN以后,应变开始大致呈线性较大的增加,当拉力到达14kN左右时,应变突然大幅度增加,直至破坏。测点G6和G7大致相同,在拉力接近5kN以前应变较小,5kN以后应变开始大致呈线性增加,当拉力达到11kN时,应变突然剧烈增加,直至破坏。图5-34b)中的两个测点G3、G4的片材应变曲线形状和图5-34a)中的应变曲线大致相同。G3和G4测点在拉伸力为8kN以前,应变量较小,拉伸力在8kN以后,曲线大致呈线性增加,拉伸力达到23kN左右时,应变突然剧烈增加,直至破坏。

从图5-34拉伸破坏点的应变曲线不难看出,在整个拉伸过程中,曲线大致可以分为3个阶段。拉伸力较小时,应变较小,这个阶段为第Ⅰ阶段;此阶段格室内填料界面摩擦力抵抗了大部分拉伸力,格室片材与填料相互协调共同作用。随着拉力的增加,应变大致呈线性增加,

这个阶段为第Ⅱ阶段;此阶段拉伸力大于格室内填料界面的摩擦力,格室片材与填料产生相对错动,格室片材的拉伸能力得到发挥。随着拉伸力的继续增加,应变突然剧增,直至破坏,此阶段为第Ⅲ阶段;这时固定端(作用端)附近的拉伸力大于格室焊点的强度,焊点断裂,所以也可称为破坏阶段。

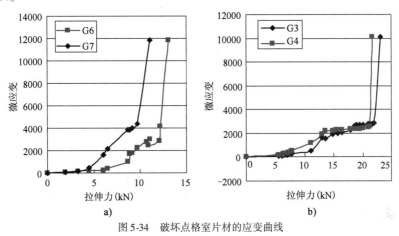

图 5-34　破坏点格室片材的应变曲线

通过上述的描述,可以认为在拉伸过程中,格室应变分为3个阶段:

第Ⅰ阶段:界面摩擦力作用阶段;

第Ⅱ阶段:格室受拉阶段;

第Ⅲ阶段:破坏阶段。

图 5-35a)是土工格室土结构层在拉伸作用下,未破坏点的格室片材应变曲线(选取);图 5-35b)则是土工格室砂结构层在拉伸作用下,未破坏点的格室片材应变曲线(选取)。图 5-35a)中,所有测点在拉伸力大约为7kN之前,格室片材应变较小,曲线较平缓,拉伸力大于7kN以后,所有测点应变大致呈线性增加。图 5-35b)中,所有测点在拉伸力大约为11kN以前,应变较小,曲线较平缓,大于11kN以后,应变呈线性增加。从以上看,也符合上述的破坏3个阶段理论。应变较小时是格室受拉阶段,即第Ⅰ阶段;应变呈线性增长时,是格室压缩室内填料阶段,即第Ⅱ阶段。因为上述测点的格室并未破坏,所以也并未出现破坏阶段,即第Ⅲ阶段。

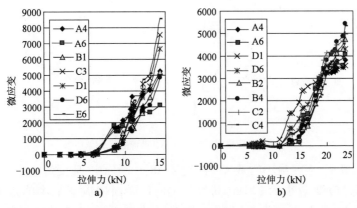

图 5-35　未破坏点格室片材应变曲线

(3)土工格室结构层在拉伸作用下不同断面格室片材的应变

图 5-36 ~ 图 5-40 是土工格室结构层(黄土和中砂做填料)在拉力作用下,不同横断面片材的荷载-应变曲线。

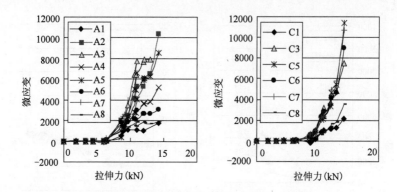

图 5-36　土工格室土结构层 A、C 断面荷载-应变曲线

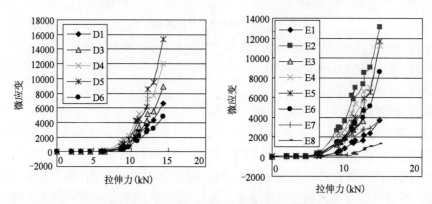

图 5-37　土工格室土结构层 D、E 断面荷载-应变曲线

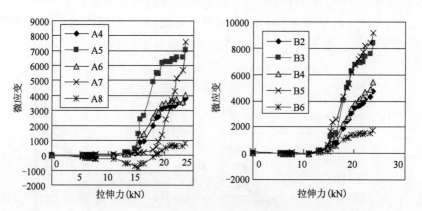

图 5-38　土工格室砂结构层 A、B 断面荷载-应变曲线

图 5-36 中 A 断面,应变最小的是 A1,其次是 A8;C 断面中,应变最小的是 C1,其次是 C8。图 5-37 中 D 断面,应变最小的是 D6,其次是 D1;E 断面中应变最小的是 E8,其次是 E1。图 5-38 中 A 断面 A8 最小,B 断面 B6 最小。图 5-39 中 C 断面 C8 最小,C1 次之;E 断面 E8 最

小。图 5-40 中 F 断面 F6 最小,F1 次之;G 断面 G1 最小,G8 次之。从测点布置图 5-30 所示可以得知,A1、A8、B1、B6、C1、C8、D1、D6、E1、E8、F1、F6、G1、G8 都是格室结构层的边缘点。由图 5-36~图 5-40 可知,格室边缘点的应变比其他测点的应变要小。这主要是因为中间的格室单元四周都有格室单元相连,一旦受力变形,格室单元协调变形,相互作用。而格室边缘点由于格室单元外并无格室相连,比较自由,当结构层受力时,边缘的格室单元相对来说,可以自由变形,因此片材受力较小,应变较小,而中间的格室单元片材受力大,应变较大。从理论上来说,在结构层受拉力拉伸时,测点受力是对称的。由于在试验时,并不能保证受力点绝对是在格室结构层的中间,同时还有试验其他因素的影响,所以边缘格室单元的两个测点应变有大有小,但总的来说,边缘测点的应变和其他格室单元相比是最小的。

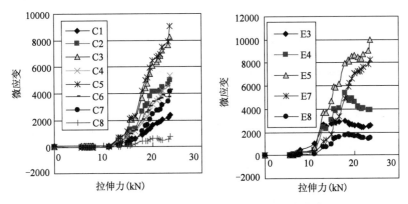

图 5-39　土工格室砂结构层 C、E 断面荷载-应变曲线

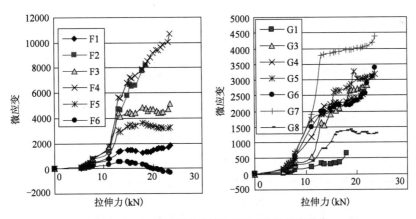

图 5-40　土工格室砂结构层 F、G 断面荷载-应变曲线

除了边缘格室单元应变较小外,其他格室单元并无明显特征。图 5-36 中 A 断面上 A3 的应变最大,依次为 A2、A5、A4、A7、A6,再是两个边缘格室单元;而 C 断面中除了两个边缘格室测点较小外,其他格室单元荷载应变曲线基本重合,并无很大区别。图 5-37 中也同样,除了边缘格室单元应变小外,其他的大小并无规律。图 5-38、图 5-39、图 5-40 中格室砂结构层应变也和格室土结构层一样,有的是中间格室单元应变最大,有的却不是,比较复杂,并无规律可循。

图 5-41~图 5-43 是格室土结构层在拉力作用下,纵断面(沿力的作用方向)格室片材荷载应变曲线。图 5-41 纵断面 1 中,E1 应变较大,而 A1、C1 应变值较小,但两者交错无法区分

其大小。纵断面 4 中 G4 应变较大,而 A4、E4 应变较小,且 A4、E4 的应变比较接近。图 5-42 纵断面 7 中 G7 应变最大,而 A7、C7、E7 应变较小,且而 A7、C7、E7 的应变比较接近;纵断面 8 中 G8、C8 的应变较大,而 A8、E8 的应变最小。图 5-43 纵断面 1 中,F1 的应变最大,D1 的应变次之,而 B1 的应变最小;纵断面 3 中,F3 的应变最大,B3 和 D3 的应变较小,且 B3 和 D3 之间比较接近。

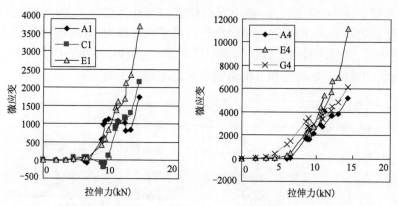

图 5-41 土工格室土结构层(A~G)1、4 断面荷载-应变曲线

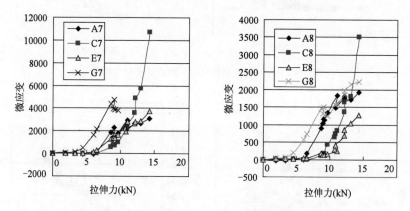

图 5-42 土工格室土结构层(A~G)7、8 断面荷载-应变曲线

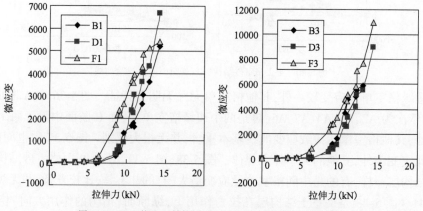

图 5-43 土工格室土结构层(B~D)1、3 断面荷载-应变曲线

图 5-44～图 5-47 是土工格室砂结构层在水平拉力作用下纵断面(沿力的作用方向)格室片材的荷载应变曲线。图 5-44 纵断面 4 中 E4 的应变最大，C4 次之，A4 最小，且 A4 和 C4 之间比较接近；纵断面 5 中 E5 的应变最大，C5 次之，A5 最小，且 A5 和 C5 之间比较接近。图 5-45 纵断面 7 中，G7 的应变最大，E7 次之，再是 C7，A7 应变最小；纵断面 8 中，G8 和 E8 应变较大，C8 次之，A8 最小。图 5-46 纵断面 2 中，F2 应变最大，D2 次之，B2 最小；纵断面 3 中，F3 应变较大，D3 和 B3 应变较小。图 5-47 纵断面 4 中，F4 应变最大，D4 次之，B4 最小；纵断面 5 中 F5 应变最大，B5 次之，而 D5 却最小。

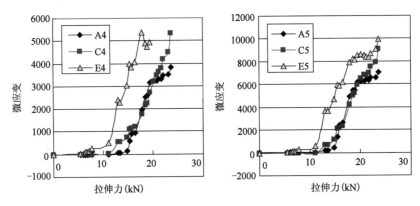

图 5-44　土工格室砂结构层(A～G)4、5 断面荷载-应变曲线

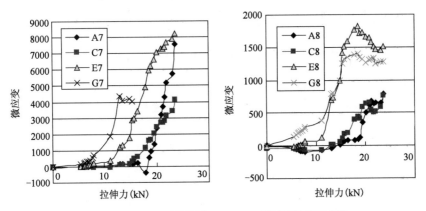

图 5-45　土工格室砂结构层(A～G)7、8 断面荷载-应变曲线

由格室测点布置图 5-30 可知，A、B、C、D、E、F、G 依次接近受力端。由图 5-41～图 5-47 和上述可知，离受力端越近，格室片材的应变就越大，即片材所受的力就越大。因为在拉力作用下，土工格室结构层必然发生变形，沿着力的方向移动，格室结构层与底层或上面堆载层之间发生摩擦，产生与拉伸方向相反的摩擦力，必然有一部分摩擦力与拉伸力相抵消。所以离力的作用端越远，摩擦力越大，抵消拉伸力也就越大，格室结构层受力也越小，片材应变也越小。从上述的两段论述中，不难看出，格室砂结构层这一规律比格室土结构层明显。并且由于格室内受力的复杂性和各种试验条件的影响，少数测点出现异常，但大部分测点都显示了这一规律。

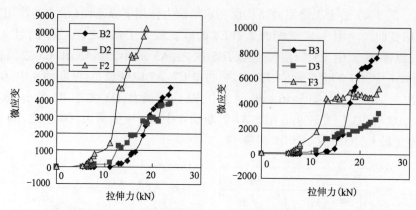

图 5-46 土工格室砂结构层(B~F)2、3 断面荷载-应变曲线

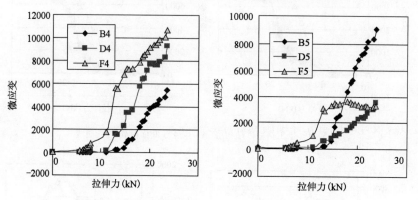

图 5-47 土工格室砂结构层(B~F)4、5 断面荷载-应变曲线

第六章 路桥过渡段路基设计与施工技术

一、处治原则与技术标准

(一)处治原则

路桥过渡段设计应遵循"技术可行、施工方便、造价经济、效果明显"的设计原则。技术可行是指路桥过渡段处治方法在作用机理上能起到减小路堤沉降,协调差异沉降的作用。因为最好的处治方法必须有相应的施工保障才能发挥最好的效果,而由于台背施工空间限制,大型工程机械无法使用,因此,简单、方便的施工工艺对于提高处治效果十分重要。高速公路中桥梁、涵洞构筑物较多,故处治方法也必须考虑到造价的经济。路桥过渡段设计的最终目的是消除差异沉降现象,因此,处治效果是否明显是评价处治措施成功与否的关键。

路桥过渡段设计时应首先详细调查台背地基的地质和水文情况及路堤的设计参数等,通过一定的理论计算找到引起差异沉降的原因,特别是主要原因,从而对症下药。

路桥过渡段处治方法的设计中,应强调多种不同作用机理处治方法的综合运用,同时应侧重对引起差异沉降的主要因素的处治,即"综合处治"思路。

(二)技术标准

1. 计算荷载

对路桥过渡段路面结构进行设计和计算时,计算荷载应力等于标准轴载作用下计算得到的最大应力,乘以动荷系数和综合系数得到下列计算公式:

$$\sigma_p = k_a \cdot k_s \cdot \sigma$$

式中:σ_p——计算荷载应力,MPa;

k_a——动荷系数,取值 1.15~1.20;

k_s——综合系数,取值 1.05~1.35;

σ——在标准轴载作用下计算得到的最大应力,MPa。

2. 路桥过渡段控制标准

路桥过渡段处治的控制标准为:桥头不设搭板时,桥台与路堤衔接处的错台不大于1.0cm;桥头设置搭板时,由搭板路基端沉降引起的路桥过渡段纵坡变化小于5‰。

3. 工后沉降标准

根据我国现行的公路软土地基设计与施工技术规范的规定,高速公路、一级公路的容许工后沉降为:桥台与路堤相邻处不大于10cm,涵洞或箱形通道处不大于20cm,一般路堤不大于30cm。而由于路桥过渡段差异沉降病害对于差异沉降的敏感性,要消除差异沉降现象,台背工后沉降应小于6cm。

二、搭　板

(一)处治机理

桥头搭板是目前我国高等级公路建设中常用的方法,通过搭板把集中的差异沉降量分散在搭板长度范围内,使在柔性路堤产生的较大沉降逐渐过渡至刚性桥台上,起匀顺纵坡的目的,使车辆通过时跳跃现象大为减少。

(二)搭板的构造设计

合理设置桥头搭板可有效解决局部沉陷和错台的状况,但不能解决纵坡变化情况,因为当桥台和台背路堤之间发生差异沉降后,搭板两端分别随两者下沉,即桥头搭板绕简支端转动,纵坡变化仍然存在。显然,确定合理的搭板长度是搭板设计的关键。

1. 搭板长度的确定

从理论上讲,板的长度越长越好,但实际施工中板长不可能没有限制。一方面,受力学方面的限制;另一方面,搭板过长也不经济。所以,搭板的长度在实际使用中总是限制在一定的范围内。搭板长度的确定应综合考虑两个方面的问题:①搭板长度 L 应大于差异沉降段长度,一端放置在桥台上,另一端应伸入稳定段路基。②桥台与稳定段路基的沉降差与搭板长度之比应限制在一定的范围。据有关研究资料表明:当桥台与稳定段路基的坡度限制在 4‰~6‰ 时,就不会引起跳车的感觉,所以搭板长度可按下式计算:

$$L = \frac{S_{rs} - S_{rb}}{\Delta_i} \tag{6-1}$$

式中：L——搭板长度；

　　S_{rs}——竣工后,桥台的沉降值,指桥台基础预期总沉降值 S_{tb} 与施工期间完成的部分沉降 S_{cb} 之差,S_{tb} 可根据《公路桥涵地基与基础设计规范》计算确定,S_{cb} 可根据工地试验资料或类似地质资料确定；

　　S_{rb}——竣工后,路基顶面的沉降值,规范允许工后沉降为 10cm；

　　Δ_i——允许坡降,一般取 4‰~6‰。

按上式计算出的搭板长度一般都在20m以上,但从受力角度考虑搭板长度不宜超过 8~10m,再长时可将搭板分成两段或三段。常用的搭板长度可参照表6-1选用。

常用搭板长度 L　　　　　　　　　　　　　　　　　　　　表6-1

桥梁类别	搭板长度 L(m)			
	3.0	6.0	8.0	10.0
大桥	—	—	选用	选用
中桥	—	选用	选用	—
小桥、明涵	选用	—	—	—

2. 搭板宽度的确定

搭板宽度一般取等于桥台两侧(翼)墙之间的净宽。

3. 搭板厚度的确定

影响搭板厚度的因素有平面尺寸、脱空长度、荷载大小以及支承条件等。常用的板厚尺寸如表 6-2 所示,但需作进一步的验算。

常用搭板厚度 t　　　　　表 6-2

板长 L (cm)	板厚 t (cm)	$\dfrac{t}{L}$	板长 L (cm)	板厚 t (cm)	$\dfrac{t}{L}$
300~400	22~25	1/18~1/16	800	30~32	1/26~1/25
500	25~28	1/20~1/18	1000	32~35	1/31~1/28
600	28~30	1/21~1/20	—	—	—

4. 搭板的埋置方式

(1) 平置式

搭板的纵坡与路面设计纵坡平行,搭板的近台端搁置在台帽背墙的牛腿上或背墙顶面,远台端搁置在枕梁上,这种方式适用于刚性路面。

(2) 斜置式

搭板的纵坡一般不大于 5%,和上述的不同点在于搭板远台端深埋在路面基层以下或者置于路面面层与基层之间。这种埋置方式适用于柔性路面,有利于行车从刚性路面向柔性路面的过渡。由于斜置式施工比较复杂,施工中应用较少。

5. 搭板与桥台的连接构造

(1) 锚栓

为了防止搭板纵向滑移、造成桥头凹坑,通常在搭板与台背之间布设竖向锚栓和水平拉杆,一般采用 $\phi 22$ 钢筋,间距 75~80cm,如图 6-1 所示。

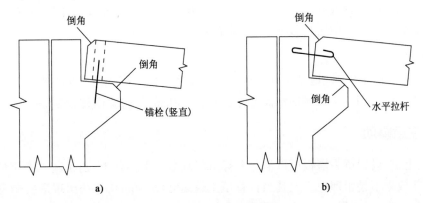

图 6-1 搭板桥台连接构造示意图

(2)支座

搭板近台端的下面,常铺设油毡垫层,厚度为1~2cm,若用板式橡胶支座时,其规格可选用150mm×150mm×(21~38)mm,支座间距80cm。

(3)倒角

为了防止搭板因转动对路面及结构造成损伤,宜将搭板近台端的上缘和牛腿的上边缘设计成倒角,如图6-1所示。

(三)搭板的优化设计

计算的搭板长度的式(6-1),往往在实际中很难应用,因此需对搭板布置方式进行优化,使实际使用的长度能够满足行车要求。优化设计主要有两个目的:(1)设置枕梁,防止搭板远台端的沉降过大,即减小 S_{rb} 值;(2)搭板底换填处理,防止搭板底部脱空,如图6-2所示。

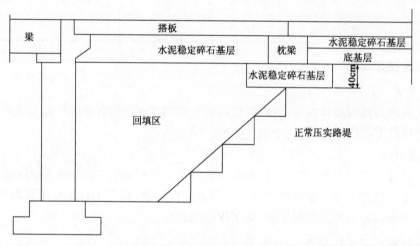

图6-2 搭板优化设计示意图

1. 搭板参数设计

板长设计可参考表6-1中提供的数据,板厚的设计与多方面因素有关,可参考表6-1中提供的数据,布筋按简支板验算,跨径取板长的0.9倍,当验算数值小于表中所列数据时,取表中数据;当验算数值大于表中所列数据时,取验算值。

2. 枕梁设计

枕梁尺寸及布筋按弹性地基梁计算确定。枕梁底部依然存在应力集中现象,所以,应对枕梁底部进行处理,处理方法是摊铺水泥稳定碎石,厚40cm,每边宽出枕梁30cm。

(四)注意事项

从理论上讲,设置桥头搭板可以消除差异沉降现象。但实际上,由于施工中质量控制不严等因素,往往效果不是很理想。尤其当台背填土较高时($h>6m$),往往出现搭板端头部位沉降过大,行车时发生"二次跳车"现象。所以,桥头搭板往往和其他处治方式结合起来综合设计。单独的搭板设计一般适用于台背填土高度较小($h<4m$)的情况。

三、路基换填技术

(一)台背灰土换填设计

换填是目前国内应用比较广泛的一种台背填筑方法,它主要是用一些模量较大的半刚性材料,如水泥稳定土、石灰稳定土、石灰水泥综合稳定土、二灰土、二灰砂砾(碎石)、低强度等级的贫混凝土等材料代替模量较小的素土来填筑,可减小台后路堤自身的压缩性,从而减小工后沉降量。此外,选用一些轻质填料,如粉煤灰等材料填筑,一方面,它能减轻路堤自身重量,可减轻对地基的荷载,减小地基的压缩变形;另一方面,粉煤灰本身含有活性成分,再掺加一些水泥、石灰等,可具有自凝能力。施工完成后,能生成胶凝状物质,具有较高的强度,完全能满足工程要求。在软基或地基承载力不足地段,此方案具有很大的优越性。

1. 处治机理

换填处治差异沉降的机理是:使用刚度介于路基土与构造物材料刚度之间的某种半刚性材料,沿长度方向变化其厚度,使得台背回填靠近构造物处厚,靠近路堤处薄,这样可使台背回填整体刚度从构造物向路堤方向逐渐变小,其差异沉降也从构造物向路堤方向逐渐过渡,从而实现台背回填处治的刚柔过渡。

2. 台背灰土换填设计

一般来说,水泥稳定土、石灰稳定土、水泥石灰综合稳定土、二灰稳定土、低强度等级的贫混凝土均为半刚性的不透水材料,是良好的台背回填材料。但从经济角度讲,石灰土、水泥土、石灰水泥综合土要比二灰砂砾(碎石)、贫混凝土等成本低很多,而前者在技术上也能有效地实现"刚柔过渡",因而在工程中得到广泛应用。这里主要讲述以灰土作为换填材料的设计方法。

台背灰土换填设计主要依据差异沉降刚柔过渡处治观点,台背填土的设计主要考虑3个方面的问题。(1)台背回填材料的选择。台背回填材料直接影响台背填土的刚度、变形、二次固结、压缩沉降、压实度等技术指标的控制,而这些技术指标恰恰又是影响差异沉降的主要因素,选择刚度较大的回填材料,则台背填土区的刚度大,稳定性高,易于压实,压缩性小,变形小,二次固结小,就能确保台背填土具有较大的刚度和较小的差异沉降。(2)台背回填的范围和路堤相连接的形式。这是确保台背回填区刚度和差异沉降平衡过渡的重要因素。(3)要有明确的技术标准和质量标准,这是确保台背填土施工质量的关键。

3. 台背回填材料

台背回填材料对台背填土质量起着至关重要的作用,材料不好,弯沉总是达不到要求。如直接用粉性土、黏性土填筑的台背,其强度很低、刚度小、水稳定性差、不易压实、变形大、二次固结变形大,难以达到台背回填对刚度和变形的要求,故不能直接用于台背填土。而在黏性土中添加8%~12%的石灰进行改良,形成半刚性材料的台背回填,其果最好,一般弯沉均在60~110(0.01mm)之间,可满足台背回填材料的要求。

4. 台背填土范围

台背回填的范围直接影响着台背填土刚度和变形的平衡过渡,范围太长,成本增加;范围太短,达不到"刚柔过渡"的要求。设计时,应在满足"刚柔过渡"技术要求的前提下,力争缩短台背回填范围,节约成本。台背填土范围的确定应从以下几个方面考虑:(1)要有足够的长度实现过渡的技术要求;(2)要考虑施工作业的方便,考虑压路机的压实宽度;(3)要考虑台背填土与已填路堤的良好结合所需长度。

国内曾有人提出如下尺寸:台背回填底长最短为200cm(便于压路机碾压);以200cm为基准,对于台背填土与路基原状土相接部分采用1∶1的坡度相接,对于路基回填土部分采用1∶1.5坡度相接。为确保两部分良好结合,宜采用挖台阶形式与路堤相接,每级台阶高度以不大于60cm为宜。由于这些参数的确定比较合理,换填范围的确定就可以此为标准,这些参数就能很好地确定台背填土的范围,如图6-3所示。

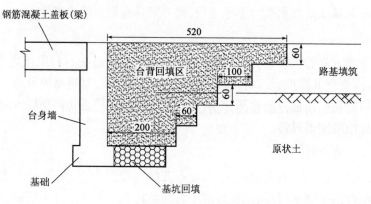

图6-3　台背填土范围(尺寸单位:mm)

由于台背回填的总体厚度是由厚逐渐变薄(远近相对桥台而言),回填区的整体刚度也由大逐渐变小,整体变形也由小逐渐变大,实现了从桥台到路堤的刚度和变形的平衡过渡,从而消除了差异沉降现象。

5. 技术和质量标准

台背填土对地基的要求比一般路基对地基的要求要高,如达不到要求,需进行处理,否则,难以达到设计效果。要做好台背填土的设计与施工,必须要有可依据的技术和质量标准,根据规范规定并结合理论研究,提出以下技术和质量标准。

(1)天然地基承载力技术标准

台背回填区地基的承载力是影响地基沉降的关键因素。工程实际中,一些台背填土的较大沉降,也与地基的强度有关;有些地基的强度很低,造成较大的地基固结沉降。因此,要避免或尽量减少这部分沉降,则必须确保地基有足够的强度和密实度。标准如下:

①贯入仪测试数据不小于200kPa,达不到此标准时,必须先处理地基,然后才能进行台背填土。

②台背填土前,除基底承载力达到强度标准外,还应进行填前碾压。一般情况下,碾压后地基的压实度必须大于90%。

(2)石灰土技术标准

用作台背回填的石灰土技术标准要比基层施工技术规范中的半刚性材料的强度要求低一些,实际上是一种改良土,技术标准如下:

①原材料

对于石灰土,石灰等级不低于Ⅲ级,宜选用磨细的生石灰粉,有效钙镁含量不小于65%。熟石灰应不含杂质,充分消解,其有效钙镁含量不小于50%。

改良用土(石灰土)宜选用CBR值大于5%的土源,液限低于40%,塑性指数以17~26为宜。土的有机质含量应小于3%。

②石灰土混合料组成设计

根据改良土塑性指数,确定改良土的种类。塑性指数大于17的土,宜用石灰改良,或用水泥和石灰综合改良。

石灰改良土,宜做8%、10%、12%三种剂量的配比试验,根据强度标准,从三种配比试验中选定合适的配比作为施工的配合比,工地实际采用的石灰剂量应比室内试验确定的剂量多0.5%。

(3)改良土回填技术标准

①松铺厚度宜小于18cm,压实厚度宜控制在15cm左右。

②改良土中石灰的剂量控制在设计剂量的 -1%~2%范围内。

③级配在规定范围内,改良土应无灰条、灰团、色泽均匀和无离析。

(4)检验标准

①压实度检测,每侧每层台背填土左、中、右至少测3点,面积大时应补充测点。

②压实度指标为95%,采用合格率100%来判定。

③台背填土完毕应进行弯沉检验,按每侧台背左、中、右三个断面共6点弯沉的频率进行。

④据弯沉与CBR值经验关系推算,弯沉检验标准为150(0.01mm),采用合格率100%来判断。

6. 注意事项

台背灰土换填处治措施一般适用于台背填土高度较小的情况,对4m以内的台背换填,其工程量小,施工工艺简单,比较经济。当填土高度大于6m时,其工程量较大,施工工序较繁,此方法不经济,应慎用。

7. 工程实例

石灰改良土工程地点位于京珠国道湖南临湘至长沙段高速公路 K144+000~K152+300段范围内,所有台背进行回填。原材料技术指标为:石灰采用Ⅲ级磨细生石灰粉,填土采用 K149+580 挖方土,其技术指标为:最大干密度 $1.89g/cm^3$,最佳含水率12.5%,液限47.4%,塑限33.0%,塑性指数14;CBR值:95%密实度为9.8,93%压实度为8.8,90%压实度为7.1。石灰改良土配比采用外掺8%石灰,7d浸水无侧限抗压强度代表值为0.69MPa。对已施工完毕的5个构造物台背填土进行弯沉检验,共检测弯沉数据60个点,结果表明每一测点的弯沉均小于150(0.01mm),一般在70~110(0.01mm)之间。通过对上述测点的数理统计表明,其平均弯沉值为92(0.01mm),代表值为142(0.01mm),达到了质量标准。检测弯沉龄期一般为 5~7d,由于石灰(水泥)后期强度将继续增长,显然,随着龄期的延长,其强度会越来越高,弯沉值将越来越小。

(二)粉煤灰+石灰处治措施设计

粉煤灰是火力发电厂、大型企业锅炉燃烧煤粉后产生的一种工业废料。由于其成分中含 CaO 和 MgO 等活性物质,遇水后能与粉煤灰的其他组分作用产生一定量的胶凝化合物,具有自硬性,加上一些其他方面的优越性,如自重轻,易压实等特性,非常适合公路工程,因而在公路工程中得到广泛应用。

1. 台背处治范围的确定

(1)纵向长度的确定

石灰粉煤灰台背换填范围的确定可参照灰土换填范围的确定方法和图 6-3 进行。

(2)横断面尺寸确定

路堤边坡坡度按规范取值,与路堤相接部分相同。由于粉煤灰遇雨极易流失,并殃及周围农田和污染水质,路基两侧边坡采用黏性土包边处理。包边土厚度垂直于边坡方向为 1.0m,最外侧采用片石浆砌网格结合铺植草皮的综合防护措施。

2. 材料质量要求与设计参数

(1)粉煤灰

粉煤灰是组成混合料最基本也是最重要的一种原材料,要求 SiO_2、Al_2O_3 和 Fe_2O_3 的总量大于 70%,烧失量不宜大于 20%,比表面积宜大于 $2500cm^2/g$。细颗粒粉煤灰活性较好,对混合料加固有利,但对水的敏感性较强,从而增加了施工难度;粗颗粒粉煤灰较有利于施工。新出或陈积的粉煤灰其化学成分变化很小,拌制的混合料无明显差别,故均可采用。

(2)石灰

熟石灰应充分消解,生石灰要完全磨粉,均不含杂质。熟石灰中 CaO 与 MgO 含量之和宜大于 50%,生石灰则宜大于 60%。

(3)配合比设计

石灰粉煤灰用作路堤填料的要求比用作路面基层材料低一些,推荐使用石灰与粉煤灰的配合比为 15∶85,其 28d 强度可达到 2.3MPa 以上,已基本硬化,不会发生固结收缩,无须像土那样需要很长一段时间来完成自身的再固结。

3. 质量技术指标

(1)天然地基承载力技术标准

台背回填区地基的承载力是影响地基沉降的关键因素。工程实际中,一些台背填土的较大沉降,也与地基的强度有关,有些地基的强度很低,造成较大的地基固结沉降。因此,要避免或尽量减少这部分沉降,则必须确保地基有足够的强度和密实度。标准如下:

①贯入仪测试数据不小于 200kPa,达不到此标准时,必须先处理地基,然后才能进行台背填土。

②台背填土前,除基底承载力达到强度标准外,还应进行填前碾压。一般情况下,碾压后地基的压实度必须大于 90%。

(2)拌和要求

石灰粉煤灰应采用拌和机厂拌,以利于准确控制石灰的剂量,此外,拌和的均匀性也有保证。

(3)摊铺要求

摊铺时,每层压实厚度控制在 15~20cm 范围内,压实度应大于 93%。

(4)检验标准

①压实度检测,每侧每层台背填土左、中、右至少测 3 点,面积大时应补充测点。

②压实度指标为 95%,采用合格率 100% 来判定。

③台背填土完毕应进行弯沉检验,每侧台背左、中、右 3 个断面共 6 点弯沉的频率进行。

4. 注意事项

石灰粉煤灰初期(7d 内)强度较低,抗冲刷能力弱,因此在施工中一定要做好防排水工作,防止雨水冲刷造成环境污染。

四、平面土工合成材料加筋技术

在实际工程实践中难以避免台背填料压实度不足而引起沉降,有时这往往是引起沉降的主要原因。为了解决填料沉降的问题,用透水性好、易压实的砂砾材料作填料,这在缺石地区往往难以实现;用轻质填料又面临成本过高等问题。此时往往采用土工合成材料对桥台台背路堤填土进行加筋的方法来解决其沉降的不均匀性。常用的土工材料有土工格栅、土工格室等材料。其处治方案如图 6-4 所示。土工合成材料分层水平铺设,纵断面成倒梯形,靠台背端锚固在台背上。

采用这样的处理措施可以达到双重目的。一方面,利用锚固的加筋材料一端的张拉作用,在台背局部范围,分层阻止填料顺台背的沉降;另一方面,由于加筋材料按一定层间距水平铺设,加筋材料传递荷载给没有直接接触的土颗粒受到约束,土体本身颗粒间以及土颗粒与加筋材料接触面间的摩擦咬合作用增强,从而使土体中的部分应力得到扩散和转移,改善局部荷载作用下土体内部的受力状态,扩大荷载沿土体深度方向的扩散范围,从而达到减少外部荷载对土体的压缩沉降作用,即相当于提高土体抵抗变形的能力,起到刚性桥台和柔性路堤间过渡结构层的作用。

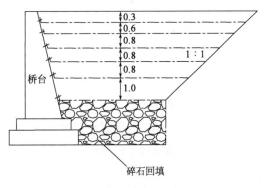

图 6-4 台背布筋设计图

(一)加筋材料的种类与功能

土工合成材料的种类繁多,一般可分为四大类,即土工织物、土工膜、特种土工合成材料和复合型土工合成材料。土工合成材料在工程中的应用是由其本身的功能所决定的。根据土工合成材料的特性和分类,其主要功能有:过滤作用、排水作用、隔离作用、加筋作用、保护作用。

对于路桥过渡段的处治,主要是加筋,常用的材料有土工格栅和土工格室两种材料。由于这两种材料具有较高的抗拉强度,将其埋置在土体中,可增强地基的承载力,同时可改善土体的整体受力条件,提高整体强度和建筑结构的稳定性。

(二)台背路基加筋的设计

台背路基加筋设计包括土工合成材料层间距设计、纵向铺设长度设计、搭接方式设计、台背排水设计等内容。

1. 台背处理范围的确定

(1)台背处理范围的合理确定是保证质量和经济性的关键。台背处理范围建议按下式计算:

$$L = 4 + 1.5h \tag{6-2}$$

式中:L——处理长度;

h——填土高度(从基础顶面算起到路基顶面)。

(2)台背布筋形式如图6-5所示。

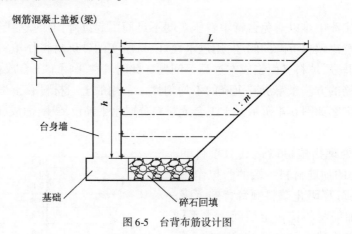

图6-5 台背布筋设计图

2. 层间距设计

土工合成材料层间距设计主要是确定台背填土加筋层与层之间的间距及加筋层数。铺设时应将其分层铺设在相互平行的水平面内,最下一层铺设在构造物基础的顶面,最上一层铺设在路基顶面。

层间距可按以下公式计算:

$$\Delta H = \frac{6T_{GC}^2 E_0 (1-\mu_0)}{\gamma_m E_t (1+\mu_0)(1-2\mu)\left[\frac{\gamma_m}{2}(H_m^2 - Z^2) + p(H_m - Z)\right]} \tag{6-3}$$

式中:ΔH——距路基表面深度为Z处的铺网间距,m;

T_{GC}——土工合成材料的设计抗拉强度,$T_{GC} = kT_s$,N/m;

T_s——土工合成材料的极限抗拉强度,N/m;

H_m——路基顶面与构造物基础顶面之间的高差,m;

Z——上一层土工合成材料铺设位置距路基表面的垂直距离,m;
E_t——土工合成材料的拉伸模量,N/m²;
E_0——路基土填筑后的变形模量,N/m²;
μ_0——表示填土压实后的泊松比,可取 0.35;
p——路基顶面所承受的来自路面自重与交通荷载的垂直压力,N/m²;
γ_m——路基填土压实后的密度,N/m³。

对于高等级公路路面交通荷载的换算土柱高度一般来说小于 1.0m,路面结构厚度基本上在 1.0m 以下。因此,路基顶面所承受的来自路面自重与交通荷载的垂直压力 p 基本上在 0.05MPa 以下。为安全起见和便于设计计算,将 p 取 0.1MPa,μ_0 取 0.35,把式(6-2)化简并引入标准轮压 p_0($p_0=0.7$MPa)对量纲进行归一化处理,即可得《公路土工合成材料应用技术规范》(JTJ/T 19—98)所推荐的设计计算公式:

$$\Delta H = \frac{96.3 T_{GC}^2 E_0 (1-\mu_0)}{\gamma_m E_t H_m \left[3.5 \frac{\gamma_m H_m}{p_0} \left(1 - \frac{Z^2}{H_m^2}\right) + \left(1 - \frac{Z}{H_m}\right) \right]}$$

$$\approx \frac{100 T_{GC}^2 E_0 (1-\mu_0)}{\gamma_m E_t H_m \left[3.5 \frac{\gamma_m H_m}{p_0} \left(1 - \frac{Z^2}{H_m^2}\right) + \left(1 - \frac{Z}{H_m}\right) \right]} \tag{6-4}$$

式(6-3)是在土工合成材料的抗拉设计强度得到充分发挥的前提下的铺网层间距公式。一般情况下,首先根据土工合成材料设计抗拉强度 T_{GC},按式(6-4)计算不同路基深度处的土工合成材料铺设最大层间距 $\Delta H_{\max}$,然后绘制包络线。然后根据包络线范围结合实际情况确定各加筋层合适的布筋间距 ΔH。

计算 ΔH 一般需按以下步骤进行:
(1)收集加筋桥台的地基承载力及桥台几何尺寸资料。
(2)确定台背填土的变形模量 E_0、压实后的密度 γ 以及路面单位自重和标准轮压 p_0。
(3)通过试验确定加筋材料的极限抗拉强度 T_s 和拉伸模量 E_t。
(4)根据 $T_{GC}=kT_s$(k 一般取 0.6)计算出加筋材料的设计抗拉强度 T_{GC}。
(5)根据式(6-3)计算确定不同路基深度处的土工合成材料铺设最大层间距,$\Delta H_{\max}$ 绘制台背加筋最大布筋间距包络线。
(6)根据工程实际情况和设计需要确定各加筋层合适的布筋间距 ΔH。

3. 纵向铺设长度设计

土工合成材料的纵向铺设宜上长下短,根据工程实际情况采用缓于或等于 1:1 的坡度自下而上逐层确定每一层土工合成材料纵向铺设长度。其最下一层土工合成材料最小纵向铺设长度 $L_{\min}$ 可按下式计算:

$$L_{\min} = 2 + \frac{0.5 T_{GC}}{C_{GS} + \gamma_m H_m \tan\varphi_{GS}} \tag{6-5}$$

式中:$L_{\min}$——土工合成材料的最小铺设长度,m;
C_{GS}——土工合成材料与土体交界面黏结力,Pa;
φ_{GS}——土工合成材料与土体交界面摩擦角,(°)。

4. 搭接方式

(1)土工合成材料应和构造物相互锚接。对于重力式石砌构造物,在砌筑构造物时可将土工合成材料嵌固在砌体内,嵌固深度一般不少于20cm。为防止土工合成材料损伤,应在砌体的边界部位设置5cm宽的柔性垫块。柔性垫块可用橡胶或木条制作,也可采用加固材料的边角余料替代。也可采用经防锈蚀处理的膨胀螺钉与钢压条将土工合成材料锚固在结构物台背的壁面上或其他可行的锚固方式。

(2)如构造物与路基中线斜交,则应将土工合成材料的嵌固端裁成与斜交角相等的倾角,以保证土工合成材料的铺设方向与线路走向平行。

5. 台背排水设计

(1)为了避免路表水通过构造物与填料交界部位渗入并滞留于填料内,在台背与填料之间应设置20cm厚的反滤层。

(2)为了防止地下水进入台背填料,在原地面标高位置应设置级配碎石排水垫层,在摊铺碎石垫层以前,首先应撒铺1~2cm厚的细料,以保护其下的土工合成材料。排水垫层的厚度应不小于30cm。

(3)在摊铺碎石垫层以前,应将地面整成2%的双向横坡,以便于下渗水从侧向排出。

6. 技术和质量标准

(1)天然地基承载力技术标准

台背回填区地基的承载力是影响地基沉降的关键因素。工程实际中,一些台背填土的较大沉降,也与地基的强度有关,有些地基的强度很低,造成较大的地基固结沉降。因此,要避免或尽量减少这部分沉降,则必须确保地基有足够的强度和密实度。标准如下:

①贯入仪测试数据不小于200kPa,达不到此标准时,必须先处理地基,然后才能进行台背填土。

②台背填土前,除基底承载力达到强度标准外,还应进行填前碾压。一般情况下,碾压后地基的压实度必须大于90%。

(2)材料技术标准

①平面加筋材料常采用土工网或土工格栅,其20℃温度下的各项性能指标应满足表6-3的要求。

加筋材料要求 表6-3

纵向抗拉强度(kN/m)	横向抗拉强度(kN/m)	拉伸模量(kN/m)
>6	>5	>100

②台背填料应有良好的水稳性与压实性能,应优先选用砾石土、碎石土为填料。

③填料与土工合成材料之间应能产生足够的摩擦力,采用《公路土工合成材料试验规程》(JTJ/T 060)规定的直剪试验方法测得的界面抗剪强度应不小于未加筋时填料抗剪强度的90%。

(3)施工技术标准

①进行台背填筑施工以前,首先应清除构造物基础底面以上的未压实土,整平后用压路机横向压实,确保压实度>90%。

②土工合成材料的摊铺应沿线路的纵向进行,将已锚固在台背上的成卷的加固材料自台背向外展开至设计长度,并设法张紧,使之产生一定的相对伸长,以便采取有效措施定位,使其与下部已压实土成为一体。

③填料应在最佳含水率的条件下用压路机分层压实,每层压实厚度不宜大于30cm;在大型压路机碾压不到的部位,则应采用小型压实机具分层压实,压实厚度不得大于15cm。压实标准按《公路路基设计规范》(JTJ 013)的规定控制。

④施工时应设法避免运料车及其他的施工机械在已摊铺并张紧定位的土工合成材料上直接碾压,以免车轮对土工合成材料产生推移或造成损伤。不应从高处抛掷石块,以防砸伤土工合成材料。

(三)应用注意事项

采用土工合成材料对构造物台背回填土进行加筋,主要是利用土工合成材料与构造物之间的锚固力以及与回填土之间的嵌锁力和界面摩阻力,将结构物与回填土连为一体,以提高其整体性,减少两者之间的差异沉降。但是在回填土中,采用土工合成材料加筋后并不能提高地基的承载力,也不能有效阻止地基的沉降。因此,只有当地基具有足够的承载力,在填土自重荷载与交通荷载的联合作用下,不致破坏而产生较大的沉降时,土工合成材料加筋才会产生明显的效果。因此,此处治方式成功的前提是地基有足够的承载力,一般情况下,当地基承载力不足 200MPa 时,需进行加固处理。目前在工程试验中获得成功的试验桥台高度在 4~12m 之间,考虑到不同工程环境,此处将土工合成材料加筋适宜的桥台高度定为 4~10m。

按式(6-1)计算时,如计算铺网间距大于 1.2m 时,土体与土工合成材料交界面上的剪应力较大,所以在距路基顶面 5.0m 的深度范围以内,铺设间距以不大于 1.0m 为宜。

为了避免路表水通过构造物与填料交界部位渗入并滞留在填料内,进行台背填土加筋时,在台背填料之间应设置20cm厚的反滤层。为了防止地下水进入台背填料,同时也为了增强地基的承载能力,应在原地面标高位置设置级配碎石排水垫层。在摊铺碎石垫层之前,先将地面平整成2%的双向横坡,再撒铺 1~2cm 厚的细料,碎石排水垫层的厚度不应小于30cm。

土工合成材料与台背回填土构成加筋复合体共同受力,当加筋材料长度过短时,会影响其性能的发挥。因此,建议土工合成材料的最小摊铺长度宜大于4m。当资料不足时,可参考以下布筋方式:

(1)底部铺设长度为4m,以上长度按从下向上按 1:1.5 的坡度延伸。

(2)布设间距可按顶面两层间距为30cm,当填土高度 $h<8m$ 时,从第三层起间距为每层60cm 布设。当填土高度为 8~10m 时,从第三层起每层间距按50cm 布设。

(3)顶层布设长度不宜小于 12m。

五、楔形柔性搭板技术

(一)处治机理

用土工格室作为载体的楔形柔性搭板既能起到土工格室限制路基填料侧向位移、分散路基应力、减小路基压缩变形的作用,同时利用土工格室与填料组成的复合体具有较大的弯拉刚度、抗剪强度的特性,又能减小柔性过渡桥台与路堤的沉降差,从而达到消除差异沉降的目的。同时,其填料可就地取材,从而缩短工期,减小造价。

(二)柔性搭板的设计

1. 柔性搭板的布置形式

柔性搭板按桥台类型(重力式、桩柱式、肋板式)的不同分为3种基本形式,如图6-6所示。柔性搭板采用上密下疏,上长下短的楔形布置形式,布置间距在1~2m之间。柔性搭板采用特制构件锚固于桥台上,锚固方式如图6-7所示。

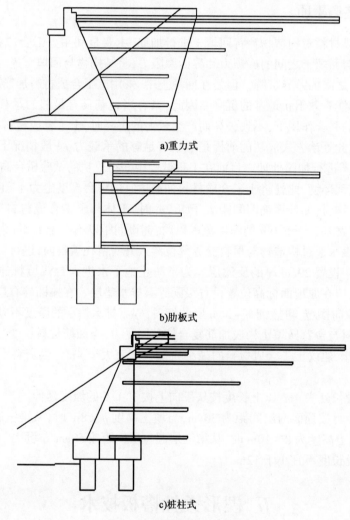

图6-6 柔性搭板基本布置形式图

2. 柔性搭板适用范围

柔性搭板处治台背跳车的适用性主要体现在其对地基条件的要求上;即台背地基的工后沉降要满足公路软土地基设计与施工技术规范规定小于或等于10cm的要求;计算不符合要

求时,必须对台背地基进行处理。

3. 填料

对于台背填料,可就地取材。

(1)填料为土,一般来说,土的液限不宜大于40%,如果液限大于40%,又没有其他材料代替时,可加入6%~8%的石灰改良。

(2)填料为砂土时,可直接用作台背填料。

(3)若填料为砂砾土或碎石土时,其最大粒径不宜大于5cm。

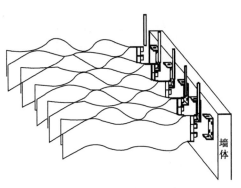

图6-7 柔性搭板锚固方式

4. 土工格室材料要求

土工格室的规格和性能指标必须满足以下要求:

(1)土工格室规格

焊距40cm,格室高度15cm,格室板材厚度1.25mm;

(2)主要技术指标

材料拉伸强度≥20MPa,拉伸模量≥650MPa,常温剥离强度≥100N/cm,低温脆化温度<-23℃,使用寿命大于30年。

5. 柔性搭板设计要素

(1)布置间距

柔性搭板布置从上往下由密渐疏,一般顶部层间距在1m左右,底部层间距在2m左右,中间的间距在1~2m逐渐过渡。

(2)布置层数

柔性搭板布置层数视地基条件和路堤高度而定。一般情况下,当地基条件较差、填土较高时,布置3~5层;地基条件较好时,布置2~3层。

(3)布置长度

柔性搭板按楔形布置,自上而下长度逐渐减短;顶层需布置8~12m,底层布置3~4m,中间几层逐渐过渡。布置宽度为整个路基横断面。

(4)柔性搭板布置厚度

当地基条件较差时,柔性搭板顶部(紧靠路基顶面)须连续布置4~5层土工格室,可把下面2~3层长度减短为4m;地基条件较好时,布置2~3层。

6. 柔性搭板与桥台的连接方式

在条件容许的情况下,柔性搭板必须固定于桥台上,两者的锚固力≥1kN。当柔性搭板无法固定时(桩柱式桥台),须把土工格室伸入桥台里面一定长度,部分起到固定端的作用。

(三)施工工艺

1. 施工流程

柔性搭板的施工流程如图6-8所示。

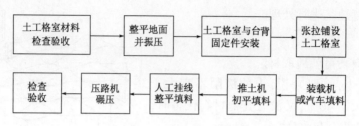

图 6-8 柔性搭板施工流程图

2. 柔性搭板的施工工序

(1) 土工格室材料检查验收

施工前必须对购进的土工格室材料进行检查验收,材料必须有出厂合格证和测试报告,每 5000m 应随机抽样并测试,结果必须达到设计对材料规格和性能的要求。

(2) 整平地面并振压

铺设土工格室前,台背的地基应进行整平振压,其压实度要达到施工规范的要求。

(3) 固定件安装

土工格室与桥台连接的质量直接影响着土工格室的使用性能。土工格室与桥台采用 $\Phi 10 \sim \Phi 12$ 锚钉或同样尺寸的膨胀螺栓固定连接,可使用射钉枪或电钻把固定件固定于桥台,锚固力 $\geqslant 1 kN$。

(4) 张拉并铺设土工格室

相邻土工格室板块采用合页式插销整体连接。在完全张拉开土工格室后,在四周用钢钎或填料固定,否则,严禁进行下一工序的施工。

(5) 格室填料

土工格室柔性搭板按现有路基施工规范施工,格室填料与路基填料相同,要求填料颗粒均匀,最大粒径不得大于 5cm。每层格室填料的虚填厚度不大于 30cm,但不宜小于 20cm,格室未填料前,严禁机械设备在其上行驶。

(6) 检查验收

①桥台柔性搭板以压实度标准进行检查验收,其结构压实度与该部位路基压实度相同。

②桥台固定锚钉按锚钉总数的 2% 进行检查,要求锚钉锚固力 $\geqslant 1 kN$。

③柔性搭板施工时,要坚持施工过程的全方位监理,每道工序都要检查验收,严格按设计要求执行。

④配合施工进度,选择具有代表性桥台地段进行沉降、回弹模量、变形模量等项目的现场测试,以获取必要的参数。

六、其他处治技术

(一) 轻质填料处治设计

聚苯乙烯泡沫 (Expanded Polystyrene 简称 EPS) 是一种轻型高分子聚合物。它是采用聚苯乙烯树脂加入发泡剂,同时加热进行软化,产生气体,形成一种硬质闭孔结构的泡沫塑料。其加工方法按照发泡的方式可分为模式法和挤出法。这种均匀封闭的空腔结构使 EPS 材料具有吸水性小、介电性能优良、质量轻及较高的机械强度等特点。自 1971 年挪威道路研究所首次使用 EPS 代替 1m 厚普通填料,成功抑制桥梁与桥头路堤间差异沉降开始,EPS 作为一种新型工程材料逐步受到世界各国工程界人士的青睐,不断被用于公路工程,较圆满地解决了软基过渡沉降和路堤与桥台连接处的差异沉降问题。近年来 EPS 在我国也引起了相当的重视,了解和应用这一技术已成为工程界的必然趋势。

1. 处治机理

利用 EPS 材料具有质量超轻的突出优点,用其填筑路堤可以在很大程度上减小作用在地基上的附加应力和作用在桥台台背的侧压力,减少地基的沉降量,进而解决差异沉降问题。

2. EPS 材料

EPS 泡沫塑料以泡沫为基本组分,含有大量气泡,因此泡沫塑料也可以说是以气体为填料的复合塑料。

3. 处理范围的确定

将 EPS 块体作为填筑材料叠置,代替软弱地基上的填土,可以有效地减小填土自重,充分利用软基的承载能力,减少软基处理工作量。用 EPS 块体代替填土的设计构思是:将 EPS 块体作为填料叠置在地基上不增加或少增加附加应力,从而避免地基产生沉陷或侧向流动,为此在路基填筑前,必须将地基开挖一定深度,卸除一部分地基的自重应力,这种方法称为应力补偿法。

4. 开挖深度的确定

软弱地基开挖深度确定如图 6-9 所示。设:软弱地基的密度为 γ_1,开挖深度为 D;EPS 层的密度为 γ_2,填筑高度为 $D + H$;路面面层材料密度为 γ_3,厚度为 H_1;路面基层材料密度为 γ_4,厚度为 H_2;混凝土板的密度为 γ_5,厚度为 H_3。根据应力补偿原则,开挖的软弱地基土重量应大于或等于开挖后填筑的 EPS 层、水泥混凝土层和路面结构的重量,由下式可以确定软弱地基开挖深度 D。

$$\gamma_1 D \geq \gamma_2(D + H) + \gamma_3 H_1 + \gamma_4 H_2 + \gamma_5 H_3$$

即

$$D \geq \frac{\gamma_2 H + \gamma_3 H_1 + \gamma_4 H_2 + \gamma_5 H_3}{\gamma_1 - \gamma_2} \tag{6-6}$$

5. 横断面设计

软基桥台台背填筑 EPS 的横断面设计如图 6-10 所示。将地基开挖一定深度,在开挖面上铺设 15~30cm 厚的砂垫层,然后将 EPS 块体叠置,在其上铺设 20cm 混凝土,起压重作用,抵抗地下水对 EPS 的浮力,同时还可使路面车辆荷载得以分散。EPS 块体外面覆土,形成边坡,以利于植草,同时还可防止 EPS 暴露,免受阳光、油污等侵蚀。

6. 纵断面设计

台背用 EPS 轻质填料换填,其纵断面可参考图 6-11 布置。

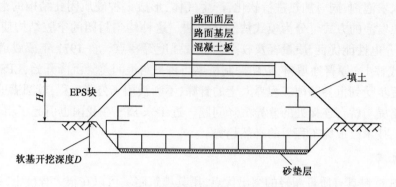

图 6-9　软弱地基开挖深度的确定

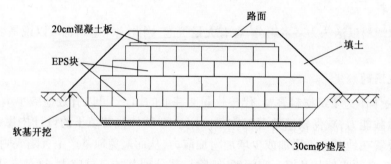

图 6-10　EPS 横断面结构图

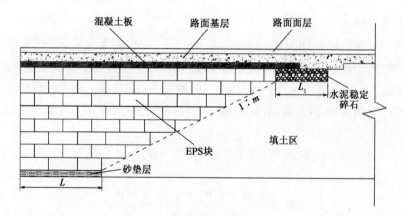

图 6-11　EPS 纵断面设计示意图

7. 设计参数的确定

(1) 处治长度的确定

用 EPS 处治路桥过渡段,其最上层长度不宜小于 12m,其底层长度不宜小于 3m,从下到上,按 $1:m$ 的坡度放坡,宜取 $m \geqslant 2$。

(2) 开挖深度的确定

开挖深度可按式(6-5)计算。

(3)砂垫层厚度

砂垫层主要是调平的作用,其厚度取 15~30cm。

(4)混凝土板尺寸

混凝土板一方面对 EPS 块有压密的作用,另一方面也可扩散路面传下的荷载。其扩散荷载的能力与其厚度有关,一般来说,厚度越大,扩散能力越强。其厚度以 20~30cm 为宜,其长度比顶层 EPS 长 50~100cm,EPS 端头处接上 1~2m 长、40cm 厚的水泥稳定碎石。

8. 技术和质量标准

(1)施工基面及排水处理

路堤修筑前,应按现行《公路路基施工技术规范》(JTJ 033—1995)的规定,将路堤范围内原地基的淤泥、腐殖土、杂草、根植土等进行清理和整修。基底面以下地基的压实度以重型击实试验法为准,按照《公路工程质量检验评定标准》(JTJ 071—1998)规定执行,并且当其他公路修建高级路面时,其压实度应按高速公路、一级公路规定采用。

施工基面上应铺设由中粗砂组成的垫层,起整平和排水作用。根据基底土质条件和排水需要,可在垫层上、下界面铺设土工织物。垫层宽度应宽出路基两侧坡脚线各 0.5~1.0m,两侧端以片石护砌或采用其他方式防护,以防粒料流失,但同时不得堵塞垫层的排水通道。为了变形过渡,EPS 路堤施工基面可设计成台阶状。考虑施工平整和排水的需要,在基底面以及台阶与 EPS 块体接触部位,应设碎石、粗砂或砂砾石垫层,并进行充分碾压,必要时应在台阶面上设置土工布。

(2)EPS 块材质量控制方法及标准

在 EPS 进场前,承包商与监理对厂方生产的 EPS 块材进行抽检,将抽检取样的 3 个大组,18 个小样送到权威检测机构,对 EPS 抗压强度、密度、燃烧自灭性进行计算机检测,3 大组应全部合格。

抗压强度、密度分别采用 50mm×50mm×50mm、100mm×100mm×50mm 容许误差 ±1mm 的试件。用电热丝切割。试验前放于 60℃烘箱里烘 24h,抗压强度试验采用无侧向约束的压缩仪测定,试验速度 10mm/min。质量要求:当压缩变形 5%(2.5mm 时),平均最小抗压强度达 $100kN/m^2$ 以上,单个试件不小于 $80kN/m^2$,密度不低于 $20kg/m^3$。

燃烧自灭性试验采用 10mm×25mm×200mm 试件,火柴点燃火源,要求 3s 内自行熄灭。

EPS 进场后进行几何尺寸检验,用精度 1mm 卷尺进行,标准块(6.0m×1.2m×0.5m)误差控制在 5mm 之内。

合格块材在平整好的堆场堆放。堆场应做好防火、防晒、防尘、防风、防雨及防油污等工作。

(3)EPS 块体连接

EPS 块体连接采用 3 种方式:①EPS 顶面、侧面,采用单爪型连接件连接。②EPS 层间采用双爪型连接件连接。③底层 EPS 用 L 形销钉打入水泥稳定土中,每一标准块间销钉 6 根。单爪型连接件为薄钢板加工而成,销钉用 $\phi10mm$ 圆钢加工而成。

EPS 路堤断面设计如图 6-11 所示,按层层递减和 1:1.5 边坡控制,两边设置包边土,并在底层设横向渗水盲沟。为防 EPS 块间错动和不均匀下沉,EPS 在铺筑时必须错缝。

为均匀分散汽车荷载,加强 EPS 路堤整体性,在 EPS 顶层现浇铺筑 20cm 厚的 C25 混凝土板，其上为二灰碎石基层，沥青混凝土路面或水泥混凝土路面。

(4) EPS铺筑质量控制

EPS块体铺设在施工基面上，施工基面宜保持干燥状态。EPS块体铺设时，不准拖拉机和其他重型机械直接在块体上行驶。EPS块体自下而上逐层错缝铺设。整体铺设质量很大程度取决于施工基面和最下层的铺设精度，因此需要引起特别注意。

EPS铺筑采用人工铺筑。由于EPS很脆，块体较大，搬运中要注意防折。施工质量控制主要是平整度和连接牢固。EPS块体之间的缝隙和高低错台尽可能小，应符合下述规定：块体间缝隙20mm以内，高差10mm以内，最下层设10~30cm砂砾层调平，中间层采用无收缩水泥砂浆调平。曲线部分缝隙有可能超过标准容许误差（最大缝隙要求小于50mm），要求采用砂或无收缩水泥砂浆充分填塞。与填土接触部分的EPS块体呈台阶铺设，坡度为1:1~1:3。顶层EPS块体与路堤土接触部分，要求EPS块体顶上的现浇混凝土板向填土部分延伸0.5~1m，其下用厚40cm，长为1~2m的水泥稳定碎石填筑。

为防止EPS块体之间的错位，EPS块体各层之间采用具有一定强度的防锈双面爪型连接件，在顶面及侧面设置具有一定强度的防锈单面爪型连接件。在最下层EPS块体与施工基面和土基之间采用L型或I型金属销钉连接，销钉插入施工基面以下非排水垫层不小于20cm。

(5) 混凝土板浇筑及坡面防护

在EPS块体层的顶面，或者铺设4~6层EPS块体后，应现浇一层厚度10~30cm的C25钢筋混凝土板，目的在于调整EPS块体铺设时可能形成的错台和不平整，使EPS块体形成一个良好的整体；防止有害物质侵入EPS块体，并作为EPS块体以上路基、路面施工的施工基面，均匀扩散行车荷载和路面结构荷载。EPS块体与填土邻接时，混凝土板应伸出EPS块体外沿0.5~1m。当混凝土板位于中间时，板厚取10~15cm，钢筋网设置于板厚中间（直径ϕ8mm，网格尺寸为150mm×150mm，钢筋网的搭接长度不小于20cm）。当混凝土板位于顶面时，厚度一般取25cm厚，布置双层钢筋网。混凝土可采用泵送或手推车运送，铺浇后用插入式振动器及表面振动器振捣密实后抹平。混凝土设置施工缝时采用沥青浸透的杉木板填缝，钢筋网片连续不断开。混凝土设置横缝时采用锯缝的假缝形式，并用沥青聚氨酯灌缝。为了缩短工期，可采用早强水泥（3d抗压强度为22MPa）。只有当钢筋混凝土板强度达到设计强度的70%时，方能在其上进行路面结构的施工。

EPS路堤边坡的稳定性取决于包边土体的稳定性。用于覆盖EPS块体的土层最小厚度为0.5m；必须保证护坡覆土的压实度达到要求，机器无法施工时应采用人工夯实。土质护坡摊铺宽度应保证削坡后的净宽满足最小厚度为0.5m要求。除覆土以外，也可采取如聚乙烯薄膜或浆砌片石、砂浆等被覆，作为EPS轻质路堤的防护措施。

当采用草皮作坡面防护时，草皮尺寸应不小于20cm×20cm。满铺草皮时，应从坡脚向上逐排错缝铺设，用木桩或竹钉固定于边坡上，也可视具体情况采用迭铺或方格间铺等形式。选用的草籽、草皮应适应当地的土壤和气候条件，选用易生长、长速快、根蔓面大的草类植物和草籽。

9. 注意事项

(1) EPS工程设计、施工中，防水、排水是关键，工期安排要充分考虑季节和天气形势。其次要注意EPS块材质量和铺筑连接质量。

（2）EPS块在铺筑时一定要注意平整度的控制，它是保证EPS材料铺砌质量的关键。

（3）虽然，EPS作为路堤填料具有质轻、施工简便、填筑时不会影响路堤的稳定等优点，但昂贵的价格限制了它的广泛应用。一般来说，当填土高度 H 大于4m时，其费用相当高，应与其他方案综合比选后采用。

（4）一般多用于软基地段、紧急或特殊工程中。

（二）挤密桩复合地基处治差异沉降

1. 处治机理

依据刚柔过渡的思想，在桥台与路基填土之间打入一定数量的挤密桩，形成挤密桩复合地基过渡段。由于挤密桩复合地基的刚度介于桥台与填土之间，从而实现刚度由桥台向路基的过渡，将台背处集中的沉降差分散到一定长度的范围内，实现桥台到路基沉降的平稳过渡，达到消除差异沉降的目的。

2. 台背处治范围及布置形式

（1）处治范围

采用半刚性挤密桩（挤密桩）处治台背，处治长度为10m左右比较适宜，长度过短，起不到过渡的作用，长度太长，处治费用较大，不经济。

（2）结构布置形式

挤密桩或半刚性挤密桩复合地基可按图6-12布置：台背回填完毕后，在距离桥台一定距离（8m左右）根据台背路堤不同填筑高度，确定将几排（2排或3排）半刚性挤密桩打入台背回填土直到地基一定深度，再在打桩部位浇筑枕梁。枕梁与桥台之间铺设路面基层，基层之上浇筑桥头搭板，搭板近台端搁置在桥台牛腿之上，另一端搁置在枕梁之上。

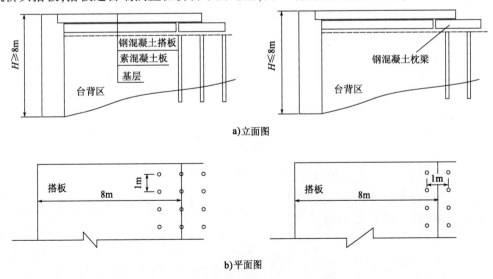

图6-12 半刚性挤密桩处理台背布置图

3. 枕梁下半刚性挤密桩复合地基设计

(1)复合地基承载力、模量、沉降计算

①承载力计算

挤密桩复合地基承载力可以通过承载力试验确定,也可以通过下述方法确定。设:在复合地基上作用荷载应力为 p,作用在桩上的应力为 p_p,作用在桩间土的应力为 p_c,一般认为作用在桩和桩间土各自面积内的应力不变,根据力的平衡原理可得:

$$p \cdot A = p_p A_p + p_c (A - A_p) \tag{6-7}$$

整理后得:

$$p = [1 + m(n-1)] p_c \tag{6-8}$$

式中:A、A_p——复合地基面积、桩面积;

n——桩土应力比;

m——复合地基的置换率。

在缺乏大型复合地基承载力试验资料时,可以通过小型荷载试验测得桩或桩间土的承载力,由上式计算得复合地基承载力。计算所得复合地基承载力必须大于枕梁的承载力要求。

②刚度计算

复合地基的压缩模量按下式确定:

$$E_S = mE_{PS} + (1-m) E_{CS}(nm + 1 - m) \tag{6-9}$$

式中:E_S——地基压缩模量,MPa;

E_{PS}——桩体压缩模量,MPa;

E_{CS}——桩间土压缩模量,MPa。

根据前文分析,桥头路面板一旦发生沉降,车辆对路面的作用力就会增大,增大幅度随车速增大而增大。因此,无论从刚柔过渡的角度还是路面受力角度来看,搭板梁下刚度应该较路堤更大。

③沉降计算

未处理的普通路堤(包括回填土和地基土)的沉降计算可按分层总和法进行计算。采用压缩模量的计算公式如下:

$$S = \sum_{i=1}^{n} \frac{1}{E_{si}} \sigma_{zi} h_i \tag{6-10}$$

式中:σ_{zi}——作用于第 i 层土体顶与底面附加应力平均值,MPa;

E_{si}——第 i 层土体的压缩模量,MPa;

h_i——第 i 层土的厚度(cm);

$$E_{si} = \frac{1 + e_{li}}{a_i}$$

e_{li}——第 i 层土受到平均自重应力压缩稳定时土的孔隙比;

a_i——第 i 层土受到平均自重应力和平均自重应力加附加应力时的压缩系数。

地基有效应力和固结度用以分析在公路竣工后的地基沉降。地基固结度可按下式进行计算：

$$U_z = 1 - \frac{8}{\pi^2}\sum_{m=1,3}^{\infty}\frac{1}{m^2}\exp\left(-\frac{m^2\pi^2}{4}T_v\right) \quad (6\text{-}11)$$

$$T_v = \frac{C_v t}{H^2}$$

$$C_v = \frac{k(1+e_0)}{\gamma_w a}$$

式中：m——正奇数；
H——土层厚度；
k——渗透系数；
e_0——初始孔隙比；
γ_w——水的重度；
a——压缩系数。

半刚性挤密桩加固后的复合地基沉降计算采用基本公式(6-9)，考虑到桩土竖向变形协调，可以认为桩间土的沉降与复合地基的沉降相同。根据复合地基理论，有：

$$\sigma_{zi} = m\sigma_{zpi} + (1-m)\sigma_{zci} \quad (6\text{-}12)$$

则

$$\sigma_{zci} = \frac{\sigma_{zi}}{m(n-1)+1} \quad (6\text{-}13)$$

式中：σ_{zi}——复合地基竖向应力；
σ_{zpi}——桩竖向应力；
σ_{zci}——桩间土竖向应力；
n——桩土应力比，$n = \sigma_{zpi}/\sigma_{zci}$。

根据复合地基在承受荷载时桩土变形协调的原则，复合地基的沉降量与桩间土沉降量相同，因此有：

$$S_3 = m_s\sum_{i=1}^{n}\frac{\sigma_{zci}}{E_{cs}}h_i = m_s\sum_{i=1}^{n}\frac{\sigma_{zi}}{[1+(n-1)m]E_s}h_i = [1+(n-1)m] \times m_s\sum_{i=1}^{n}\frac{\sigma_{zi}}{E_s}h_i \quad (6\text{-}14)$$

式中：m_s——沉降计算经验系数，可按地区建筑经验确定，也可参照相关规范选用。

令 $\mu = 1/[1+(n-1)m]$，μ_s 称为应力修正系数，则

$$S_3 = \mu_s S_2 \quad (6\text{-}15)$$

关于加固后复合地基的沉降量控制范围，作者认为枕梁下复合地基的沉降范围以既不在桥头发生跳车也不在枕梁与路堤相接处发生跳车为限，根据国内外调查的结果来看，复合地基的沉降应满足搭板坡度在 3‰~6‰。

(2)挤密桩复合地基的设计

①土应力比 n 及置换率 m 设计

桩土应力比 n 及置换率 m 设计是实现桥头刚柔过渡的关键,设计时首先要确定复合地基承载力、刚度、沉降控制指标,根据工程经验初拟桩、台背填土、地基各项参数和置换率 m,桩土应力比 n 可按下式计算:

$$n = \frac{K_{E1}(1-m)(1-\mu_c)[(1-\mu_p)(K_{E2}+R_iK)+2\mu_p^2 R_i k]}{2m\mu_p\mu_c K_{E1}+(1-\mu_p)(1-m)(K_{E2}+R_i k)} \tag{6-16}$$

式中:μ_p——桩的泊松比;

μ_c——土的泊松比;

R_i——桩的半径;

k——地基反力系数;

m——置换率。

$$K_{E1} = \frac{E_{0pv}}{E_{0c}}$$

$$K_{E2} = \frac{E_{0ph}}{E_{0c}}$$

$$K = \frac{k}{E_{0c}}$$

式中:E_{0pv}——桩的竖向变形模量;

E_{0ph}——桩的水平变形模量;

E_{0c}——桩间土变形模量。

由公式(6-7)、公式(6-8)、公式(6-14)分别计算复合地基承载力、刚度和沉降。若各项控制指标满足要求则可以进行桩的材料、长度、直径、布置方式等各项设计。

②桩体组成材料设计

挤密桩的材料可使用碎石、砂砾、粗砾、中砂、开口卵石等内摩擦角大的材料。如果在材料中添加少量的结合料如水泥、石灰等,桩体的材料还可以扩展到砂砾土或者含有碎石的细粒土混合料。结合料的掺量应视桩土应力比设计而定。一般来说,随着桩体强度和刚度的提高,桩土应力比提高,桩间土应力降低,桩的应力集中现象越明显。随着桩体材料强度的增大,其破坏性状越来越接近桩基础。当桩体材料强度达到一定程度后,桩体材料强度对复合地基承载力的影响不大。具体工程应根据设计所需的桩体强度和刚度由配合比试验确定结合料掺量。

③桩径、桩长设计

对于桩径的设计,主要取决于施工机具、施工工艺以及地基含水率,如果存在可供选择的施工机械,则可通过经济比较设计桩径。半刚性桩受各种因素的影响,主要有作用于地基荷载的大小,地质情况、施工工艺、桩体强度以及工程费用等。作用于地基的荷载较大时,桩长应较大,如果地基下层有硬层,距离地表不是很深(10m以内),则半刚性桩最好打在硬层上,因为半刚性桩有一定的强度,桩身传递荷载作用较强,具有端承作用,可以提高复合地基的承载力。

若地基下无硬层,桩长设计应考虑柔性桩的作用机理,柔性桩在荷载作用下,由于桩体本身具有一定的压缩性,桩侧摩阻力的发挥,自上而下减小,当桩长较长时,存在一个临界长度H_c,超过临界长度H_c的部分桩体对减小桩的沉降或地基承载力的贡献较小。根据有关资料及作者分析,不同桩土模量比值下的临界桩长参考值为:

当$E_{ps}/E_{cs} = 10 \sim 50$ 时,$H_c = 8 \sim 20d$

当$E_{ps}/E_{cs} = 50 \sim 100$ 时,$H_c = 20 \sim 30d$

当$E_{ps}/E_{cs} = 100 \sim 200$ 时,$H_c = 25 \sim 45d$

其中,d为桩直径。

成桩的最大深度还受施工机具以及施工工艺的限制。若工程中受条件限制,桩的长度不能达到设计要求时,可以适当提高置换率。

④桩间距的设计

桩间距设计是半刚性桩复合地基设计的重要和主要内容,因为前两项桩径和桩长设计灵活性较小,协调复合地基的承载力、沉降要求与经济性的矛盾的关键在桩间距设计。

a. 按土体要求的挤密效果设计

砂土地基中,主要是从挤密的角度出发来考虑地基加固的设计问题,首先根据工程对地基加固的要求,按土力学的基本理论,计算出加固后要求达到的密度和孔隙比,并考虑建筑基础的形状,合理布置桩柱。若假定砂土的初始孔隙比为e_0,加固后要求达到孔隙比e_f,并假设挤密法和振冲法仅产生侧向挤密,那么振冲碎石桩的间距可按下式确定:

对于正方形布置:

$$l = 0.90d\sqrt{\frac{1+e_0}{e_0-e_f}} \tag{6-17}$$

对于梅花形布置:

$$l = 0.95d\sqrt{\frac{1+e_0}{e_0-e_f}} \tag{6-18}$$

$$e_f = e_{max} - D_{rf}(e_{max} - e_{min}) \tag{6-19}$$

式中: l——砂桩的间距;

e_0, e_f——地基处理前和处理后要求达到的空隙比;

e_{max}, e_{min}——砂土最大和最小孔隙比,可按现行规程规范,通过试验确定;

D_{rf}——挤密后要求达到的相对密实度,可以取为$0.7 \sim 0.85$。

b. 根据置换率确定桩距

挤密桩、加固土体一般采用等边三角形(梅花形)或正方形布置,当桩径已经确定时,可以根据复合地基要求的置换率求出桩径。

对于正方形布置:

$$l = \frac{d}{2}\sqrt{\frac{\pi}{m}} \tag{6-20}$$

对于梅花形布置：

$$l = \frac{d}{2}\sqrt{\frac{\pi}{2\sqrt{3m}}} \tag{6-21}$$

(3) 半刚性挤密桩的施工

采用柴油打桩机将桩管振动打入土中成孔，并用内管振动击实水泥稳定砂砾填料的方法施工。为保证半刚性挤密桩的施工质量，施工时应注意以下几点：

①为防止桩头拔出时扰动上层土体，必须在打桩前人工引孔，引孔深度以能放入混凝土桩头为宜。

②用于填孔的材料级配必须符合密实级配的要求，最大粒径不大于30cm，以保证桩体的孔隙率较小，提高其强度和承载力。

③若填料中水泥含量不足，则可能造成桩体松散，导致桩中孔隙增大，强度降低，变形增大；若水泥含量过多，则可能成为刚性桩而造成台背填土与路堤之间过大的二次沉降差异。

④挤密桩顶部必须用不透水的黏土或其他材料密封，防止雨水下渗。

(4) 半刚性挤密桩应用注意事项

①当土体含水率过大或处于饱和状态时，不宜使用。经验表明一般在土体含水率大于23%及饱和度超过0.65时，土体挤密效果差，不宜使用。

②当台背采用水泥、石灰进行稳定、改良土或者具有硬化性质的天然土、灰等材料回填时，不宜采用挤密桩处理。实践表明，对于具有一定整体强度的台背回填，若强行打入挤密桩，不仅造成原土体强度下降而且对桥头形成很大的侧向力，对桥台稳定不利。

七、处治技术的综合分析

以上几种处治措施是目前工程中最常用的。现根据各自的特点，对其应用总结如下。

(一) 处治措施较经济的适用范围归类

针对不同的地基状态、台背填土高度和当地原材料的情况，可合理选择以上几种方法中的一种或几种进行处治，两种或两种以上的处治方法的结合我们称其为综合处治。不同的处治方法，有其适用的经济范围，现归纳如表6-4所示。

处治措施的适用性归类　　　　　表6-4

填土高度	处治方式						
	搭板	石灰土	石灰粉煤灰	土工格栅（网）	土工格室	轻质填料	综合处治
<4m	适用	适用	适用	—	—	适用	适用
4~6m	—	适用	适用	适用	适用	适用	适用
6~8m	—	—	适用	适用	适用	适用	适用
8~10m	—	—	—	适用	适用	适用	适用
>10m	—	—	—	—	适用	—	适用

一般来说,当填土高度大于 6m 时,单一的处治方式都存在一些不足之处,所以一般都采用搭板与其他某种处治方式结合的形式进行综合处治。

(二)台背处治方式应用前提

以上几种方法主要针对台背路堤,设计方法的前提是地基有足够的承载力,即地基在台背路堤施工完成后桥台与路堤的差异沉降应该控制在一定的范围内,当台背填土高度 $H \leqslant 6m$ 时此差异沉降值应在 5cm 以内比较合宜。当台背填土高度 H 为 $6 \sim 12m$ 时,此差异沉降值应控制在 8cm 以内。满足以上要求,常用的处治措施才能满足平稳过渡的要求。

当地基承载力不足时,应先进行处理,再进行台背路堤施工。处理的标准是控制工后沉降量在 6cm 以内,可采用分层总和法计算最终沉降量。当处理费用过高或难以满足要求时,可考虑采用 EPS 轻质填料。

(三)处治方式的特点

1. 搭板

搭板的最大特点是:它能把桥台背与路堤连接处的差异沉降扩散到沿路堤纵向一定长度的范围内,通过控制纵坡来达到平缓过渡的目的。但其远离桥台端往往因应力集中而产生较大的沉降,搭板的纵坡过大,车辆在桥头处往往会产生"二次跳车"现象,所以,单独的搭板设计较少,一般都结合其他方法一起设计。

搭板对地基沉降的适应性表现为:6m 长度的搭板适用于处理地基沉降在 2.8cm 以内的桥头路段;8m 长度的搭板适用于处理地基沉降在 4cm 以内的桥头路段,而 10m 搭板适用于处理地基沉降在 5.1cm 以内的桥头路段。

2. 灰土换填

灰土在工程应用中有相当长的历史,具有配比简单、易操作、施工简便、质量易保证等特点,因而在工程中被广泛应用。灰土处治差异沉降,一般适用于台背填土高度较小的情况,对于填土高度大于 4m 的情况,应用较少。灰土一般和搭板结合起来设计。

当地基为均匀沉降模式时,换填方式无法起到消化地基沉降的作用。当桥头地基存在局部软弱区域时,桥头路堤换填抗剪强度高、具有一定整体性的填料(如灰土),能够较好地消化地基的差异沉降,但必须保证灰土填料的压实,形成整体。

3. 粉煤灰

粉煤灰具有重量轻、易压实、压缩性小、固结强度高等特点,在软基地段施工,与土、砂砾等材料相比有很大的优势。用粉煤灰处治差异沉降时,路堤填土高度可达到 8m,其顶层一般和搭板结合设计。

4. 加筋土

加筋土处治差异沉降主要应用土工合成材料抗拉强度高、耐腐蚀性及抗老化性好等特点,充分发挥土与土工合成材料之间的相互摩擦作用限制土的侧向膨胀,从而减小路堤自身的沉降量,达到减小桥台与台背路堤的差异沉降的目的。但土工格栅加筋技术适用于处治地基条件较好的桥头过渡段。当地基条件较差时,应结合其他方法进行综合处治。同时,平面加筋材料应选用具有较大拉伸刚度的筋材,桥头应换填内摩擦角较大的填料。当台背填土 $h<6\mathrm{m}$ 时,可不设搭板;当台背填土 $h>6\mathrm{m}$ 时,应结合搭板一同设计。

5. EPS 轻质填料

EPS 轻质填料最大特点是其质量超轻,采用应力补偿原理,能够减小或消除路堤对地基产生的附加应力,从而大大减少地基的压缩沉降量。十几米的路堤,若采用 EPS 填筑,其重量仅相当于几十厘米厚的填土重量。此外,EPS 还具有强度高、耐久性好、压缩变形小、施工简便以及不受施工速度影响等优点。因而 EPS 轻质填料对软基地段的路堤施工有着极大的优越性。目前,其使用受到限制的主要因素是价格太昂贵。相信随着生产技术的发展,其价格会进一步降低,到时 EPS 一定能得到广泛的应用。

6. 楔形柔性搭板

楔形柔性搭板具有改善台背填土扩散荷载、提高刚度和强度的能力,能够很好地协调路桥过渡段的沉降差、减小总沉降值,从而消除差异沉降病害,值得在公路建设中大力推广。

第七章　大比尺沉降模拟试验系统

一、试验系统的研制

(一)大比尺模型试验的意义

路桥过渡段小比尺模型试验虽然也能部分揭示处治方法的作用机理和适应性,但由于受模型比例的限制,其边界条件、加载方式、路基填土特性、地基沉降规律及材料特性往往与现场实际相差较大,因此,小比尺模型试验很难定量分析处治方法的适应性。为了有效地模拟不同工况下的路桥过渡段,对比和分析不同处治方案对地基沉降的适应性,因此,开展大比尺模型试验很有必要。

地基沉降模拟和动荷加载模拟的研制是开展大比尺模型试验的关键环节,也是难点。虽然目前关于模拟地基沉降的模型试验很多,但基本上都是小比尺模型试验,其沉降模拟台系统相对简单;在一定程度上可以有效模拟地基的沉降变形,但基本上是模拟有限范围内的均匀沉降,无法做到对路基整个断面下地基沉降特征的模拟,也就是无法通过足够的沉降点来模拟地基沉降曲线。而以前的模型试验对于车辆动载的作用,大多采用以静代动的方法解决,与动荷加载的差异不言而喻。可见,要实现地基沉降模拟和动荷加载模拟两项功能,必须要设计一个集合地基沉降系统、动力加载系统、控制系统及配套系统在内的大规模试验平台,对此,国内外尚无先例,其设计方案无成熟经验可资借鉴。为此,多个相关专业的研究人员开展了联合攻关,在多方努力下,成功地克服了困扰大比尺模型试验平台的多个难题。模型试验的结果表明,大比尺试验平台各个子系统运行良好,完全达到了预期的目标和要求。

(二)试验系统规模及布设

大比尺模型试验采用1:1足尺模型,路基顶面宽3.4m,桥台填土高6m,边坡坡率1:1.5,试验系统底面面积$300m^2$($15m \times 20m$)。其总体布置如图7-1所示。试验平台概貌如图7-2所示。

试验台两侧分布布置肋板式和重力式两种桥台类型。由于试验系统规模大,为了便于上部填土试验,将地基沉降系统置于封闭的地下室内,且内设硬化道路和通风、照明、排水等设施。

(三)试验系统组成

大比尺试验系统根据地基沉降和动载模拟的需要,由四大系统组成,即沉降系统、支撑系统、加载系统和控制系统。

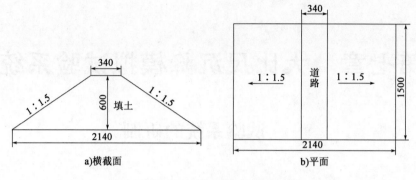

图 7-1 试验平台总体布置图(尺寸单位:cm)

图 7-2 试验平台概貌

(1)加载系统:在一台 12t 的振动压路机基础上,加装机械加载装置,模拟路基顶面动力荷载。

(2)沉降系统(即千斤顶):由 138 个自行设计的机械式螺旋千斤顶组成,用于实现地基沉降曲线模拟。

(3)支撑系统:包括活动面板子系统、支撑点及支座,其中面板子系统由 230 块等边三角形水泥混凝土板组成,用于模拟地基表层;而支撑点和支座用于衔接千斤顶与面板。

(4)控制分析系统:用于自动调控沉降大小。试验系统组成如图 7-3 所示。

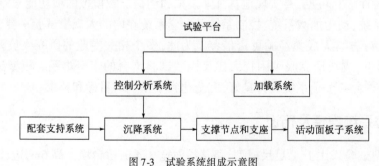

图 7-3 试验系统组成示意图

二、试验平台沉降系统设计

为模拟地基沉降曲线,在综合考虑试验模拟精度、各个系统的协调配合及经济成本的基础上,通过对现有常见升降装置的比选,试验平台沉降系统采用 138 个机械式螺旋千斤顶(即 138 个沉降节点)。因为机械式千斤顶承载能力强,在升降过程中,自锁性能好,即在较大压力作用下,系统稳定性较好,升降控制比较容易,便于控制。同时考虑到其承受偏载能力略差一些,在薄弱部位进行加强,通过调整千斤顶的整体布置,在边角部位尽量使其轴向中心与偏载合力中心重合。由于市场上没有合适的产品,故对千斤顶自行设计制造。

(一) 螺旋千斤顶的设计

尽管设计最大负荷只有342kN,考虑了控制系统的传动问题后,确定螺旋千斤顶的承载能力为100t(980kN)。

现行的100t QL 螺旋千斤顶的起升高度只有200mm,无法满足使用要求。因此,要重新设计、制造。

千斤顶要承受35t(343kN)荷载,偏心距离为80mm的斜压缩;还要能承受1000kN倾斜3°的荷载。

(二) 驱动电机的选择

试验台工作过程为下降过程,上升过程为辅助步骤,受到荷载较小,因此,没必要选择大功率的电机,即选择的电机能产生足够大的扭矩使千斤顶在1000kN 的荷载下平稳下降。为了保证试验台有足够的上升能力,要求驱动电机能使350kN的荷载平稳上升。

使1000kN的荷载平稳下降,驱动力矩大约为250N·m(估算值),使350kN 的荷载平稳上升,驱动力矩大约为330N·m(估算值)。

针对本系统情况,若选用步进电机,步进电机输出转矩一般不超过40N·m,与所要求的转矩相去甚远。步进电机本身价格较昂贵再加上力矩放大装置,则驱动部分整体价格远远超过预算,因此,选择步进电机显然不合适。

试验平台要缓慢地下降,如果采用普通异步电机必须用减速机,这将大大增加整个平台造价,因此,选择低转速的电机是非常必要的。经过反复调查,选用电机各参数见表7-1。图7-4是千斤顶样机的装配简图。

电机参数 表7-1

转速(r/min)	额定扭矩(N·m)	功率(kW)	额定电流(A)
3.5	540	0.25	1.10

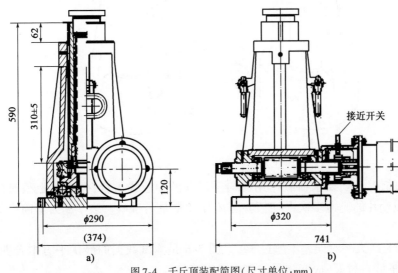

图7-4 千斤顶装配简图(尺寸单位:mm)

(三)螺旋千斤顶的检测

千斤顶检测主要包括以下检测项目:
(1)样式和主要参数的检验。
(2)应力检测。在千斤顶的一些应力较大部位贴应变片,检测在垂直加载、倾斜3°加载、偏心加载等三种情况时的应力。
(3)驱动力矩检测。千斤顶由于制造误差等方面的原因,实际工作时需要的驱动力矩和计算值有出入,因此还要实际检测驱动力矩,以决定驱动电机选用。
(4)变形检验。检验主要零部件的变形情况,例如螺杆、蜗轮、蜗杆等。

最复杂的检测是应力检测,由于偏心加载测试并无相应的国家标准或行业标准,因此有必要对其中一些数据进行分析。

应变片的大致位置如图7-5所示。1、2、3应变片在升降套筒的最大弯矩断面附近,其中2靠近键槽。4、5应变片在壳体的上口处,这两处壳体与升降套筒的接触,壳体受到弯矩较大,千斤顶的破坏多发生在这个部位;5应变片靠近壳体的内部开键槽处。6应变片在壳体的内壁升降套筒导向槽的下端,此处为另一个壳体与升降套筒的接触应力最大点,而且该处壳体壁厚变化较大。7应变片在壳体主体部分的弯矩最大点附近。8应变片在整个壳体上力学状态较复杂的一个点。9应变片在壳体底座部分的弯矩最大点附近。

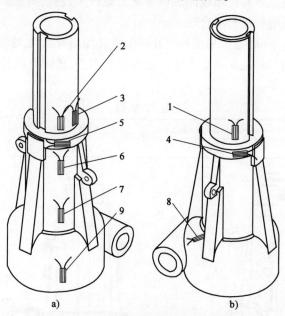

图7-5 贴片示意图

在垂直加载的情况下,要求荷载作用线与千斤顶的中心线重合,但实际上很难保证这一点,因此用1、3应变片的应力多次平均值验证应变测量是否准确。表7-2为套筒应力的相对误差。

由表7-2可知,最大相对误差不超过5%。图7-6是测试数据的最优平方拟合曲线,从曲线可以看出数据的线性较好,应变测量的数据是准确的。

套筒应力的相对误差 表7-2

负荷(10kN)	60	70	80	90	100
理论应力(MPa)	109.32	127.54	145.76	163.98	182.2
实际应力(MPa)	114	133.75	151	166.25	185.75
相对误差	4.28%	4.87%	3.60%	1.38%	1.95%

注:均为压应力。

2应变片情况与1、3应变片类似且对于同一荷载多次测量数据吻合得非常好,可见2应变片的数据也准确。

图7-7是偏心加载的示意图。在偏心加载的情况下,应变片2处升降套筒的应力的表达式为:

$$\sigma = -\left(\frac{F}{A} + \frac{Fe}{W}\right)$$

式中:e——偏心距离,为80mm;

F——荷载;

W——抗弯截面系数;

A——截面面积。

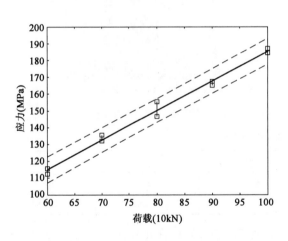

图7-6 最优平方拟合曲线

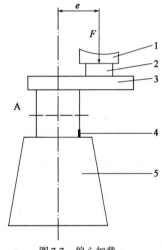

图7-7 偏心加载
1-液压缸;2-垫块;3-偏心加载工装;4-应变片2;5-千斤顶

算出的值与实际测量的值相对误差较大,见表7-3所示。

套筒应力的相对误差 表7-3

负荷(10kN)	10	20	30	35
理论应力(MPa)	80.585	161.17	241.755	282.048
实际应力(MPa)	107.5	167	215	247
相对误差(%)	32.8	3.6	11.1	14.2

注:均为压应力。

应变测试结果是准确的,由此算出的应力也是准确的,但由结果可以看出误差较垂直加载测量的大了许多。

应当指出的是,由于偏心加载难免造成千斤顶升降套筒的弹性弯曲(图7-8中点划线),这样偏心距离会发生一定的变化;还有,由于条件的限制偏心加载时没有衬垫钢球(加载的力的作用点难以确定),因此,可以利用2应变片的数据算出实际偏心距e(表7-4)。图7-9为偏压试验照片。

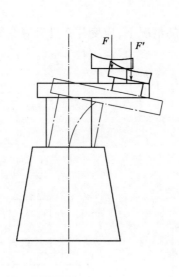
图7-8 弹性弯曲

图7-9 千斤顶偏压试验

实 际 偏 心 距　　　　　　　　　　表7-4

负荷(10kN)	10	20	30	35
实际e(mm)	114.3	83.7	68.6	67.2
相对误差	42.9%	4.6%	14.2%	16.0%

壳体上危险点5点的应力与由偏心产生的弯矩有关,呈线性正比关系,因此,可以修正5在各个荷载下,偏心距离e为80mm的应力值,如表7-5所示。

5 点应力修正值　　　　　　　　　　表7-5

负荷(10kN)	10	20	30	35
测得应力(MPa)	83.7	109.0	130.0	145.5
校正应力(MPa)	58.5	104.2	151.6	172.5

(四)千斤顶检测的结论

千斤顶样机基本达到了要求,只是其壳体个别地方(上口处)的强度较弱,试验中进行了加强。

图 7-10 为进行试验的千斤顶照片。

图 7-10 千斤顶

三、试验平台支撑系统

试验平台支撑系统由活动面板子系统、支撑节点和支座组成。活动面板系统由 230 块正三角形的钢筋混凝土面板组成。每块试验台面板边长是 1.8m，厚度为 15cm，试验台面板缝隙为 20mm。支撑节点选用单轴球面滚子结构，支座分为一点、二点、三点、四点、六点五种。

(一)试验台活动面板系统设计

一般拟合曲线的方法是用许多小直线段来代替曲线，直线段的长度越小，拟合效果越好。由此在设计本试验系统时，也自然考虑用直线结构来模拟地基沉降曲线。图 7-11 为曲线近似模拟示意图，其中 $a_0 \sim a_5$ 表示直线段，圆圈代表沉降节点。

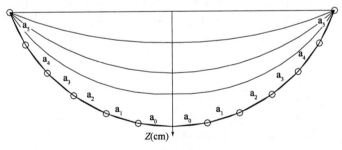

图 7-11 模拟沉降曲线示意图

考虑将直线段用许多块的试验台面板结构来实现，试验台面板的边角点构成曲线上的沉降节点，因此设想用许多块试验台面板组装成一套有一定运动效果的地基表面，本书称之为试验台活动面板系统。试验台活动面板系统在节点部位通过节点的有限调控"连接"成为一个整体，并在沉降控制系统的控制下实现试验台面板在允许范围内的平动和转动，进而可以近似模拟实际路基下地基表面沉降。

1. 试验台面板形式的选择

活动试验台面板系统是由许多能够进行一定范围运动的板结构拼接而成，试验台面板采用何种形式是该子系统的关键。在不断设计改进过程中,根据简单实用原则,共考虑了矩形面板、直角形面板、等边三角形面板三种方案。

选择方案时应遵循以下3条原则:

(1)受力合理。试验台活动面板系统承受上部路基填土及车辆荷载时,每块面板的受力应该均匀;尽量避免使面板产生应力集中,造成其局部受到破坏,使面板系统整体结构承载性能降低;

(2)沉降模拟形式合理。试验台面板在拼接后要有一定的运动灵活性,能够在"沉降结点"部位的升降装置控制下模拟地基沉降特征曲线,既要能够模拟沉降曲线的最大值,还要能够适应曲线斜率的变化;

(3)节点支座调控合理。节点支座对试验台面板的运动有一定的调控作用,避免试验台面板系统在拼装过程中及在试验前的不确定的运动,通过面板形式与节点支座的配合,使面板运动达到自我有限调控的状态。

矩形试验台面板在承受上部荷载时受力合理均匀,但控制其运动的灵活性要差。直角三角形面板在模拟地基沉降即随升降装置下降运动时,不会像矩形板那样产生平面抗扭效应,在控制运动过程中比矩形板优越;但其承受荷载后应力分布极不均匀,试验台面板的锐角部位产生应力集中,造成整块面板的承载力下降,因此对于面板的整体受力非常不利。

等边三角形面板采用以等边方向连接作为地基横断面方向,以保证其沉降曲线的连续光滑,以三角形面板的高方向作为道路纵向。具体形式如图7-12所示。

等边三角形板承受荷载后应力分布情况比直角三角形板好得多,虽然在边角部位也出现较大应力,但对于整个板来说,应力并不像直角三角板那样在一个角过分集中,而且三个角点的应力均匀。

对于等边三角形板的沉降节点,由于每个支座上的试验台面板的板角相等,且其布置对于节点中心对称,如图7-13所示。这种板及其节点布置形式就比较容易利用支座节点滚子的布置方向形成一定范围内运动的自我调控效应;况且其对于节点支座及其下部升降装置的受力也比较均匀,由于对称布置,在运动过程中产生的偏心弯矩比较小。

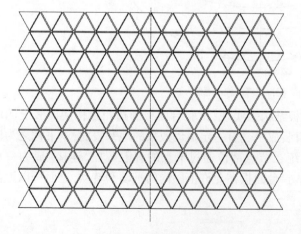
图7-12 等边三角形板方案示意图

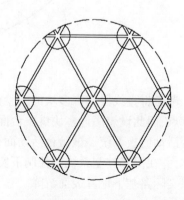
图7-13 等边三角形板节点布置示意图

综上所述,等边三角形面板方案比较合理。

等边三角形面板最初决定由钢板制成,但价格过高,过于笨重,决定用混凝土制成。面板的加筋处理和进一步的应力分析由土建方面的研究人员完成。图 7-14 为正在进行装配的混凝土面板。

图 7-14　混凝土面板

2. 试验台面板支撑点的设计

每块试验台面板的支撑在三个不同的千斤顶上。由于千斤顶的下降有一定的先后次序且下降距离不相同,试验台面会出现一定倾斜和滑动。如果设计的支撑点不合适就不能保证试验台面板的倾斜和滑动,使试验系统产生许多问题。

因此,支撑点的设计是一个难题,总共考虑了 3 种结构:球铰结构、十字轴球面滚子结构、单轴球面滚子结构,经过方案的技术经济比选,决定采用单轴球面滚子结构。

单轴球面滚子结构装配图如图 7-15 所示。单轴球面滚子结构,不用外框及附属销轴。它有一个转动副,即滚子 2 和销轴 3。

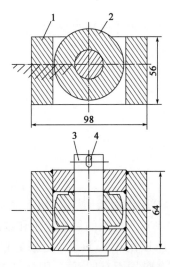
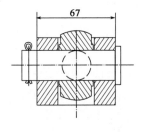

图 7-15　单轴球面滚子结构(尺寸单位:mm)
1-框体;2-滚子;3-销轴;4-开口销

单轴球面滚子结构支撑点比前两者都简单，工艺性很好，造价比前两个都低，使试验台面板不出现翘屈现象。而且这种结构板面水平方向有定位作用，不需要设计专门定位装置，试验前的准备工作简单。该结构提高了整体结构的稳定性，结构整体性较好。但工作时滚子相对于试验台面板会有少量的侧滑，因而会产生附加应力。通过对附加应力的分析，认为对系统不会产生太大的负面影响，且适当的侧向力有利于系统的稳定。

总的来说，采用单轴球面滚子结构支撑点的优点比较多。

3. 支撑点的安装

支撑点安装有两种方式：一是固定在千斤顶顶上的支座上，二是固定在试验台面板上。安装方式不同，制作的工艺性不一样，作用在千斤顶上的合力不同，合力的偏心距离、偏心力矩也不同，在综合考虑以上三者的情况下选择较好安装方式。对这两者方式进行了反复考虑和严格的理论论证，最终选用将支撑点固定在千斤顶顶上的支座上。它有以下优点：

(1)支撑点固定在千斤顶上制作工艺比较简单，这是因为支座的尺寸比较小，而且是在机械制造厂的车间里制作的，施工条件较好。而试验面板的尺寸较大，主要是在浇筑水泥的工作现场制造的，施工条件较差。

(2)千斤顶承受压力的能力大，承受弯矩的能力小，设法使千斤顶承受较小的弯矩十分必要。

4. 支撑点和试验台面板的相对运动分析

经过支撑点和试验台面板的相对运动分析，将试验台有载试验时的最大运动步长确定为5mm，支撑点的理论最大位移不大于1mm，试验面板的转角仅为1′15″；试验台无载工作时的最大运动步长确定为20mm，支撑点的理论最大位移不大于4mm，试验面板的转角仅为5′1″，我们认为这样小的数值在试验中可以忽略不计。

为了确保试验的可靠性，规定每次试验开始前，要检查所有支撑点的位置，必要时进行调整。

(二)支座的设计

支座分一点、两点、三点、四点、六点五种，其中六点支座用得最多。图7-16为试验台支座布置图。

支座的设计本着下面一些原则：
(1)合力作用点位于千斤顶的中心。
(2)有足够的空间安装千斤顶。
(3)本身的强度足够。
(4)千斤顶的偏离位移尽量小。

1. 六点支座

六点支座结构如图7-17(双点划线画的表示试验台面板)所示。可以看出，六个试验台面板作用在六点支座上的力近似相等，这样为了减少对千斤顶的偏心弯矩和制造的简单性，使六个支撑点的滚子的球心，在以支座中心(和千斤顶的中心重合)为圆心的一个圆，半径为160mm，成等间距分布。当然由于力的大小会因各种原因有所不同，因此对于千斤顶还是有一定的偏心弯矩。

图7-16 试验台支座布置图

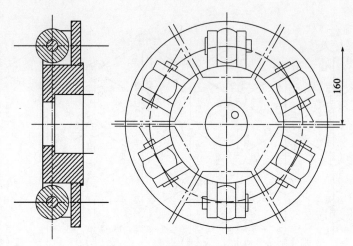

图 7-17 六点支座(尺寸单位:mm)

2. 四点支座

对于四点支座(图 7-18),不能简单地用去掉两个点的六点支座,否则,对于千斤顶会产生较大的偏心弯矩。

支撑点 1、2 关于水平轴与 4、3 对称,四个支撑点到垂直轴的距离相等,作用在四个支撑点的力也相等,所以,它们的合力作用点 O',即是千斤顶的中心。O 为在图 7-16 所示的布置下千斤顶的中心,从 O 移动到 O',偏移量为 90mm。

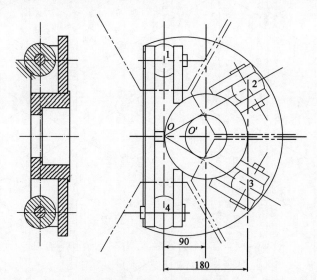

图 7-18 四点支座(尺寸单位:mm)

3. 三点支座

对于三点支座(图 7-19),也不能简单地用去掉三个点的六点支座。1、2、3 支撑点的布置情况与上类似,作用在 1、2、3 支撑点上的力相差不大,这样合力的中心也在千斤顶的中心 O' 附近。从 O 移动到 O',偏移量为 140mm。

三点支座的结构比较特殊,在整个试验台上,大约有 10 个点受力比较复杂,其结构几次改变才最后确定,本书对其也进行了专门的强度验算。

4. 两点支座

对于两点支座(图7-20),也不能简单地用去掉四个点的六点支座。1、2 支撑点的布置情况与上类似,作用在1、2 支撑点上的力相等,这样合力的中心也在千斤顶的中心 O' 附近。从 O 移动到 O',偏移量为 180mm。

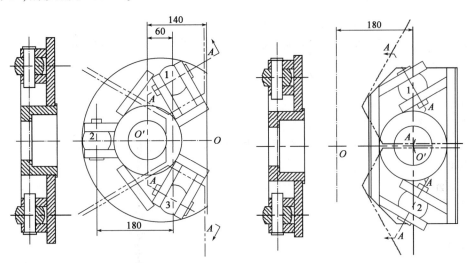

图7-19　三点支座(尺寸单位:mm)　　图7-20　两点支座(尺寸单位:mm)

5. 一点支座

一点支座(图7-21)直接安装在千斤顶上,千斤顶不存在偏载问题。

6. 支座强度问题

由于六点支座受力最大,为保证其可靠性,我们事先制定了支座的技术条件,并且对样品进行强度试验。技术条件如下:

(1)基本要求

①材料

所采用的材料应该符合有关国家标准,主要内容如下:

a. Q235 钢应该符合国家标准 GB 700—88 的规定;

b. 45 号钢应该符合国家标准 GB 699—88 的规定;

c. 所使用的钢板规格、质量应该符合国家标准 GB 709—88 的规定;

d. 所使用的标准件质量应该符合图纸上相应国家标准的要求。

②外观要求

a. 注有表面粗糙度的表面按图纸要求执行;

b. 未注表面粗糙度的表面在保证基本尺寸的条件下可以留毛面,但外观要求平整、光洁;

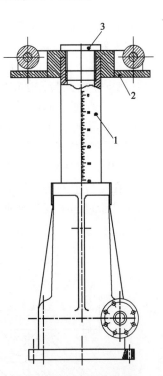

图7-21　支座的装配
1-千斤顶升降套筒;2-支座;3-螺栓

c. 对外表面的锐角要进行倒圆。
③焊接要求
a. 焊缝不能有明显的焊接缺陷,焊缝尺寸应该达到图纸要求;
b. 图纸要求的焊接坡口必须保证。
④公差要求
a. 标注在图纸上的尺寸公差、形位公差按图纸要求执行;
b. 未注尺寸公差按国家标准 GB/T 1804—92 中的 c 级执行;
c. 同一零件图上未注形位公差的加工结构要素,按国家标准 GB 1184—80 中的 C 级确定;
d. 对于未注形位公差的非加工结构要素,在外观上不能有明显的超差。
(2)验收方法
①外观检验
a. 外观要求光洁,不能有明显的变形;
b. 焊缝不能有明显的焊接缺陷,焊缝尺寸应该达到图纸要求;不能有漏焊;
c. 球面滚子转动灵活。
②尺寸检验
所有尺寸达到图纸要求。
(3)加载检验
①球面滚子
对球面滚子进行抽样检验,试验方法如图 7-22 所示,在压力试验台上,对球面滚子进行加载试验。在试验荷载 P 分别为 78.4kN(8t)、98kN(10t)、117.6kN(12t)的条件下保持 1min。然后卸载观察球面受力点变形情况,其变形斑点尺寸小于 8mm。
②支座
对支座总成的样品全部进行加载试验,对批量产品进行抽样试验,六点支座的试验方法如下,其他支座的试验方法待定。
(4)样品试验方法
①间隔去掉 3 个球面滚子;
②如图 7-23 所示,将支座放置在试验平台上,在中心分别施加 196kN(20t)、245kN(25t)、294kN(30t)、343kN(35t)、392kN(40t)的负荷保持 3min;
③在空位上安装另外三个球面滚子,拆除已加载的三个球面滚子,重复上述过程。
在试验过程中观察支座的变形情况,绝对不能有断裂或裂缝。

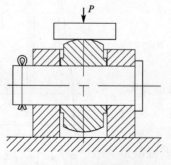

图 7-22 球面滚子加载示意图

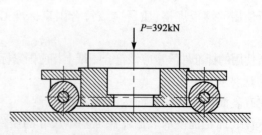

图 7-23 支座加载示意图

(5)成品试验方法

①间隔去掉三个球面滚子；

②如图7-23所示,将支座放置在试验平台上,343kN(35t)的负荷保持3min；

③在空位上安装另外三个球面滚子,拆除已加载的三个球面滚子,重复上述过程。

在试验过程中观察支座的变形情况,绝对不能有断裂或裂缝。

需要说明的是,两个六点支座样品在试验过程中,加载392kN未见任何变形等异常,本书认为能加载到294kN就能满足需要,样品的强度已经远远超出其实际负荷(据计算,六点支座六个点共承受最大承受342kN的负荷,而样品三个点就承受了392kN的负荷)。经本书主要人员研究决定,对成品不再进行检验。

研究人员还对六点支座、三点支座进行了强度验算。

对于图7-16中编号为207、407、607、807的几个六点支座来说,千斤顶的中心就是其所受合力的中心,所以这几个千斤顶维持在原位置不动是没有问题的。至于其他的六点支座,其所受合力的作用点明显向内移动,表7-6是我们计算的合力作用点的数学期望值。当然,这个偏心力会使千斤顶承受附加弯矩,从表7-6可以看出,这些偏心距离最大不超过8.47mm,附加弯矩不会超过969.963N·m,远远小于上面要求千斤顶能承受的附加弯矩。

偏心距与弯矩　　　　表7-6

编号	102	103	104	105	106
合力 F(kN)	81.8	148.6	216.8	285.4	339.6
偏心距 e(mm)	8.470	5.408	4.474	2.525	0.653
弯矩 M(N·m)	692.846	803.629	969.963	720.635	221.703
节点	202	203	204	205	206
合力 F(kN)	53.2	119.0	179.8	251.2	330.6
偏心距 e(mm)	5.209	5.356	3.699	3.420	1.677
弯矩 M(N·m)	277.128	637.395	665.108	859.097	554.256

注:从图7-1可以看出其他千斤顶受力都跟上面的对称或相等。

另外,试验台工作时这些千斤顶上的试验面板大多会产生倾斜,由于倾斜,会使千斤顶承受的合力发生一定的倾斜,见图7-24,这样对千斤顶的弯矩会减少一些,所以,我们完全有理由将其他的六点支座也布置在原地不动。

大部分三点支座中,也存在与前述六点支座类似的问题,不再赘述。

图7-25为加工完成后的支撑节点和支座照片。

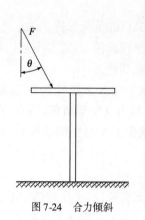
图7-24 合力倾斜

图7-25 支撑点和支座照片

四、试验平台加载系统

模拟加载装置可能采用的方式有固定式和移动式两种。固定式模拟加载装置由多个加载单元组成，布置在道路沉降系统模拟试验台的模拟路面的整个长度上；需要加载时，各单元同时工作，对道路进行加载。这种装置的特点是加载过程速度比较快，荷载比较稳定。但是存在一定的缺陷，首先各加载单元需要模拟汽车行驶过程对道路的荷载作用，必须有足够的质量，这样把加载单元在开始试验时移到试验台上和试验结束时把它移开的工作具有一定的难度，需要专门的起吊装置，成本也比较高；另外，车辆在道路上运行时对道路的荷载作用是一点接一点的顺序加载过程，所以采用同时加载方式与实际过程有一定的差别。移动式模拟加载装置考虑两个方案，一个方案是开发一个专用加载装置，并在试验台上安装一个框架，限制加载装置的行程，采用自动控制的方式控制加载装置在试验路面上自行来回行走，实现加载过程；另一个方案是在原压路机基础上增加一套模拟加载装置，对试验道路进行模拟加载。第一个方案的特点是加载过程不需要人工干预，所以可以不间断地进行，并且加载过程是顺序进行的，与实际过程比较接近。不足之处是加载装置的安装比较复杂，特别是限位的框架。另外，加载装置所有部分都需要进行设计和加工，工作量非常大，且开发周期比较长。而第二个方案，是在压路机基础上增加一套模拟加载装置，加工工作量比较小，开发周期短。加载过程是顺序进行的，与实际过程比较接近。并且在试验准备阶段，加载装置关闭模拟加载部分可以作为普通的压路机使用。不足之处在于加载过程必须人工控制（需要驾驶员驾驶压路机在试验台上来回行驶）。考虑三种方案的优缺点，在此选择第三个方案作为我们的模拟加载装置的设计方案。

（一）模拟加载装置开发的理论基础

根据汽车对道路作用的荷载的测量结果可以看出，荷载在道路上某一点的分布接近矩形波，荷载随时间变化的曲线如图7-26所示。

1. 加载方式

根据测量结果,可以认为在道路的某一条线上,汽车通过时车轮作用力变化曲线为近似的矩形波曲线。作用力持续时间为脉冲的宽度。所以加载装置对地面的作用力矩形波比较合理,而矩形波可以采用多个不同频率成分的机械式离心装置叠加的形式来实现。

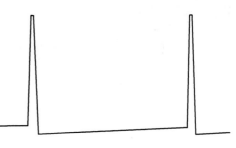

图 7-26 荷载随时间变化的曲线

矩形波可以用下式表示:

$$f(t) = \begin{cases} 0 & -\dfrac{T}{2} < t < -\dfrac{\tau}{2} \\ G_A & -\dfrac{\tau}{2} < t < \dfrac{\tau}{2} \\ 0 & \dfrac{\tau}{2} < t < \dfrac{T}{2} \end{cases} \tag{7-1}$$

式中:G_A——汽车通过时车轮对地面的作用力。

我们可以用傅里叶级数的形式将它展开成不同频率简谐波相加的形式:

$$f(t) = \frac{a_0}{2} + \sum_{n=1}^{n=\infty} a_n \cos(n\omega \cdot t) + b_n \sin(n\omega \cdot t) \tag{7-2}$$

其中

$$a_0 = \frac{2}{T} \int_{-\frac{T}{2}}^{\frac{T}{2}} f(t) dt \tag{7-3}$$

$$a_n = \frac{2}{T} \int_{-\frac{T}{2}}^{\frac{T}{2}} f(t) \cos(n\omega \cdot t) dt \tag{7-4}$$

$$b_n = \frac{2}{T} \int_{-\frac{T}{2}}^{\frac{T}{2}} f(t) \sin(n\omega \cdot t) dt \tag{7-5}$$

将 $f(t)$ 代入(7-3)、(7-4)和(7-5)式得:

$$a_0 = \frac{2G_A \tau}{T} \tag{7-6}$$

$$a_n = \frac{4G_A}{Tn\omega} \sin\left(n\omega \frac{\tau}{2}\right) \tag{7-7}$$

$$b_n = 0 \tag{7-8}$$

这样,我们得到函数 $f(t)$ 的简谐函数表达式为:

$$f(t) = \frac{G_A \tau}{T} + \sum_{n=1}^{n=\infty} \frac{4G_A}{Tn\omega} \sin\left(n\omega \frac{\tau}{2}\right) \cos(n\omega \cdot t) \tag{7-9}$$

上式中每一个简谐波成分需要相应的机械式加载装置进行模拟。这样每一个频率成分对应的幅值关系为：

$$m_{Ln}R_n(n\omega)^2 = \frac{4G_A}{Tn\omega}\sin\left(n\omega\frac{\tau}{2}\right) \tag{7-10}$$

如果考虑静荷载的影响，加载装置静载荷(自重)应为：

$$G_0 = \frac{G_A\tau}{T} \tag{7-11}$$

2. 道路荷载

如果设计的加载装置的行驶速度为 $V(\text{km/h})$，则每秒钟行驶的距离为：

$$S_S = \frac{V}{3.6}(\text{m})$$

这样，加载装置在荷载变化的每个周期内行驶的距离为：

$$S_T = \frac{S_S}{f} = \frac{V}{3.6f}$$

则在一个周期内所行驶的距离上作用力的变化：

$$F_{SH} = F_{S_1}\cos\left(\frac{2\pi}{S_T}S\right) + F_{S_2}\cos\left(\frac{4\pi}{S_T}S\right) + F_{S_3}\cos\left(\frac{6\pi}{S_T}S\right) + G_0 \tag{7-12}$$

即

$$F_{SH} = m_{L_1}R_1(2\pi f)^2\cos\left(\frac{7.2\pi f}{V}S\right) + m_{L_2}R_2(4\pi f)^2\cos\left(\frac{14.4\pi f}{V}S\right) +$$

$$m_{L_3}R_3(6\pi f)^2\cos\left(\frac{21.6\pi f}{V}S\right) + G_0 \tag{7-13}$$

这里只表示了三个频率成分产生的总作用力，如果加载装置选择更多的频率成分，则作用力为所有频率成分的总和。

（二）模拟方案的设计

上述模拟方案的加载模拟结果与实际测量结果比较接近，即模拟精度比较高。但是，模拟系统比较复杂。它需要多个不同频率的加载装置同时作用，由前面的分析还可以看出，模拟精度与采用的频率成分的数量有着直接的关系，采用的频率成分越多，模拟信号越接近矩形波。但是，采用的频率成分越多，系统变得就越复杂。为了使得系统不过于复杂，又能实现比较准确的模拟，在此选择三个不同频率成分的加载装置进行加载。基频成分选择 10Hz，这与实际车辆在道路上某一点接触持续时间比较接近。这是因为车辆轮胎具有一定的弹性，与地面接触时并非线接触，而是面接触，接触面形状如图 7-27 所示。接触面的宽度基本上与轮胎胎面宽度一致，但接触面长度与轮胎气压、装载状态等

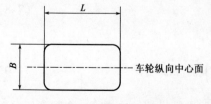

图 7-27 轮胎与地面接触的形状

因素有关。对于一般的商用汽车来说,接触面长度大约为400mm。如果车辆以50km/h的速度在道路上行驶,则在道路上某一点持续的时间为0.03s,即脉冲宽度为0.03s,为一个周期的1/3,即在模拟过程中选择脉冲宽度为 $\tau = \dfrac{1}{3}T$ 比较理想。

加载装置的行驶部分的设计和开发工作量非常大,而且开发周期比较长,开发和制造成本很大,所以考虑采用现有的振动压路机,对其进行改造。具体做法是选择一个符合加载改造要求的振动压路机,去除原振动加载部分(使原压路机振动部分停止工作),并增加模拟加载部分的箱体,组成模拟加载装置。模拟加载装置的布置简图如图7-28、图7-29所示。

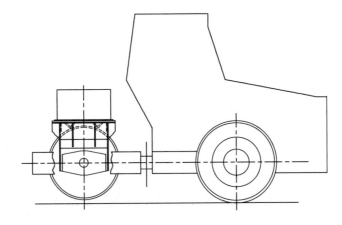

图7-28　模拟加载装置的布置图(侧视)

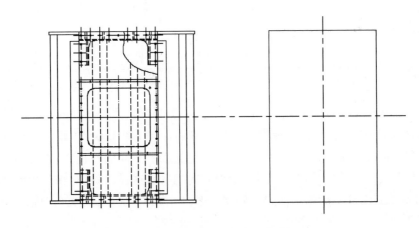

图7-29　模拟加载装置的布置图(俯视)

(三)模拟加载装置的设计计算

模拟加载装置的设计方案是选择一个振动压路机,在此基础上对离心加载部分进行改造,实现模拟加载的目的。在压路机确定之后,主要的设计和计算工作集中在加载箱体上。

1. 振动箱体中离心块轴数的确定及布置

根据前面的分析,为了比较准确地模拟车辆对道路的荷载,又不使得系统过于复杂,在这里选择3个不同频率的成分进行组合。各频率成分分别是10Hz、20Hz和30Hz。这样就需要至少3根轴,而且这3根轴必须联动,它们之间的转速比为1:2:3。在路面上形成的作用力为3根轴上的离心力的叠加。作用力随时间变化曲线如图7-30所示。图7-30中的作用力是指垂直方向的力,这个力向下方向为正,向上方向为负;由图中可以看出,这个作用力向下比较大,向上比较小,这是比较理想的。而这3根轴在水平方向上形成的合力 F_X 可根据下式计算:

$$F_X = G_0 + G_{10}\sin\left(20\pi t + \frac{\pi}{2}\right) + G_{20}\sin\left(40\pi t + \frac{\pi}{2}\right) + G_{30}\sin\left(60\pi t + \frac{\pi}{2}\right)$$

式中:G_0——加载装置静荷载;

G_{10}——频率为10Hz的车辆对道路的荷载;

G_{20}——频率为20Hz的车辆对道路的荷载;

G_{30}——频率为30Hz的车辆对道路的荷载。

水平作用力随时间变化曲线如图7-31所示。

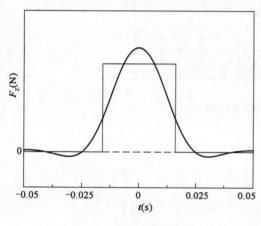

图7-30 作用力随时间曲线

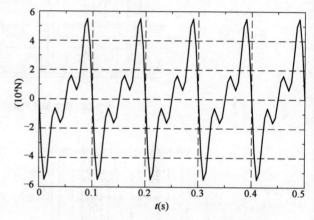

图7-31 水平方向作用力随时间曲线

由图7-31中曲线可以看出,加载装置产生的横向作用力非常大,它将直接影响到加载装置沿水平方向的正常运动。为了消除加载装置产生的水平方向的作用力,在此对于每一个频率成分选择两根轴,并且使它们对称布置,转动方向相反。这样,每一对轴产生的水平力相互抵消,使得加载装置对外不产生水平力。如此考虑,3个频率成分就需要6根轴。具体布置简图如图7-32所示。

各离心轴之间通过齿轮传动,其中1个为主动齿轮,它由液压发动机直接驱动,其他轴通过主动齿轮驱动,6个齿轮中每2个完全相同,3个齿轮之间的传动比为1:2:3。布置形式如图7-33所示。3个齿轮的参数见表7-7。

传动齿轮参数 表7-7

参　　数	大　齿　轮	中　齿　轮	小　齿　轮
齿数	60	30	20
模数	5	5	5

续上表

参　　数	大　齿　轮	中　齿　轮	小　齿　轮
分度圆直径(mm)	300	150	100
齿顶圆直径(mm)	310	160	110
齿根圆直径(mm)	287.5	137.5	87.5
齿顶高(mm)	5	5	5
齿根高(mm)	6.25	6.25	6.25
齿全高(mm)	11.25	11.25	11.25

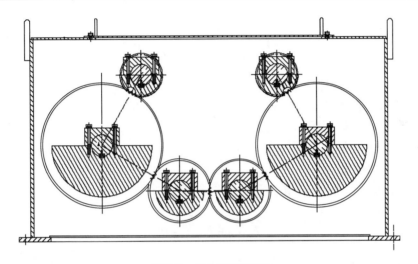

图 7-32　离心轴布置简图

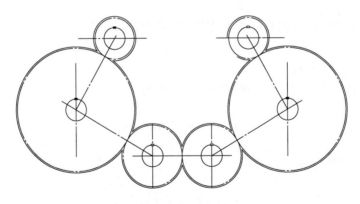

图 7-33　传动齿轮布置

2. 离心轴结构尺寸的确定

离心轴是加载装置中一个重要的部件，它的强度、刚度直接影响到整个设备的正常工作、可靠性和使用寿命。这样，在设计过程中必须保证离心轴具有足够的强度和刚度。

离心轴的受力可以简化为两个作用在支点(轴承)上的集中载荷和作用在轴上的均布荷载(离心块产生的离心力)。受力情况如图 7-34 所示。

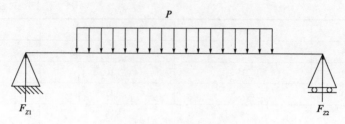

图7-34 离心轴受力简图

均布荷载 P 用下式确定：

$$P = \frac{F_L}{L} = \frac{m\frac{V^2}{R}}{L} = \frac{m\omega^2 R}{L}$$

式中：F_L——偏心块离心力；
   ω——轴的角速度；
   R——偏心块的偏心距；
   L——偏心块长度；
   m——偏心块质量。

以右侧支点为中心列力矩平衡方程：

$$F_{Z1}L_H - PL\frac{L_H}{2} = 0$$

得：$F_{Z1} = \frac{PL}{2}$，由此得 $F_{Z2} = PL - \frac{PL}{2} = \frac{PL}{2}$

作用在轴上的扭矩是使偏心块加速过程所需要的作用扭矩 M_L。即：

$$M_L = mR\varepsilon R$$

式中：ε——离心轴角加速度。

由受力图得到距离左支点 x 处的弯矩平衡方程为：

$$F_{Z2}x - xP\frac{x}{2} - M = 0$$

由此得到此处弯矩为：

$$M = F_{Z2}x - P\frac{x^2}{2}$$

而弯矩最大值点所在位置为：

$$\frac{dM}{dx}P\left(\frac{L}{2} - \frac{x}{4}\right) = 0$$

则：$x = \frac{L}{2}$

最大弯矩为:$M_{max} = P\left[\dfrac{L}{2} - \dfrac{(L/2)^2}{2}\right] = \dfrac{P}{8}L^2$

在确定轴径尺寸时可以采用扭转强度、抗弯强度和弯、扭合成强度进行计算,比较 3 种情况,弯、扭合成时属于轴受力最大的情况,所以这里按照弯、扭合成强度确定离心轴尺寸,即:

$$d = 21.65 \sqrt[3]{\dfrac{\sqrt{M^2 + M_L^2}}{[\sigma_{-1}]}}$$

将各参数代入到上式得到轴的最小直径为:$d_{min} = 60.55\text{mm}$

在此取整为:$d_{min} = 65\text{mm}$

根据各位置要求不同,确定轴各部分长度及直径尺寸,形成离心轴布置如图 7-35 所示。

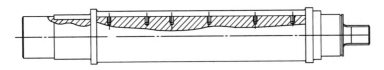

图 7-35 离心布置图

加载装置中共有 3 对(6 根)离心轴,每根轴的受力大小各不相同,理论上应根据不同载荷进行设计。但是,考虑到加工过程的方便,在此 6 根轴选择相同的尺寸,并且选择受力最大的轴进行设计。

3. 偏心质量结构设计

偏心质量是产生离心力的重要装置,它是通过质量形成的偏心在旋转过程中产生离心力来实现加载过程的。其结构要求保证产生需要的作用力的同时,具有足够的刚度和强度。在此选择半圆与矩形组合的形式作为偏心质量的结构形式(图 7-36)。

按照离心块的结构可以分为下部的矩形和上部的半圆形两部分,对两部分分别确定其质心位置,再根据相对质量大小确定总质心位置。

对于下部的矩形,其质心位置在 $Y_{S1} = L_2/2$ 处。

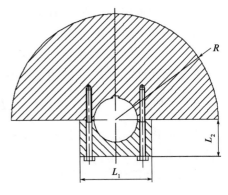

图 7-36 偏心质量的结构形式

上部半圆的质心位置利用下式确定:

$$Y_{S2} = \dfrac{\int_0^R 2\sqrt{R^2 - x^2}\rho x dx}{\pi R^2 \dfrac{\rho}{2}}$$

式中:R——半圆部分半径;

Y_{S2}——半圆部分偏心距;

Y_{S1}——矩形部分偏心距;

ρ——偏心块材料的密度。

总质心位置为:

$$Y_S = \frac{L_1 L_2 \rho Y_{S1} + \frac{\pi}{2}R^2 \rho Y_{S2}}{L_1 L_2 \rho + \frac{\pi}{2}R^2 \rho}$$

这样,每根轴上产生的作用力的最大值为:

$$F = m\frac{V^2}{Y_S} = mY_S\omega^2 = 4\pi^2\left(L_1L_2\rho + \frac{\pi}{2}R^2\rho\right)LY_S 4\pi^2 f^2$$

式中:L——离心块在轴上的安装长度;

f——轴的旋转频率。

4. 轴承型号的选择

由偏心块高速旋转产生的作用力通过离心轴传递到轴两端的支撑轴承上,并通过轴承将作用力传递到箱体上,所以轴承是保证系统正常工作的重要元件,并且还承受着巨大的荷载,所以选择轴承时必须保证它具有足够的承载能力和使用寿命。

滚动轴承的使用寿命的表达式为:

$$L = \left(\frac{C}{P}\right)^\varepsilon$$

式中:L——额定寿命(单位为 10^6 转);

C——额定动荷载,它是轴承承受荷载能力的指标;

P——当量动荷载,它描述了所选择轴承实际承受荷载情况;

ε——寿命指数,对于不同的轴承形式,选择不同的值。

在实际计算过程中,一般用工作小时数表示轴承额定寿命,这时上述表达式改写为:

$$L_h = \frac{10^6}{60n}\left(\frac{c}{P}\right)^\varepsilon$$

为了简化计算过程,并且进一步考虑各种因素的影响,这里引入速度系数 f_n、寿命系数 f_h、负荷系数 f_F 和温度系数 f_T。

这里,速度系数为:

$$f_n = \varepsilon\sqrt{\frac{33\frac{1}{3}}{n}}$$

考虑频率为 10Hz 的离心轴,则 $n = 600\text{r/min}$,得 $f_n = 0.382$。

寿命系数为:

$$f_h = \varepsilon\sqrt{\frac{L_h}{500}}$$

按工作时间为 10000 小时计算,得 $f_h = 2.71$。

负荷系数通过查表得:$f_F = 2.00$(在此选择强冲击)

温度系数通过查表得:$f_T = 1.00$(在此选择系统工作温度在 100℃ 以下)

当量动荷载为:

$$P = XF_r + YF_a$$

式中：F_r——径向荷载；
  X——径向荷载系数；
  F_a——轴向荷载；
  Y——轴向荷载系数。

由于这里无轴向荷载，所以 $Y=0$、$F_a=0$、$X=1$，由此得到 $P=F_r$。

这样，通过下式可以得到额定荷载 C 的值：

$$C = \frac{f_h f_F}{f_n f_T} P$$

考虑到轴承承受荷载比较大，这里选择双列向心球面滚子轴承，根据上式求得 C 的值以及轴的最小直径，确定轴承型号为3513，具体参数见表7-8。

轴承参数　　　　　　　　　表7-8

参　　数	数　　值	参　　数	数　　值
内径 d	65(mm)	轴承内圈轴肩直径 D_1	76(mm)
外径 D	120(mm)	轴承外圈轴肩直径 D_2	109(mm)
宽度 B	31(mm)	质量	1.6(kg)
过渡半径 r	2.5(mm)		

通过上面计算得到频率为10Hz的离心轴需要的轴承型号。对于频率为20Hz和30Hz的成分，经过校核此轴承也完全满足额定荷载的要求，为了减小零部件的选购过程的工作量以及降低安装过程出现的差错率，这里3个不同频率的离心轴选择相同型号的轴承。

5. 液压系统改造

离心加载装置的离心轴需要液压动力系统进行驱动，如果为驱动这些装置重新设计一套液压系统，必须增加液压泵、液压发动机、控制阀块、冷却系统等一系列装置，这样势必造成加载装置结构复杂、成本增加，同时也使得总质量增加，不利于加载装置有效模拟道路荷载。考虑到上述问题，在此利用原振动压路机的液压系统，对其进行相应的改造，最终实现加载功能。

原振动压路机有一套振动装置，用来驱动本身的偏心块做旋转运动，产生离心力来实现对地面的加载。通过改造，使得原离心加载部分停止工作，新增的离心加载装置产生动荷载进行加载。这样，新的加载装置就可以利用原加载装置的驱动系统来驱动，即：在液压管路上增加一个控制阀块，当需要原加载装置工作时，搬动阀块手柄，使得液压系统与原加载装置管路接通。当需要新的加载装置工作时，搬动阀块手柄到另一个位置，使得液压系统与新的加载装置管路接通。

原振动压路机的液压系统原理图如图7-37所示，而改造后的液压系统原理图如图7-38所示。

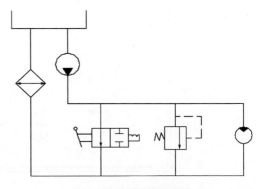

图7-37　液压系统原理图

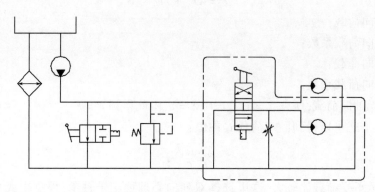

图 7-38 改造后液压系统原理图

6. 振动箱体设计

振动箱体是支撑离心轴的重要部件,同时还承担着将偏心块旋转产生的离心力传递到压路机滚子的任务,所处于的工作环境比较差。这样,对箱体提出的要求是:

(1)具有足够的强度,以防止力传递过程中产生破坏。

(2)具有足够的刚度,以避免力传递过程中产生过大的变形。

(3)具有比较小的质量,使得加载装置的加入对原压路机静荷载的影响尽可能小。

考虑到以上几方面的问题,在设计过程中遵循的原则:

(1)箱体的壁厚在满足强度、刚度要求的条件下尽可能小。

(2)箱体整体尺寸在满足离心轴等安装要求的条件下尽可能小。

另一方面,离心轴通过轴承支撑在箱体的两个侧壁上,并且跨度比较大。要保证离心轴良好运转,并且使轴承承受的附加荷载尽可能的小,必须使得两侧壁上的轴承座达到良好的同轴度。

在上述设计原则下,考虑到加工工艺等方面的因素,最终形成的箱体的结构布置如图 7-39、图 7-40 所示。

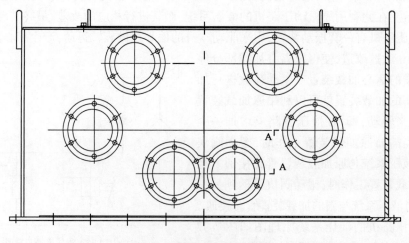

图 7-39 箱体结构布置图(侧视)

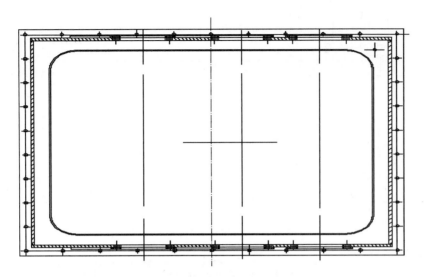

图7-40 箱体结构布置图(俯视)

7. 振动箱体支架设计

振动箱体支架是支撑箱体重要部件,也同时承担着将偏心块旋转产生的离心力传递到压路机滚子的任务,所处工作环境比较苛刻。这样,对支架的要求与箱体一致:

(1)具有足够的强度,以防止力传递过程中产生破坏。

(2)具有足够的刚度,因为刚度过小会使得力传递过程中支架产生过大的变形,支架本身成为弹性振动系统,在吸收能量的同时也改变了离心力的特性。根据刚度和强度的要求,进行的支架结构设计如图7-41、图7-42所示。

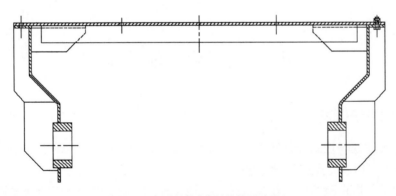

图7-41 振动箱体支架结构简图(侧视)

设计过程中,为提高支架强度和刚度,上部与箱体连接部分的平台采用了框架式结构,框架中的梁采用了槽钢型材,与压路机滚子轴承相连接的侧壁选择厚度为12mm的钢板折弯后加装了3条加强筋。强度校核表明支架结构是满足使用要求的。

8. 振动压路机

根据设计要求加工而成的振动压路机照片如图7-43所示。

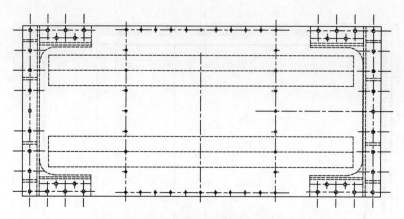

图 7-42 振动箱体支架结构简图(俯视)

图 7-43 振动压路机

五、试验平台控制系统

(一)控制系统概述

目前用于工业现场控制的计算机有:可编程控制器(PLC)、STD 总线工业控制机、工业微机(PC)、单片微机以及专业控制计算机。

本试验台的每次试验的周期较长,各种现场数据较多,必须进行一定的处理和记录。作为应用于大型土木试验的试验台,控制系统要有高的可靠性、可维护性。

控制用计算机可以用工业微机(PC),工业 PC 和个人计算机完全兼容以便于操作,便于利用个人计算机的软件资源,方便开发。但由于检测点较多,必须对工业 PC 进行必要的扩展,这样整个系统较为复杂且可靠性也有所降低,并且也不经济。

采用可编程控制器(PLC)。PLC 性能可靠、接口性能良好、编程简单,但实际使用中程序的修改、系统的操作比较困难,且内存较小,不适合存储大量数据。

控制系统采用二级控制系统。监督控制级(SCC)计算机系统中选择工业 PC,存储各种数据;直接控制设备采用 PLC,直接控制电动千斤顶。计算机根据工艺信息和其他参数,按照一定的算法,调整对 PLC 的输入,使各个千斤顶下降相应的距离。

经过反复讨论,认为:采用一台工业 PC 机作为上位机,管理两台 PLC(即下位机)。控制系统示意,如图 7-44 所示。这样,系统既有工业 PC 的优点,又有 PLC 的优点,同时解决了控制点较多的问题,其成本与单采用某一种计算机的 DDC 控制系统差不多。配上不间断电源后,在系统故障时及时将数据存盘,以保证系统恢复后继续进行试验。

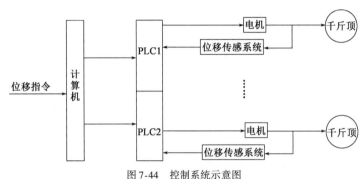

图 7-44 控制系统示意图

(二)位移检测系统

检测信号要输入到计算机里进行处理,因此,信号都要变换为数字信号或者其他计算机可用的信号,如开关量。

位移的检测反馈系统有两种方案,一种用位移传感器检测系统,一种用接近开关检测系统。

位移的检测,目前流行的是各种位移传感器系统,例如旋转变压器位移传感器、光栅位移传感器等。这种方法目前非常成熟,但在这里并不合适。

利用机械式螺旋千斤顶具有精确、性能稳定的优点,我们设计了利用计数器测量位移的方法。基本思路是:利用接近开关测量千斤顶驱动电动机的转角,再按千斤顶的传动比换算出位移。由于接近开关的输出为开关量信号,可以直接进入计算机(PLC)进行计数,这样就省去了采样和 A/D 转换,而且不存在零点漂移。位移检测系统的成本不会超过 1.5 万元,而且性能可靠(图 7-45)。

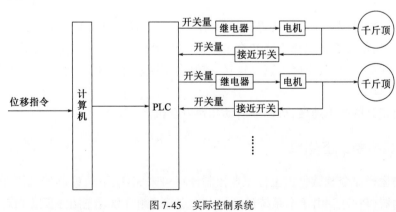

图 7-45 实际控制系统

这样整个控制系统就是一个开关量控制系统，PLC 的外部输入输出均为开关量。

采用接近开关作为位移传感器，接近开关一般分为电感式和电容式。电感式较电容式便宜，且能满足我们的工作条件，这里采用电感式。

电感式接近开关属于一种有开关量输出的位置传感器，它由 LC 振荡器、开关电路和放大输出电路组成，如图 7-46 所示。金属物体在接近这个能产生电磁场的振荡感应头时，物体内部产生涡流。这个涡流反作用于接近开关，使接近开关振荡能力衰减，直至停止振荡。振荡器的振荡或停振状态都能被后面的放大输出级电路处理并转换成开关信号。

将接近开关装在用来连接电机和千斤顶的支架上，检测目标物为平键固定套。平键固定套的一部分加工成如图 7-47 类似于花键的形状。

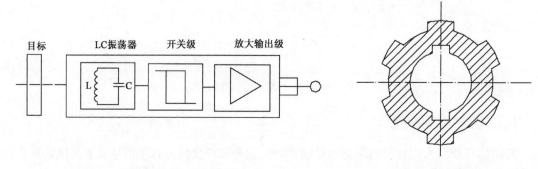

图 7-46　电感式接近开关工作原理方框图　　　　图 7-47　平键固定套

当平键固定套的突起部分(共 6 个，等距)，随低速电机输出轴转动到与接近开关正对的时候，接近开关产生脉冲电压，进入 PLC。

根据前面千斤顶的螺距和传动比可知，PLC 记一个开关量，千斤顶下降 0.2mm。

(三)控制台的运动速度问题

使 138 台电动机同时按照一定的相互关系依不同的速度运转是十分困难的。目前交流电机流行的采用变频调速，但这需要 138 台变频器，成本太高。即使采用了这种办法，也难以实现地基沉降试验所需要的超低速。因为试验台对速度的要求是在 100 多小时内使试验面板下降 300mm。

利用系统对精度要求不高的特点，我们采用步进的方法实现沉降模拟。即，在系统要求的精度范围内，一次使若干台电机下降几毫米。将 138 台千斤顶按预先设计好的规律下降一遍。待稳定一段时间后，再使其下降一遍。这样，控制台下降的平均速度可以随意调整，而且误差在要求的范围以内。

如果需要较高的平均速度，可以多启动几台电动机。

(四)计算机系统的组成

本系统的运行命令和数据由上位工业控制计算机来完成，下位控制器采用在控制中常用的可编程控制器(PLC)。由于本系统最少有 138 点输入和 138 点输出，所以 PLC 的点数最少应为 276 点。一台 PLC 难以实现,故选用两台 PLC 控制。PLC 的每点输出通过继电器控制每台电机。电机驱动机械千斤顶模拟实现地基的沉降。在每台电机与千斤顶之间安装有位置传感器,检测与电动机的角位移成正比的脉冲信号,反馈给控制系统,以实现 138 点闭环控制。

上位工控计算机与两台 PLC(下位机)之间采用 RS232 通讯口进行通信。上位工控计算机的编程软件用以完成沉降试验台座控制系统中的试验数据运算,分时分批发往两台 PLC(下位机)。PLC 根据上位机的数据用自己的控制程序完成各台电机的闭环控制。PLC 的运行数据也可随时通过通讯口读回上位工控计算机,以显示 PLC 运行的状态,从而实现对沉降试验台座控制系统的精确控制。

(五)计算机系统完成的功能

(1)上位机软件完成 138 点沉降数据的输入、修改、显示、简单计算和简单的按钮输入的功能,然后把这些数据分批(每批有 25 组电机,每组 5 个或 6 个,基本上是固定的)传输给两台 PLC。138 点数据分别为 138 台电机所控制的千斤顶的上升和下降量。这些上升和下降量是以整数毫米为单位。上位机读回的数据是由电动机转动的圈数按比例换算来的,其值乘以 0.2069 即为沉降量的毫米数。

(2)运行的控制按钮有:设置(其中有上升/下降参数设置、运行参数设置、手动设置等)按钮、启动、暂停、继续、浏览按钮、报表打印(打开数据、打印预览、打印等)和系统退出按钮等。

(3)系统同时具有自动和手动两种运行状态,自动运行状态就是前面所述的分次分批按程序自动运行;手动运行状态采用按钮单台控制,用户可以使用该按钮对某台电机进行上升、下降和停止的手动操作。在系统主界面下部显示正在运行的各个电机的运行状态。手动运行状态只用于系统初始调试过程,只做数据检测而不做数据处理;自动运行状态,对各点的运行状态都要进行检测和保存。

(4)在自动运行工作状态电机运行的条件下,如果某台正在运行的电机对应的传感器在 5 秒内没有信号,则系统保存目前运行状态数据,暂停运行,报警提示;待接到用户指令后再继续运行。

(5)在自动运行工作状态电机运行的条件下,如果系统突然停电,则系统保存目前运行状态数据,而不会丢失运行状态数据,来电后接到用户指令再继续从系统停电时的状态点继续运行。

(六)计算机控制系统的性能

本控制系统能很好完成路桥过渡段研究对沉降试验台座控制系统的特殊要求,并具有以下优点:

(1)系统操作方式方便简单

在正常条件下,只需要通过工控机就能对系统进行控制操作。

(2)系统中上位机同 PLC 之间的通信实时准确

上位机随时可向 PLC 发送运行数据,以控制 PLC 的运行,也可从 PLC 读取正在运行的状态数据,以随时观察 PLC 运行的状态。

(3)该系统软件优良

该系统使用的软件可维护性、可补充性、易读性、可靠性均很高。

(4)该系统精度高

系统检测结果以电机旋转产生的脉冲为基本计量单位,其精度可高达0.2mm。

(5)系统的运行可靠

在系统运行状态下,如果电机因故障停转,则暂停运行,报警提示。如突然停电,则系统保存运行数据,待来电后可从系统停电时的状态点继续运行而不丢失系统数据。

控制系统的操作方法有详细的操作手册,编在附录中。

图7-48为控制系统的照片。

图7-48 计算机控制系统照片

第八章 路桥过渡段模型试验

目前国内处治差异沉降常用的方法既有成功的案例,也不乏失效的工程。而且在处治方法的选用中,不可避免地存在一定的盲目性。此外,现有的方法大多是根据现场经验以及室内小比例模型试验得出的,对于解决差异沉降有一定的作用,但是有些方法处治机理不明确和具体工况的适用程度未搞清楚;再有,目前大部分的研究主要集中于路基填料、搭板结构等的分析,忽略了地基沉降的影响。从上面的论述中知道:地基的沉降要比路基填料的自身压缩变形更大,对于差异沉降的产生作用更为明显。因此,搞清路桥过渡段各种处治方法对地基沉降的适应性,对于提高处治方法应用的针对性和处治效果具有十分重要的意义。

由于原型测试受到实际工程的地质、场地、测试仪器、处治措施等限制,不具有普遍性、系统性,所花费的成本很大,因而至今所进行的现场测试尚不能完整地反映各种工况;而试验室模型试验可以系统地、普遍地、比较直观地反映规律性,但是这种试验模型在技术上必须严格符合模型相似律的要求;这些都给研究带来了一定的困难。为了既能很好地模拟现场,发挥原型测试的直观性,又能充分发挥试验室测定的系统性、准确性,本试验将原型测试和试验室测试的优点结合起来,以获得更为直观的、系统的、不同工况下的路桥过渡段处治方法的机理和及其对地基沉降的适应性。本试验的另外一个重要的目的就是为该种处治方法的施工工艺、质量控制参数提供指导,进一步为楔形柔性搭板的设计及优化提供试验数据和理论依据。

一、试验目的与内容

为了分析楔形柔性搭板处治技术对地基沉降的适应性、加固效果和机理,从跳车处治措施对地基沉降的适应性出发,应用千斤顶模拟台后填土下的地基(软基)产生沉降,开展室内小比尺模型试验。试验比例为1:5,即实际模型填土高度取为1.6m,横断面宽取为0.6m,模拟填土高度为8m的重力式U形桥台1。试验采用的土工格室、压力盒均按比例相应缩小。共进行了9种不同工况的对比试验,并在填土中埋设了压力盒,分析楔形柔性搭板加固体应力的变化规律,并分层观测土层的沉降,绘出了相应的沉降曲线。通过对试验成果的分析,得出楔形柔性搭板加固台背的适应性及布置形式。

但小比尺模型试验由于受模型比例的限制,其边界条件、加载方式、路基填土特性、地基沉降规律及材料特性往往与现场实际相差较大,因此,试验主要着重于定性分析,而据此对实际工程进行定量描述便存在一定的困难。

为了进一步对比、验证各种处治方法在处治差异沉降、消化地基沉降、减小路桥过渡段差异沉降方面的作用机理和对地基沉降的适应性,有必要进行模拟公路现场情况的足尺模型试验。因此,基于前述研制开发的试验研究平台,本书分别采用重力式和轻型肋板式两种桥台类型,选用土工格室楔形柔性搭板、土工格栅两种加筋处治手段,灰土、砂土和黄土三种换填料时的不同工况组合进行试验研究,并在试验过程中埋设沉降杯、压力盒等测试工具,分析其竖向位移、压力等变化特征;同时结合仿真分析,综合对比研究不同处治方法对地基沉降的适应性。

二、小比尺模型试验

(一)方案设计

为了从本质上认清土工格室的加固机理和加固特点,有必要进行一系列的试验研究。试验一般分为两大类:足尺试验和模型试验。足尺试验以一比一的实际尺寸进行试验,所得的数据是最为可信,但试验周期长,费用高,不便于进行多次对比试验;模型试验则是按照一定的比例对实际尺寸缩小,试验周期短,费用低,使室内试验成为可能,所测数据精度高,并且为今后作足尺试验的试验方案提供依据。因此,在本阶段,进行了小比尺模型试验。本次模型试验的重点是模拟在台后填土下的地基(软基)产生沉降时,土工格室的加固效果及加固机理(即认为台后填土以按规定进行分层夯实,且达到规范要求)。

1. 模型比例确定

结合实际工程,本次模型试验所选择的是填土高度为8m左右的重力式U形桥台。考虑到试验室内的实际情况,特别是考虑到土工格室尺寸的最小加工可能,最后选择的比例为1:5,即实际模型填土高度取为1.6m。横断面宽取为0.6m,模拟台后只有一个车道的情况,并认为沉降是均匀的。

2. 活载模拟

桥梁运营阶段的车辆活载也是造成台后跳车的重要因素之一,但由于在本次试验中,将地基的沉降作为最主要的因素去考虑,忽略在荷载作用下台后填土压缩所造成的影响。同时,鉴于荷载沿深度的扩散效应,故可以忽略其作为动荷载的冲击效应,将其作为一般静荷载,用等代土层厚度来模拟。

依据《公路桥涵设计通用规范》(JTJ 021—85)对车辆荷载(包括汽车、履带车和挂车)引起的土压力计算方法,具体计算如下:

(1)确定桥台后破坏棱体的破裂面位置

$$\tan\theta = -\tan\omega + \sqrt{(\cot\varphi + \tan\omega)(\tan\omega - \tan\alpha)} \tag{8-1}$$

式中:θ——台后破坏棱体破裂面与竖直面的夹角;

$\omega = \alpha + \delta + \varphi$;

α——桥台背与竖直面的夹角;

δ——台背与填土间的摩擦角;

φ——台后填土的内摩擦角。

对于试验用细砂各参数取为:$\alpha = 0°, \delta = 15°, \varphi = 30°, \tan\theta = 0.653$。

对于试验用黄土各参数取为:$\alpha = 0°, \delta = 12.5°, \varphi = 25°, \tan\theta = 0.727$。

(2)计算台后填土破坏棱体的长度 l_0

$$l_0 = H(\tan\alpha + \tan\theta) \quad (8-2)$$

式中:H——桥台后填土高度,m;

α、θ——墙背倾角及滑动面的倾角。

对于试验用细砂各参数取为:$H=8.0$m,$\alpha=0°$,$\tan\theta=0.653$,$l_0=5.224$m。

对于试验用黄土各参数取为:$H=8.0$m,$\alpha=0°$,$\tan\theta=0.727$,$l_0=5.816$m。

(3)等代均布土层厚度 h 的换算

$$h = \frac{\sum G}{B l_0 \gamma} \quad (8-3)$$

式中:$\sum G$——布置在 $B \times l_0$ 面积内的车辆车轮重力,kN;

B——桥台的计算宽度,m;

l_0——桥台后破坏棱体长度,m;

γ——桥台后填土的密度,kN/m³。

遵照规范,按双车道($B=7$m)单列车(包括重车)汽车超-20级进行布置(图8-1),可布置下重车的两个后轴共计280kN,则可得:

对于试验用细砂各参数取为:$\sum G = 280$kN;
$B = 7$m,$l_0 = 5.224$m,$\gamma = 18$kN/m³,$h_0 = 0.425$m;

对于试验用黄土各参数取为:$\sum G = 280$kN;
$B = 7$m,$l_0 = 5.816$m,$\gamma = 17$kN/m³,$h_0 = 0.405$m。

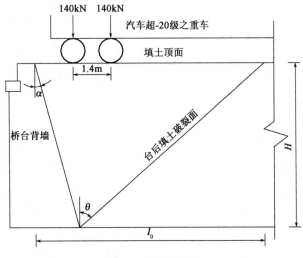

图8-1 车辆布置图

(4)模型试验中等代均布土层厚度 h 的确定

根据所确定的模型比例(1:5),即可确定出其等代均布土层厚度 h 分别为:细砂为8.5cm;黄土为8.1cm。

3. 试验用土选择

结合实际情况,本次模型试验用土共选择两种土样:砂土和实际工程用土(取自甘肃)。

砂土则取自河中细砂,级配较为单一,粒度范围基本在0.25mm至2mm之间,之所以选择此种细砂,一是考虑到模型比例的问题,二是考虑到此种级配单一的砂对于压实度并不敏感,这有利于在试验分析中突出主要矛盾,而弱化由于压实度的不同给试验造成的影响。

在整个试验中,由于砂(经水洗及过筛)的力学指标简单,施工快捷,试验周期短,所以大多数工况都以填砂为主。

4. 模型箱设计

针对上述设计思想,对模型箱进行了详细的细部设计(图8-2)。

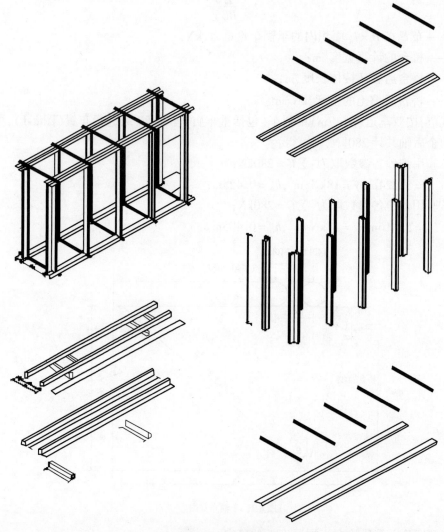

图8-2 模型箱方案图

模型箱以[12槽钢所组成的钢结构为主体框架,箱体长3.2m,高2m,宽0.6m,呈长方体状。其两个侧面各以五根槽钢所组成的平面框架配以两面高2m,宽1.6m,厚12mm的钢化玻璃所组成,其横面则各以两根槽钢配以数块厚2cm的硬木板组成,这样既有利于施工(边填土、边加高两侧挡板)和测量导线的引出(在挡板上钻孔),更有利于从侧面直接观察在各个工况下各个平面的沉降情况并进行拍照和进行后期数据的处理。

模型箱底板的设计也较为重要,同时也是本次设计中看似简单,实则较为复杂的结构。一方面,它要满足一定的刚度要求,在上部土压力的作用下,只能产生很小的变形,另一方面又能方便控制其沉降且在试验中不能出现漏土现象。为此,经过详细的计算,将底板用两根 I10 工字钢和两根 $\phi 10$ 的冷轧方钢进行加劲处理,上覆厚 2cm 的硬木板,并且在底板两侧用富有弹性的橡胶垫板包裹,以防漏砂,实践证明,这一措施是行之有效的。

试验中所用的控制沉降的设备是两 20t 的机械式千斤顶,利于人工操作。

整个模型箱放置在一个由 $\phi 5$ 方钢所组成台架上,台架高 70cm,过高则不稳,过低则不利于人员的进出。

台架底部即为试验场地的地基,为防止由于地基沉降不均会给试验造成不良影响,对地基进行了夯实处理,并在台架下垫以[40 的槽钢两根。

5. 试验检测设备及试验数据量取

本次试验所要取得的数据有:在模拟的各种地基沉降中,土中不同深度处土压力的变化及相应位置的沉降。

对于土压力的测试,采用了弦式压力盒,对于不同的工况,采用不同的布置方式,本次试验共采用了 32 只弦式压力盒。

室内试验所用的压力盒不同于实际工程检测中所用的压力盒,对其大小和精度都有特殊的要求。首先为了减小其对土体本身受力的影响,它的体积应该尽量小。

其次试验采用的模型较小,土压力的变化也较小,这就要求它要有足够的测量精度,本次试验所用压力盒是专门定做的,基本满足要求。

关于各个沉降面的观测,采用了在各个面设置观测点,用自制的读数筒直接量测其坐标变化的方法,之后对各个点进行曲线拟合,即得到实际的沉降面,同时也采用了辅以直接拍照的方法,二者可以相互印证。

6. 工况设计

经综合考虑,本次试验考虑了九种工况(图 8-3),具体情况如下:

①土质采用细砂,格室呈上土工密下疏、上长下短进行布置,底板两端同时分级下降至 8cm。此种工况在实际应用中用的最为广泛。

②土质采用细砂,未放置土工格室,底板两端同时分级下降至 8cm。

此种工况主要是为了对比有无土工格室对于各个土层应力大小的影响。

③土质采用实际工程用土,土工格室布置、底板沉降等均与第一种工况相同。

此种工况主要是为了对比在土工格室布置相同的情况下,对于不同土质的加固效果。

④土质采用细砂,土工格室尽量布置在台后填土的顶面,底板两端同时分级下降至 8cm。

此种工况主要是为了对比在土质相同的情况下,不同的土工格室布置情况的加固效果。

⑤土质采用细砂,土工格室采用等间距布置,底板两端同时分级下降至 8cm。

此种工况主要是为了对比在土质相同的情况下,不同的土工格室布置情况的加固效果。

⑥土质采用细砂,土工格室均采用双层加固布置,底板两端同时分级下降至 8cm。

此种工况主要是为了对比在大大增加格室用量的情况下,其加固效率的提高情况。

⑦土质采用细砂,土工格室布置与第一种工况相同,底板沉降采用近桥台侧分级降至8cm,而远桥台一侧则不下降。

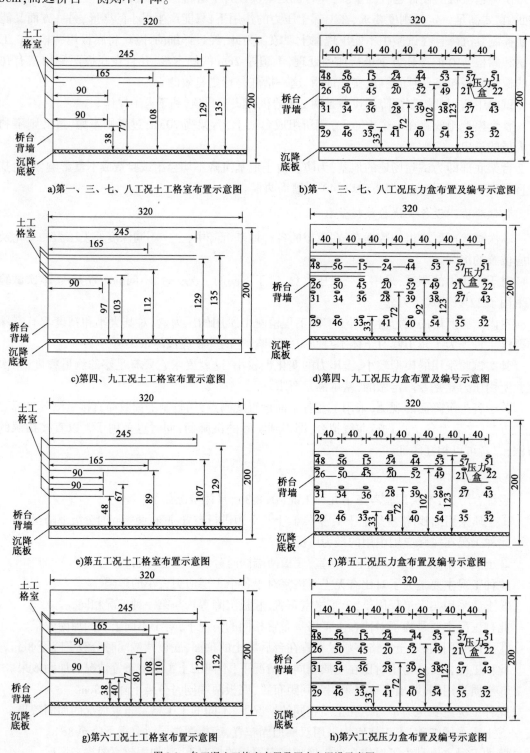

图8-3 各工况土工格室布置及压力盒埋设示意图

此种工况主要是为了对比在不同的地基沉降情况下,土工格室的加固效果有何不同。

⑧基本同第 7 种工况,只是底板沉降的一端是在远桥台处。

⑨土质采用实际工程用土,土工格室尽量布置在台后填土的顶面,底板两端同时分级下降至 8cm。

此种工况主要是为了与第 4 种工况进行对比。

图 8-4 为模型照片。

图 8-5 为支座照片。

图 8-4 模型照片

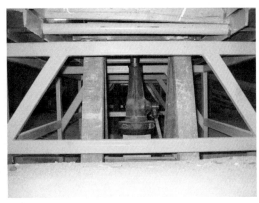
图 8-5 支座照片

(二)模型制作与测试

依据前述的试验方案,试验分别就各个工况进行测试,并依据测试成果绘制出各工况的沉降及土中应力变化曲线。

1. 变形结果

(1)工况一沉降变化曲线,如图 8-6 所示。

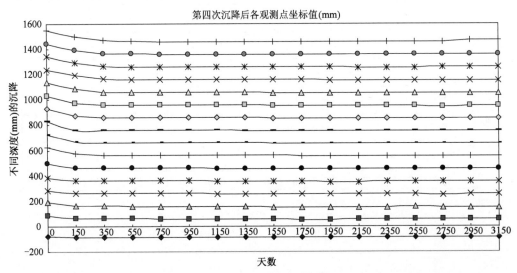
图 8-6 工况一沉降变化曲线

(2) 工况二沉降变化曲线,如图 8-7 所示。

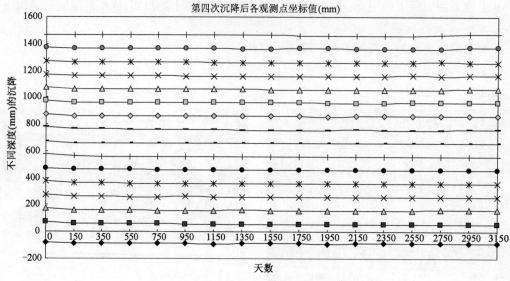

图 8-7　工况二沉降变化曲线

(3) 工况三沉降变化曲线,如图 8-8 所示。

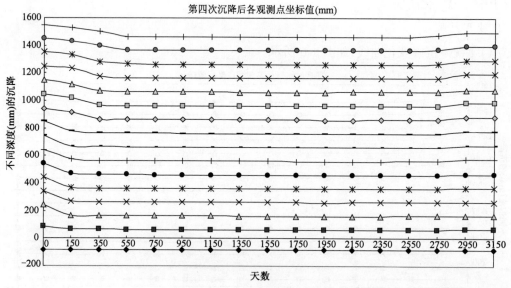

图 8-8　工况三沉降变化曲线

（4）工况四沉降变化曲线，如图 8-9 所示。

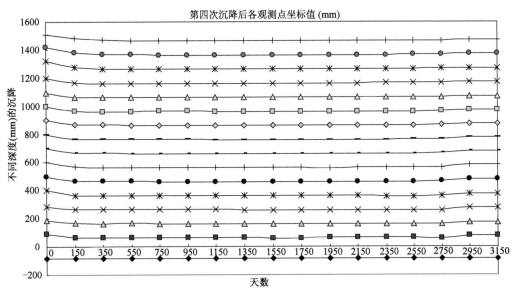

图 8-9　工况四沉降变化曲线

（5）工况五沉降变化曲线，如图 8-10 所示。

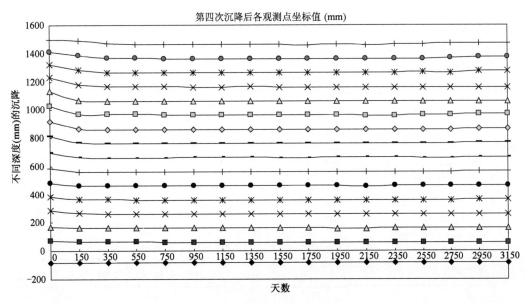

图 8-10　工况五沉降变化曲线

(6)工况六沉降变化曲线,如图 8-11 所示。

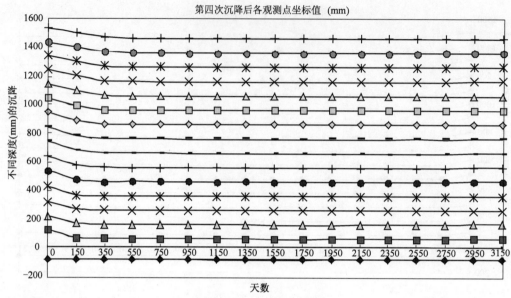

图 8-11 工况六沉降变化曲线

(7)工况七沉降变化曲线,如图 8-12 所示。

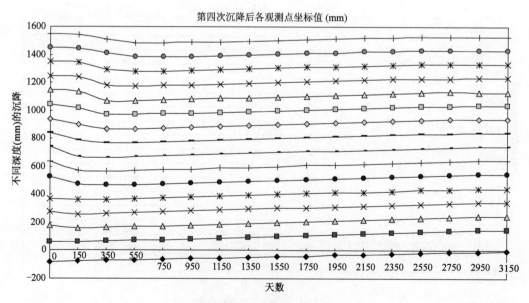

图 8-12 工况七沉降变化曲线

(8) 工况八沉降变化曲线，如图 8-13 所示。

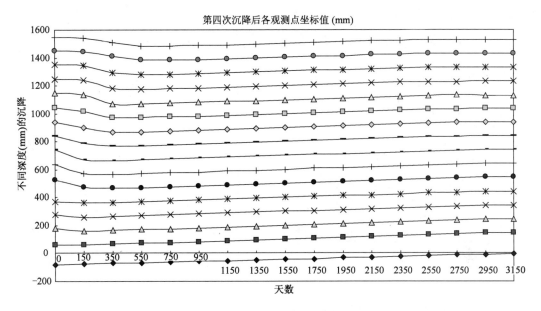

图 8-13　工况八沉降变化曲线

(9) 工况九沉降变化曲线，如图 8-14 所示。

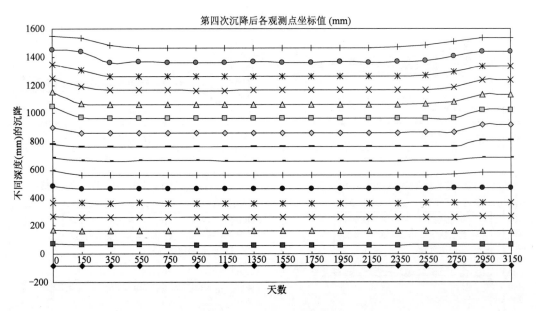

图 8-14　工况九沉降变化曲线

2. 土压力分布结果

图中各点土压力值均由所测各压力盒频率换算成相应土层厚度而得。

(1)工况一,土中应力变化曲线,如图8-15所示。

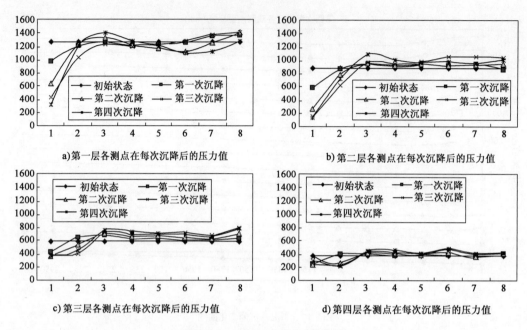

图8-15 工况一土中应力变化曲线

(2)工况二,土中应力变化曲线,如图8-16所示。

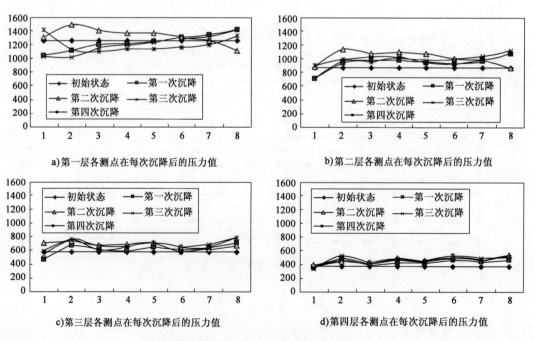

图8-16 工况二土中应力变化曲线

(3)工况三,土中应力变化曲线,如图 8-17 所示。

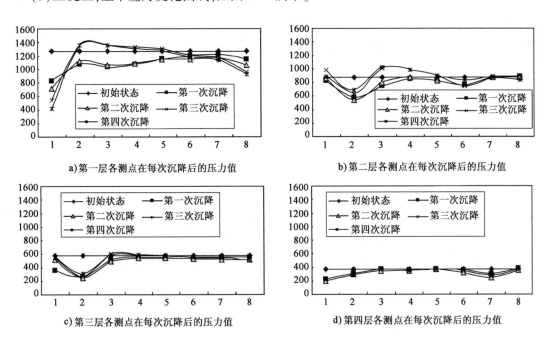

图 8-17　工况三土中应力变化曲线

(4)工况四,土中应力变化曲线,如图 8-18 所示。

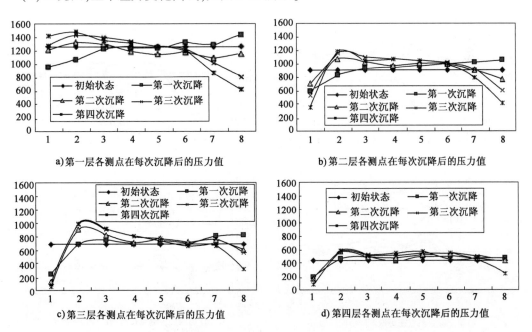

图 8-18　工况四土中应力变化曲线

(5) 工况五,土中应力变化曲线,如图 8-19 所示。

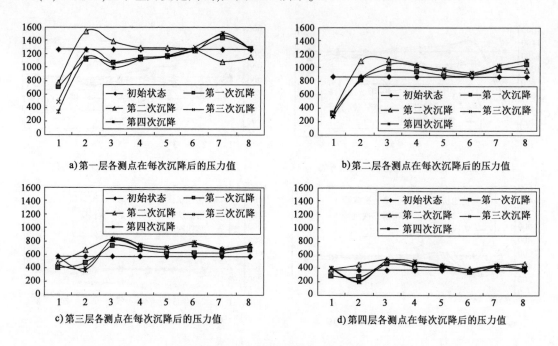

图 8-19　工况五土中应力变化曲线

(6) 工况六,土中应力变化曲线,如图 8-20 所示。

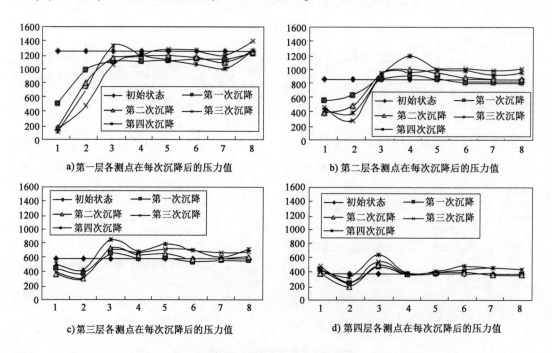

图 8-20　工况六土中应力变化曲线

(7) 工况七,土中应力变化曲线,如图 8-21 所示。

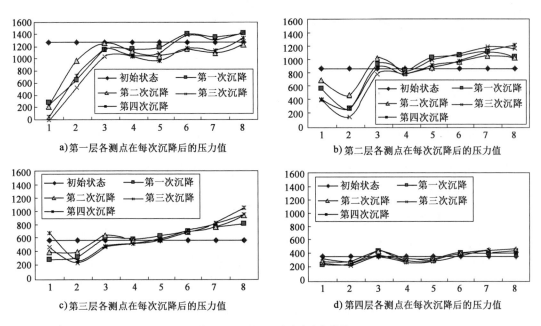

图 8-21 工况七土中应力变化曲线

(8) 工况八,土中应力变化曲线,如图 8-22 所示。

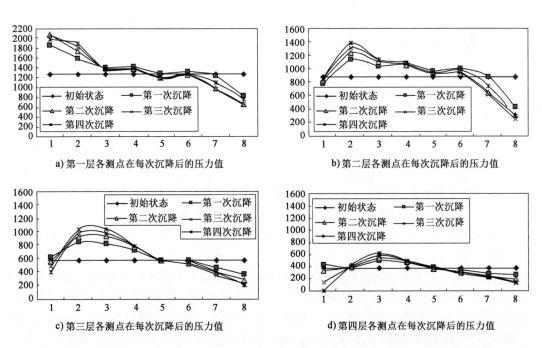

图 8-22 工况八土中应力变化曲线

(9) 工况九，土中应力变化曲线，如图 8-23 所示。

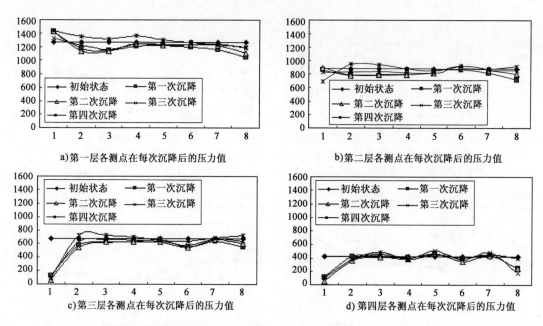

图 8-23　工况九土中应力变化曲线

（三）试验成果分析

(1) 从工况一与工况二位移曲线的对比中，可以看出，由于土工格室的存在，明显改善了桥台与台后填土的过渡曲线，特别是在底板两端沉降 6cm（地基沉降相当于 30cm）以前更为明显，有效处理长度约为 60cm（相当于台后 3m）。

(2) 从各级沉降作用下其位移曲线的变化可以看出，土工格室的这种平滑曲线过渡效应是从底至上逐渐消除沉降差而形成的，因此可以预见，在台后填土逐层夯实，并达到规定的压实度的情况下，填土高度越高，由地基所造成的沉降差则越容易消除，顶面曲线过渡也越为平缓。

(3) 从工况一与工况二土中应力曲线的对比中，可以看出，由于土工格室的存在，使得土中应力的分布发生了明显的变化。距离桥台固定点越近，土中应力比正常值减小得越多，随着与桥台固定点间距的加大，土中应力逐渐趋近于正常值；另外，由于土工格室的层层加固作用，路基深度越深，与地基沉降面越近，则土中应力的减小值则越大，这可以大大降低因台后填土的附加应力所引起的台后地基沉降，也使得因地基沉降而引起的路面沉降得以平缓过渡。

(4) 从工况一与工况三位移曲线的对比中可以看出，在土工格室布置相同的情况下，土质不同，加固效果不尽相同，黄土顶面的曲线更为平缓。黄土与干细砂最大的不同在于有较强的黏聚力，它可以和格室较牢固地结合在一起以形成类似复合地基的板体结构物，因而效果较明显。而试验用砂因为模拟需要，所采用的是级配较单一的细砂，在干燥状态下极易流动，难以与土工格室形成嵌锁效应。

(5) 从工况一与工况三土中应力曲线的对比中,可以看出,二者底层应力的分布情况较为相似,而上层应力分布则存在较大差别,黄土中应力的分布呈现波浪形,其原因在于在地基沉降过程中,在土工格室和自重应力的共同作用下,产生了与水平面呈现约 45°角的斜向裂缝,各土体之间已呈不连续状,在黄土的中间深度处形成土拱效应。在现场的细心观察中,细砂也存在类似剪切面的问题,但由于它具有独特的流动性,因而并没有造成明显的分离状态,自然也就不存在土拱的问题。

(6) 工况四是将同样数量的土工格室集中布置在台后填土的顶面。由于模型比例较小,其竖向过渡曲线的差异较小,但土中应力的分布则大有不同。在工况一的上密下疏的布置中,底层应力减小值最大,并逐渐向上过渡到顶层,顶层应力减小值最小;工况四则是土层中部应力减小值较大,底层应力减小值最大,这显然是由土工格室过分集中在上部所造成的,这种布置不利于减小地基上台后填土中附加应力,从而达到进一步减小地基沉降的目的,而且易在中部土层产生拉空区,对于长期承受动载也是不利的。

(7) 工况五是在土质相同的情况下,以等间距来布置土工格室。二者的竖向过渡曲线的差异较小,土中应力的分布形状也极为相似,但从水平方向应力减小区域的长短和平缓性来看,工况一则更为有利。

(8) 为了寻求土工格室加固中的格室数量的最为经济有效的用量,本次试验特别添加了加大格室用量的工况六,即布置上同工况一,除顶层格室外,其余用量均增加一倍。比较二者土中应力分布图,可以看出,加大格室用量,对于进一步减小土中应力,效果是明显的,特别是加大底部土层应力减小区域的长度尤其如此;而对于顶部土层应力的改变则效果一般。

(9) 工况七是为了模拟只在近桥台端发生一端沉降而设计的。从二者应力曲线分布的对比上可以看出,工况七存在明显的沿桥梁轴线方向上的应力重分布,即近桥端土中应力减小,远桥端土中应力增大,这一点在整个填土的中部最为明显。另外在近桥端底层土中应力的减小值更大,据分析,这一点是由于远桥端沉降小,因而对近桥端所产生悬索效应。看来,应用土工格室处理这一类沉降,其效果更为明显。

(10) 工况八是为了模拟只在远桥台端发生一端沉降而设计的。应力曲线分布基本与工况七相反,由于在实际工程中,发生此类沉降的可能性极小,所以这些试验数据一般用作与其他工况进行对比。但从中也可以看出,在距离桥台锚固点较远处,土工格室依然有减小应力的作用,而这一作用肯定是上层填土中的加长格室产生的。

(11) 工况九与工况四在土工格室的布置上是完全一样的,所采用的土质为工程实际应用的黄土。从二者的位移曲线上可以看出,工况九具有更加平缓的过渡曲线。结合工况三,可以知道,这是由黄土自身所具有的黏聚力造成的;二者应力曲线分布的形状基本相似,只是砂土各层应力值的离散度稍大,从加固效果上看,砂土要稍好一些,因为其底层应力分布曲线仍然有一定的变化。

(12) 从工况九与工况三的对比看,土中应力分布曲线差异较大,工况三对于填土底层应力的减小贡献极大,而工况九基本上无太大变化,从影响的区域来看,工况三也更大一些。

(四) 试验研究小结

从以上的各个工况的对比分析中可得出以下结论:

(1) 土工格室的布置以上密下疏的布置形式最为有利,这样既节省材料,又可以得到良好的效果。

(2) 采用双层土工格室加固台后填土,效果是显著的,在经济条件容许的情况下,可适当加大格室用量。

(3) 对于只在近桥台端沉降较大的情况,格室的加固效果是最好的,而此种工况在工程实际中最为常见。

(4) 土工格室对于砂土和黄土均有明显的加固作用。

(5) 台后填土高度越高,土工格室的这种削减因地基沉降而导致路面下沉的作用越明显。

(6) 土工格室处理实际地基沉降量为30cm以内时,较为有效。

三、大比尺模型试验

(一) 试验准备与步骤

足尺试验,就是按照实际尺寸进行试验,所得的数据对于工程实践最有指导意义。本书采用1:1足尺模型,在室内进行试验,便于控制施工进度,同时又可以模拟施工现场,进行人为影响较小的现场量测,获取更为直接、相对更加真实的数据。

1. 填料

(1) 砂砾

① 级配

本试验选用渭河河滩的砂性土作为路桥过渡段的填料,路基填料也为该砂性土。其颗粒组成如表8-1所示。

试验用填料的颗粒分析结果汇总　　　　表8-1

顺　序	粒径 (mm)			
	>0.5	0.5~0.25	0.25~0.074	<0.074
第一次	17.5	41.2	30.0	11.3
第二次	12.0	39.7	34.7	13.6
第三次	13.3	40.0	36.0	10.7
平均	14.27	40.3	33.57	11.86
小于该粒径的质量百分比(%)	100	85.73	45.43	44.86

② 最佳含水率和最大干密度的确定

为达到最佳的压实效果,方便试验过程中的质量控制,在试验初期根据《公路路基施工技术规范》进行了击实试验。其结果如表8-2所示。

试验曲线如图8-24所示。

第八章 路桥过渡段模型试验

击实试验数据汇总　　　　　　　　　表 8-2

含水率 ω(%)	0	0.8	2.8	5.7	9.2	10.3	15.2	17.7
干密度 ρ_μ(g/cm³)	1.836	1.846	1.898	1.922	1.97	1.973	1.854	1.73

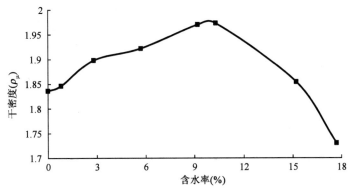

图 8-24　填料击实试验曲线

由上图可以确定该填料的最大干密度 $\rho_{max}=1.98\mathrm{g/cm^3}$，最佳含水率 $\omega_{opt}=10.3\%$。

试验过程中，应先洒水闷土，然后利用机械搬运至试验平台，并人工摊铺均匀，抽测含水率，如果不足，再次洒水并等待 30~60min 后再压实。

(2) 黄土

黄土的基本指标如表 8-3 所示，黄土的土粒含量如图 8-25 所示。

黄土的基本指标　　　　　　　　　表 8-3

最佳含水率 (%)	最大干密度 (g/cm³)	塑限 (%)	液限 (%)	塑性指数	黏聚力 (kPa)	摩擦角 (°)
13.91	1.91	21.30	31.86	10.56	34.81	32

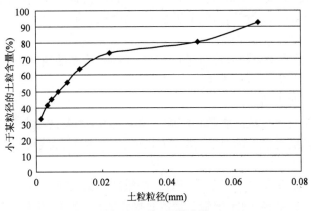

图 8-25　黄土颗粒分析

2. 测试手段

(1) 压力的量测

试验中土压力的量测采用土压力计，在岩土工程的现场土压力测试中，经常采用的土压力计分为钢弦式和电阻应变式，接收仪分别是频率仪和电阻应变仪。

①应变式土压力计

应变式土压力计的工作原理是:利用压力盒接触面受力后,引起膜片变形,粘贴在膜片上的应变片产生应变,通过应变仪测得应变值以求得土压力的大小。

②钢弦式土压力计

钢弦式土压力计由承受土压力的膜盒和压力传感器组成。压力传感器是一根张拉的钢弦,一端固定在薄膜的中心,另一端固定在支撑框架上。土压力作用在膜盒上,膜盒变形,使膜盒中的液体介质产生压力,液体介质将压力传递到传感器的薄膜上,钢弦的长度发生变化,弦的内应力发生变化,随着弦的内应力改变,自振频率也相应地发生变化,弦的张力越大,自振频率越高,反之自振频率越低。通过频率计测得的钢弦的自振频率,通过换算得到相应的土压力值。工作原理如图8-26所示。

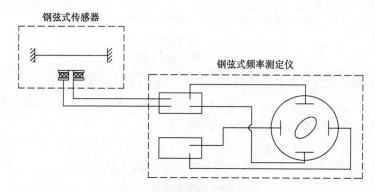

图8-26　钢弦式测试工作系统图

本法与电阻式、机械式以及其他测试仪器相比较具有以下特点:

a.性能稳定、工作可靠。

由于钢弦式传感器易做到密封、防潮,适应于恶劣环境,且不锈钢丝弦或钨丝弦强度大,物理化学性质稳定,只要承压膜设计合适,其性能是非常稳定的。

b.测量精度高、误差小。

由于是将被测信号转化为频率信号进行量测,而频率检测的精度是非常高的,在大量程时仍能保持很高的精度,其误差一般不小于0.05%。

c.抗干扰能力强、便于遥测。

频率测量时,由于与测量线路参数(电容、电阻、电感)无关,特别是采用双线圈型传感器时,其输出频率信号幅度是稳定的,抗干扰能力极强,因而测量导线可以长达300m,遥测传输可达万米。

d.构造简单,易于加工制造,现场安装简便,测量结果比较稳定。

e.频率仪体积小,重量轻,便于携带。量测时操作简单、迅速、方便。

另外,本次试验主要测试地基沉降完成以后,格室层底部路基填土所承受的土压力,此时上部压路机已经停止运动,并开行至桥台路基的远端,动荷载的影响已经消除,同时考虑到测试费用,故选用钢弦式土压力计。

③钢弦式压力盒量程的确定

钢弦式压力盒的量程主要依靠上部填土荷载来确定,采用静止土压力来计算。对于路堤顶面的压路机采用等代土层厚度的方法来确定,对应于使用压路机的等代土层厚度为 1.5m。压力盒最大量程由下式来确定：

$$\sigma_Z = \gamma H$$

式中：$\gamma = 20 \text{kN/m}^3$；
　　　H——填土厚度与等代土层厚度之和。

④钢弦式压力盒的埋设

a. 确定埋设位置：当某测点埋设单只土压力计时,可以直接将土压力盒埋设在该测点的预定位置,仪器之间应该保持一定的间距,以免互相干扰改变土体的应力状态。

b. 开挖：当土体填筑面高于测点高程以上 10cm 时,开挖仪器埋设坑,挖坑范围至仪器处边缘 0.5m,深至仪器埋设高程,再在水平放置的压力盒部位挖深 5cm。

c. 埋设：水平埋设的土压力计在压力盒的部位铺放 5cm 厚的细砂后将土压力盒放在砂层上,并用水平尺校正膜面的水平。

d. 回填：若原土料为黏土或细砂,在土压力盒上部铺 5cm 厚的细砂后,可依次回填原土料至填筑面,并压实。

(2) 沉降的量测

①沉降杯

沉降杯是根据连通器的原理制成的,即仪器的进水管溢水口水面与量水管水面保持在同一水平面上,若测点处的进水管溢水口水面发生变化,位于观测房的量水管水面高程则同步变化,即可测知两点处的相对沉降量,加以观测房本身的沉降量,即为该测点的绝对沉降量。基于人工观测的沉降杯结构如图 8-27 所示。

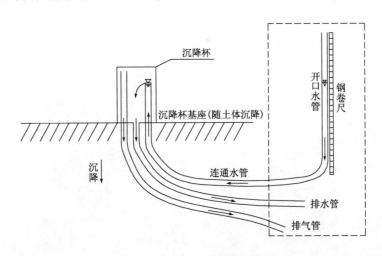

图 8-27　基于人工观测的沉降杯结构示意图

本试验为室内观测,量水管可以布设于试验平台系统附近办公楼的墙壁上,所以其沉降量等于量水管的初始读数与最终读数的差值。

仪器的安装与埋设应按照以下几点进行：

a. 选择读数地点。在现场测试时,路基宽度大,地基本身存在一定的沉降,选择固定点不容易,如果在较远的地方设立观测点,则线路过长,导致每测试一次耗费时间过长,故在边坡上设置观测房。本试验是人工模拟地基沉降,受影响的范围比较小,故可以充分利用附近的固定位置设置观测读数地点。

b. 确定测点高程及管路坡度。为便于仪器的观测与埋设,同一观测房各测点应基本位于同一高程,坡度应大于 0.5%。

c. 沟槽开挖与整理。沉降杯的埋设方法有坑式、非坑式和半坑式三种,为更好地保护仪器,本试验采用坑式埋设法。当填筑面铺到高于测点埋设高程约 20cm 时,沿仪器埋设线路开挖沟槽,一般从上游测点高程处以一均匀的坡度挖至下游观测位置,槽底用细砂整平。

d. 仪器安装。将进水管、排水管、排气管连接起来,特别注意在各管与沉降杯连接处的密封,不可漏水。

e. 回填及保护。用细砂回填沟槽,初步压实后继续正常施工。

具体埋设步骤如图 8-28~图 8-31 所示。

图 8-28　准备并检查沉降杯

图 8-29　挖坑

图 8-30　掏槽、铺设管道

图 8-31　埋设

② 沉降板

本试验采用半径为 15cm 的钢板作为沉降板,其上接测杆。每条测杆由 6 段组成,每段长度为 10cm。测试时将沉降板埋设在测试平面上,板与测杆相连接,测杆外加塑料袋,以消除填土与测杆间的摩阻力,如图8-32所示。由于测杆上端埋于地面以下,必须避免施工中的挤压破坏或弯曲变形,以保证测量精度。

3. 顶面活载的模拟

在道路沉降系统模拟试验台上研究道路沉降过程机理及改善措施时,必须考虑汽车在道路上运行过程中对道路形成的荷载。在实际道路上某一点的荷载是通过汽车在道路上运行过程中车轮对地面产生的作用力形成的。此作用力的大小与汽车的轴荷(轴载质量)有着密切的关系,而

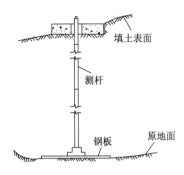

图8-32 沉降板测试原理

一辆汽车对道路某一点的作用时间与汽车行驶的速度有着密切的关系。为了准确模拟实际道路在使用过程中的沉降情况,必须对试验台进行有效的加载。由于试验台结构和尺寸等条件的限制,不可能直接采用汽车在上面行驶的加载方式,只能采用模拟加载的方式,即加载装置模拟汽车在道路上实际运行过程中车轮对地面的作用力来实现对模拟试验装置实施加载过程。

本试验采用移动式模拟加载装置,在原压路机基础上增加一套模拟加载装置,对试验道路进行模拟加载。在试验过程中将压路机行驶范围进行划分,在每一区域内压路机可以采用不同的振动频率(模拟加载频率、正常施工压实频率、无振动),模拟不同的车流量。

4. 地基沉降曲线模拟

路桥过渡段跳车问题是一个客观存在的工程难题,在施工时质量控制得比较严格,路堤自身压缩变形不大。但同比之下,工后地基的沉降变形(对于软土而言是固结变形)则大得多。因此考察处治方法的适用性主要是针对消化路堤下地基工后沉降变形的能力。

在试验中控制千斤顶节点的沉降,利用活动面板来模拟地基的沉降,可以进行均匀沉降、差异沉降的模拟。在此基础上,可以检验土工格室柔性搭板、土工织物处置、换填砂砾、灰土等各种常见处治方式的效果,并可以进行相应的适应性评价。

5. 试验步骤

(1)将底板(沉降板)上的残土清理干净,并铺上薄钢片和圆钢板,防止底板在升降过程中产生漏土现象,如图8-33所示。

图8-33 防漏土设施

(2)启动控制系统,使千斤顶升到容许高度,然后检查试验平台支撑系统、升降系统、控制系统的安全性、可靠性,防止试验过程中出现机械和电路方面的故障。

(3)按《公路路基施工技术规范》(JTG/T 3610—2019)的要求,将填料(砂土)分层填筑并夯实整平,每层厚度控制在20cm,压实度按照规范要求进行测试和控制。

(4)每层填土应该尽量平整,当到达埋设压力盒或者沉降杯土层时,应该利用水准仪整平。

(5)埋设压力盒前,必须重新进行标定;在埋设时,应注意压力盒及其导线的摆放位置、编号的对应与测试位置的安排。埋设过程中应杜绝夯击力过大或人员踩踏而造成压力盒的毁坏、偏移;合理安排导线的走向,并相应作出标记;在空载时读取其频率初读数。

(6)在填筑有土工格室的土层时,将其一端固定在桥台上,将格室充分展开。在此过程中,应该注意连接件的锚固和土工格室不同片之间的连接问题,严格做到每一个连接点都符合要求。

(7)埋设沉降杯前,应该检查连通管件之间的密闭性,防止出现漏水而引起测量误差。埋设时应分别埋设通气管(A管)、测量管(B管)、出水管(C管),并编号。测量时,应先从B管灌水,等到C管有稳定的水流流出,并且没有气泡后,从A管打气,液面稳定以后,进行测量。

(8)当填土完毕,即可开始此相应的测试。

(9)读取沉降杯和沉降板的初始高度值以及压力盒的初始频率值,同时记录当时的温度(用以校正后期土压力的计算结果)。

(10)根据现场观测值,拟定试验平台沉降曲线。

(11)启动试验平台沉降控制系统,按照预先设定的沉降曲线值进行沉降,操作过程中注意控制系统的稳定性。

(12)待沉降完成并稳定以后,读取并记录沉降板和沉降杯的高程及所埋设压力盒的频率变化数据,记录当时的温度。

(13)计算沉降板、沉降杯的相对位移,得到土工格室结构层的竖向位移变化曲线;计算竖向土压力的变化状况。

(14)重复(9)~(12)步骤直至本工况结束。

(15)取出填土。

(16)对试验中测试数据出现异常的压力盒进行重新标定或更换。

(17)将试验平台升至预定高度。

(18)准备下一工况。

整个试验过程中,由于上部填土较多,产生的压力巨大,在试验平台沉降过程中,必须注意安全。

(二)大比尺模型试验的数值模拟

足尺模型试验由于不受简化假定的影响,不仅能全面、真实地反映结构的实际工作情况,还可清晰而直观地展示出整个结构从受载直至破坏的全部过程。但由于受到试验条件、试验经费及时间的限制,不可能将各种各样的工况都拿来做模型分析;同时在量测过程中考虑到测试手段、测试元件的尺寸效应、经济因素以及测试人员的量测难度,测试时不可能进行详细的"点点"量测,而计算机的数值模拟可以弥补这两方面的不足。

计算机的数值模拟是以计算数学、计算机图形学、有限元理论等现代诸多科学理论为基础,并在计算机上得以实现的一项模拟实际工程问题的技术。只要给定材料特性、边界条件及相应的计算方法,就可以得到相应的各项指标,并且几乎不受工况个数的限制,这一点也正是其优势所在。当然数值仿真技术运用得正确与否也正取决于给定的材料特性及边界条件的正确性以及是否选择了正确的计算方法。应用数值仿真技术对前述足尺试验的工况、边界条件、地基沉降曲线(面)进行分析,得出较为合理的分析方案;在此基础上,针对因各种原因未能进行试验的其他工况进一步分析,并将二者所得结果加以结合和比较,以期得到更为有益的结论,同时也为后续的加筋土类(尤其是土工格室加筋)的仿真分析提供一定的依据。

结合足尺试验模型的边界条件、地基沉降曲线、材料参数等,利用有限元程序 MARC 进行不同工况下的三维有限元分析,以获得土工格室结构层空间沉降曲面和压力的分布情况,预测足尺模型试验的结果,为研究楔形柔性搭板处治差异沉降的机理提供理论依据。

1. 有限元分析计算说明

(1)本构关系的确定

这里分析时采用基于线性 Drucker-Prager 屈服准则的理想弹塑性模型。

(2)边界条件

在这里的分析中,数值仿真的主要目的是通过模拟足尺试验的边界条件、填料类型和地基沉降,来达到分析和完善现场测试数据的根本目的。为了实现该目标,主要解决地基沉降的模拟,路堤填土与桥台、沉降板之间的接触,土工格室结构层与周围土体间接触、土工格室结构层与桥台之间的约束等几方面的问题。

①地基沉降的模拟

地基的工后沉降是随时间而变化的,受地基的地质水文条件、处理方法、路堤设计及路面施工前的预压时间等影响显著,同时具有空间分布不均匀性,而且在路堤纵断面和横断面方向分布都是不均匀的。沉降沿路线纵向的过渡方式对差异沉降产生重要影响,同时也是判断处治措施的适应性的重要参数。因此模拟地基的工后沉降,即控制沉降板的沉降曲线(包括纵、横向的差异沉降),是数值仿真中的关键问题。

MARC 有限元分析程序对地基沉降的模拟是通过对边界条件的施加来实现。具体的实现措施是在路基底部施加一定的变形(Displacement)值,本章主要考虑路基纵断面方向的均匀沉降和路基横断面方向的差异沉降。

为实现对沉降板的横向差异沉降的加载,这里利用 MARC 提供的位移(变形)的接口程序 FORCDT,进行了二次开发,通过用户子程序来控制其沉降值、沉降速率、沉降曲线等,从而在沉降板横向上实现分步、差异沉降。

②桥台、路堤之间相互接触的处理

在数值仿真分析中,认为重力式桥台沿路线纵向的位移为 0,即 $z=0$。在本章分析中,利用 MARC 软件提供的专门用于处理接触面的命令 Contact。Contact 通过定义接触体和接触表来描述物体间的接触关系。在用 MARC 软件数值模拟模型试验时,将桥台定义为刚性接触体,路堤定义为变形接触体。然后在接触表(Contact Table)中定义接触体之间的摩擦因数、接触后分离所需的分离力、接触容差及可能的过盈值。两个接触体在受力变形后可能出现分离或嵌入,这一点可通过分离力及过盈配合值来进行描述,即输入一个很大的分离力和一个很小的过盈值,来实现桥台与路堤过渡段的仿真。

两者之间的摩擦因数取值参考砂砾与混凝土之间的摩阻系数,取为 0.75。

③路堤与沉降板接触的处理

路堤与沉降板之间为紧密接触,但是当沉降板在沉降系统作用下,发生较大的沉降时,土体由于本身物理力学特性(主要是 c、ψ 值),具有自成拱效应,两者之间就会出现松动区,或者说是位移的过渡区(这里描述为过渡区)。但是,当地基沉降发生一段时间以后,两者之间的松动区再次压密,同时为了计算的方便,这里将两者"粘"到一起,使沉降板和其上部土体协调变形。

④土工格室结构层与周围土体的模拟

在试验过程中,当土工格室结构层的一端固定于桥台时,其下部填土的变形不断累积,势必在固定端和下部填土之间形成一个松动区。在进行数值仿真分析时,为了消除边界条件下固定端对下层土体单元变形的限制,这里采用接触面单元,在土工格室结构层单元与土体单元之间设置一种厚度较薄的特别材料层单元。当为拉应力时,表明单元受拉,由于土体不能受拉,故将材料模量定义一个很小的值,如 10kPa;由于单元的模量很小,在受到拉应力情况下,单元可以任意拉伸,但其传递到下层土单元的拉应力可忽略不计。当为压应力时,材料模量与其他土体一致。通过 MARC 提供的接口程序 Hypela 来实现这一功能。

⑤土工格室结构层与桥台的约束

当为重力式桥台时,在实际施工中,是将土工格室锚固于桥台之上,并填土于其中。因此,在有限元分析中,土工格室结构层与桥台之间的约束为限制 x、y、z 方向的位移等于 0,即 Displacement $x=0$、$y=0$、$z=0$。

⑥沉降平台的模拟

在整个试验系统中,沉降板之间以及千斤顶的托盘满足位移连续、应力不连续的边界条件。考虑到板的总数为 230 块以及 MARC 系统、计算机的硬件条件,本章的分析未考虑板与板之间的接触,而是采用四结点的三角形单元来模拟,其单元类型为 139 壳体单元。单元划分如图 8-34 所示。

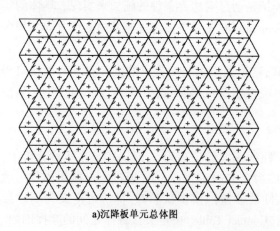
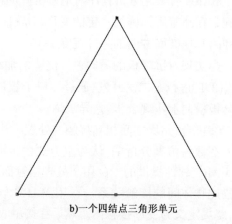

a)沉降板单元总体图   b)一个四结点三角形单元

图 8-34 沉降平台有限元模型单元划分及大图

(3)材料参数

计算参数如表 8-4 所示。

有限元分析材料参数 表8-4

材料或结构	弹性模量 E (MPa)	泊松比 μ	(类)内黏聚力 c (kPa)	内摩擦角 α (°)	备注
填料(砂性土)	100	0.32	0	30	—
土工格室结构层	160	0.25	—	—	按弹性体考虑
沉降平台	300000	0.2	—	—	按弹性体考虑
锥坡	60	0.35	20	32	

(4) 沉降曲线

结合现场观测数据和通过大变形有限元分析,地基差异沉降曲线取为:

$$y = 0.0006x^2 - 0.013x - 0.10 \tag{8-4}$$

2. 结果分析

结合模型试验,主要利用数值仿真技术,分析采用土工格室楔形柔性搭板处治路桥过渡段时,在地基沉降发生条件下,路堤竖向沉降曲线变化规律,从而确定模型试验的主、辅测断面以及测试仪器的埋设位置。

在实际工程中,重力式桥台较常采用,但是因为其自身重量巨大,容易引发差异沉降。结合大比尺模型试验的实际尺寸,分析高度为6.0m,顶宽3.6m,边坡度为1:1.5的有限元模型,为模型试验确定合理的位移、压力测试仪器提供指导。

(1) 重力式桥台

① 纵断面方向竖向位移曲线

沿路基中线沉降曲线如图8-35所示。

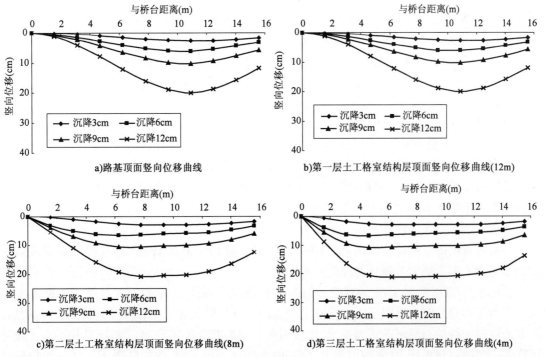

图 8-35

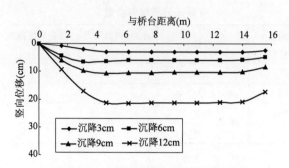

e) 第四层土工格室结构层顶面竖向位移曲线(4m)

图 8-35　沿中线纵断面方向竖向位移曲线

通过上图可以看出：竖向位移的变化曲线与土工格室的布设长度有密切的关系；在布设区域内，路堤与桥台之间的差异沉降形成一定的坡度，与后面的沉降平缓过渡，避免在处治区与未处治区之间产生"二次跳车"现象；在未布置区域，沉降曲线基本上为一条直线，说明该方法可以协调桥台与路堤的沉降差；在接近锥坡附近，曲线上翘，说明该处摩擦力对竖向位移存在一定的限制作用。同时，随着地基沉降的发展，各层顶面的最大沉降值自下向上减小。近桥台端竖向位移随着高度的增加而减小，上、下土工格室结构层竖向位移存在较大的差值，说明了松动区的存在。

根据上图中曲线的变化规律以及沉降面板的尺寸，来确定每层沉降杯(板)纵断面上的埋设位置。同时为减小桥台对测试仪器的影响和埋设时的方便，所有位于土工格室结构层顶面的沉降杯(板)距离桥台均取为25cm，其余尺寸根据布设宽度来确定。根据施工顺序，各层的埋设位置布设如下：

第四层，铺设长度4m，拟在距离桥台2m、3.5m、5m、11m、14m左右布设5～6个沉降杯，主要目的是为了观测该层对于地基沉降的消化作用；

第三层，铺设长度4m，也采用沉降杯，因为处治尺寸与第四层相同，埋设位置、数量相同；

第二层，铺设长度8m，采用沉降杯观测，拟在距离桥台2m、3.5m、8.5m、14m左右布设5～6个沉降杯；

第一层，铺设长度12m，拟采用沉降板观测，共6个，均布设在中线方向，在距离桥台2m、4m、8m、11m、14m附近布设，测试目的是为了估计路基顶面的竖向位移值。

同时，为了观察第四层土工格室对于地基差异沉降的消化作用以及地基沉降向路基顶面方向的反射作用，拟在第三层和第四层土工格室之间的填土中埋设一层沉降杯，布置范围只在处治的4m范围内，间距可以参考第四层。

②横断面方向竖向位移曲线

横断面方向的竖向位移曲线(图8-36)以差异沉降最大值为12cm，即最终沉降完成以后的曲线为例来初步确定沉降杯的埋设位置。

从图8-36可以发现，随着地基差异沉降边界条件的加载，路基内部尤其是土工格室上表面也产生了差异沉降。第四层土工格室上表面的差异沉降尤为明显，随着与桥台距离的增加，路基边缘与中线的差异沉降逐渐变大，这说明在相同的沉降条件下，土工格室结构层对于地基沉降有一定的消化作用；自第四层向上，沉降曲线逐渐变得平缓，说明随着土工格室结构层的层层消化作用,地基沉降反射到路基顶部的比例越来越小。

根据图 8-36 中曲线的变化规律以及沉降面板的尺寸,来确定每层沉降杯(板)横断面上的埋设位置。试验路堤为左右对称,为减小测试工作量,同时又不影响试验精度的基础上,埋设沉降杯的范围限定在路基中线一侧、土工格室结构层处治范围以内。根据施工顺序,各层的横断面布设位置如下:

第四层,铺设宽度 16m,取其一半进行测试,拟在距离路基中线 2m、4m、7m 左右共布设 4 个沉降杯,主要目的是为了从横断面上考虑土工格室结构层对于地基沉降的消化作用;

第三层,铺设宽度 12m,取 6m 范围埋设沉降杯,因为处治长度与第四层相同,拟在距离路基中线 2m、4m 左右共布设 3 个沉降杯;

第二层,铺设宽度 8m,取 4m 范围埋设沉降杯,拟在距离桥台 2m 左右共布设 2 个沉降杯;

第一层,铺设宽度 5m,考虑到沉降面板和沉降板的尺寸以及分析结果中显示该层横断面方向差异沉降不明显,故该层横断面方向不进行测试。

对于第三层和第四层土工格室之间的填土中加埋设一层土工格室,横断面方向拟在 2m、4.5m 左右共布设 3 个沉降杯。

通过图 8-36、图 8-37 可以发现:纵断面上,随着地基沉降的发展,第一层和路基顶面的沉降差异不大,可见该层土工格室的变形对于路基表面的影响,故建议在该层采用复合刚度较大的材料填筑,以减小其沉降;其余几层在土工格室结构层处治区域以外,沉降明显变大,证明了楔形柔性搭板具有协调路堤与桥台沉降差,消化地基沉降的作用。横断面上,土工格室结构层的消化作用更加明显。通过对路基横、纵断面土工格室结构层的沉降曲线,证明其能够起到消除差异沉降病害的作用。

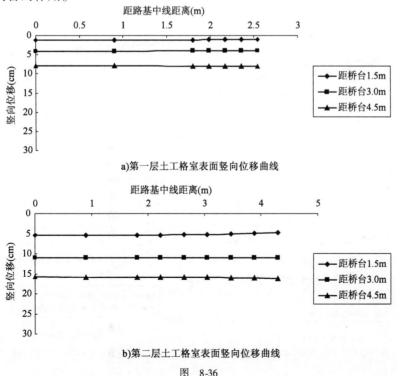

a)第一层土工格室表面竖向位移曲线

b)第二层土工格室表面竖向位移曲线

图 8-36

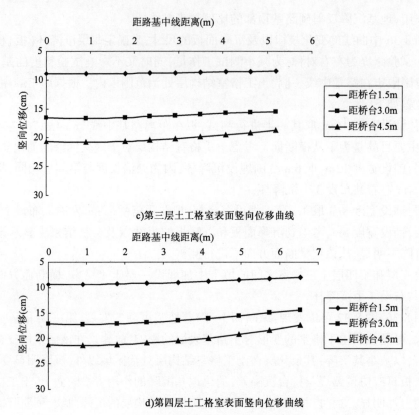

c) 第三层土工格室表面竖向位移曲线

d) 第四层土工格室表面竖向位移曲线

图 8-36　横断面方向竖向位移曲线

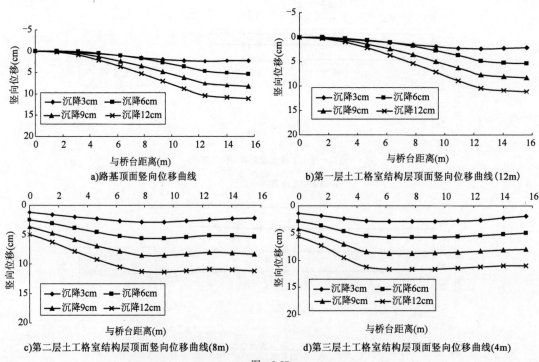

a) 路基顶面竖向位移曲线

b) 第一层土工格室结构层顶面竖向位移曲线(12m)

c) 第二层土工格室结构层顶面竖向位移曲线(8m)

d) 第三层土工格室结构层顶面竖向位移曲线(4m)

图 8-37

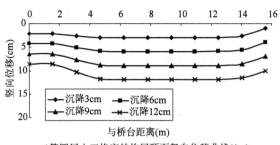

e)第四层土工格室结构层顶面竖向位移曲线(4m)

图 8-37 沿中线纵断面方向竖向位移曲线

通过以上分析,可以确定路基中线上的竖向位移曲线对于分析处治措施的适应性是重要的数据,因此该断面是主测断面;路基边缘竖向位移可以判断处治方法在横断面上的影响范围和程度,也为主测断面;两者之间,尤其是处治区域内的测试可以辅助以上两个目的,同时补充测试数据的不足,并可以用来验证主测断面测试数据的准确性与合理性,所以在实际仪器布设过程之中,可以考虑在辅测断面处适当调整测试范围。

(2)肋板式桥台

考虑到试验过程中,为便于试验结果的对比,仪器的埋设采用与重力式桥台类似的布设位置。这里只从路基中线纵断面竖向位移变化规律(图 8-37)来分析土工格室楔形柔性搭板在处治肋板式桥台中的作用。

在肋板式桥台中,只有第一层土工格室锚固于桥台之上,其余三层均固定于锥坡之中,提供有限的锚固力。从以上各图可以看出:路基竖向位移的形状与重力式桥台类似,但是路堤与桥台的沉降差远远大于重力式桥台时,尤其是在第二至四层土工格室结构层上;竖向位移的变化曲线也显示出与土工格室的布设长度的密切关系;在布设区域末端,沉降平缓过渡,防止产生"二次跳车"现象;在未布置区域,沉降曲线基本上为一条直线,说明该方法可以协调桥台与路堤的沉降差;在接近锥坡附近,曲线上翘程度同比要大,说明约束边界提供了较大的摩擦力。随着地基沉降的发展,各层顶面的最大沉降值自下向上减小。

压力盒埋设主要测试在土工格室结构层下的压应力变化规律,验证松动区的存在。而压应力的变化与顶面竖向位移是相互对应的,故压力盒的埋设位置可以参考沉降杯的埋设并进行相应的修改。具体的埋设位置见第四章中相关部分。

3. 小结

本小节通过利用有限元分析程序 MARC,对采用重力式、肋板式两种桥台类型的大比尺模型试验进行分析,得到相应的路基竖向位移曲线,并得到如下结论:

(1)竖向位移的变化曲线与土工格室的布设长度有密切的关系,曲线的突变主要发生在土工格室结构层布置与未布置过渡区。

(2)在地基差异沉降的作用下,路基纵断面方向近桥台端竖向位移由于土工格室结构层的作用,呈现平缓过渡。

(3)在地基差异沉降的作用下,路基横断面方向竖向位移自第四层向上,沉降曲线逐渐变得平缓,说明随着土工格室结构层的层层消化作用,地基沉降反射到路基顶部的比例越来越小。

(4)土工格室变形后存在"网兜效应",能够起到消除差异沉降病害的作用。

(5)不论哪种桥台类型,各土工格室结构层顶面的最大沉降值自下而上减小。

(6)在土工格室与桥台连接部位下出现松动区。

(7)通过有限元分析得到的纵横断面竖向位移变化曲线,初步拟定了测试仪器的埋设断面及其间距,得出路基中线方向、路基边缘方向为主测断面,两者之间为辅测断面。

(三)大比尺模型试验数据分析

1. 概述

通过对大比尺模型试验的数值仿真分析,可以发现柔性搭板可以较好地消化地基沉降变形,减小路基压缩变形,协调和缓和路桥过渡段差异沉降差。在第一章中,已经阐述了目前所经常采用的处治方法以及各种处治方法所对应的要求与不足。为深入研究各种处治方法的适应性,曾经进行了许多现场试验和室内模型试验,但是在如何有效地模拟地基沉降方面,仍需要进一步改进。

本书进行的小模型试验,可以定性研究土工格室结构层的作用性状,对于设计具有一定的指导意义。小模型试验只能模拟路面范围内的规则沉降(均匀沉降、成一定斜率沉降等),对于地基的不规则沉降,如地基沉降曲线、局部的地基失效等,不能准确模拟;因此,而利用大比尺模型试验平台可以进行以上几种情况的模拟。在试验中,应该合理地布置土工织物的长度、间距,同时考虑测试仪器的精度,试验的难度等合理地布置测试元件。如前所述,主要观测数据为路基顶面的竖向位移。

本试验主要考虑在填料、桥台类型不同工况下,采用土工格室、土工格栅处治路桥过渡段时,不同地基沉降模式的路基顶面竖向位移。压力的测试主要是验证土工格室结构层下松动区的存在以及范围。

2. 楔形柔性搭板及试验仪器的布置

(1)楔形柔性搭板的布置

本次试验是在以前大量的现场工程经验总结、室内小比尺模型试验以及有限元分析的基础上,选取合理的土工格室柔性搭板布置间距和长度。其横断面方向布置如图8-38所示。

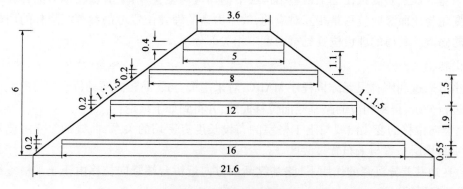

图8-38 土工格室结构层总体布置图(横断面)(尺寸单位:m)

纵断面方向的布置根据不同桥台类型而有所不同。

①重力式桥台

路基填料为砂砾,边坡坡率1:1.5,台背共布设楔形柔性搭板四层(其中顶层为双层结构),土工格室通过膨胀螺栓固定于桥台上。土工格室的布置形式如图8-39所示。

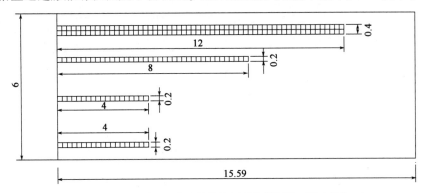

图8-39 重力式桥台土工格室结构层布置图(纵断面)(尺寸单位:m)

②轻型肋板式桥台

路基填料为砂砾,边坡坡率1∶1.5,台背共布设楔形柔性搭板四层(其中顶层为双层结构),布置间距同工况一,顶面两层柔性搭板通过膨胀螺栓固定于台帽上,第二层伸入桥台1.0m,底部两层伸入桥台2.0m,以提供一定的锚固力。其布设如图8-40所示。

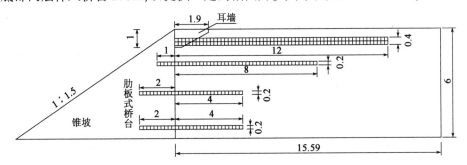

图8-40 肋板式桥台土工格室结构层布置图(纵断面)(尺寸单位:m)

(2)测试仪器的布置

试验中主要的测试仪器为:钢弦式压力盒、沉降杯、沉降板,其相应的布置位置分别叙述如下:

①压力盒的布置

压力盒主要埋设于土工格室底面的路堤之中,目的是测试土工格室对于地基沉降的消化作用,验证土工格室结构层下松动区的存在以及范围。考虑到测试数量、精度以及压力盒尺寸效应等各方面的要求,本次试验采用的平面布置形式如图8-41所示(以重力式桥台为例)。

在土工格室结构层区域内,采用较为密集的布置方式,在路堤远端和近土工格室末端布置,用于测试土工格室结构层对竖向应力的扩散作用。

②沉降杯的布置

沉降杯埋设于土工格室结构层上部,为了测试的准确与快捷,必须在其埋设沟槽内形成一定的坡度,故在土工格室铺设以后其上必须填筑30cm后的砂土层,便于埋设和形成坡度。其平面布置形式如图8-42所示。

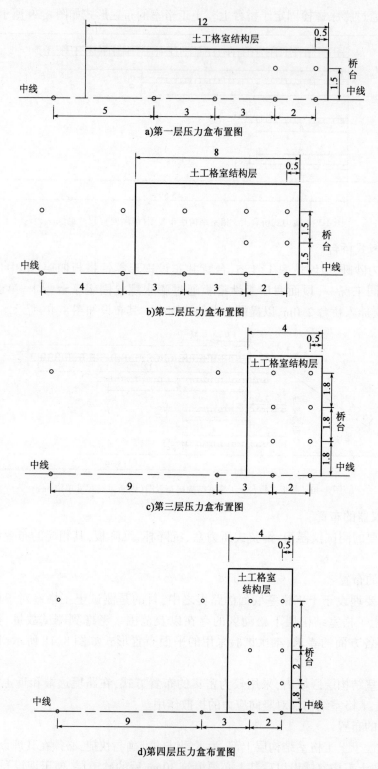

图 8-41 压力盒布置示意图(自路基顶面向下分为四层)(尺寸单位:m)

第八章 路桥过渡段模型试验

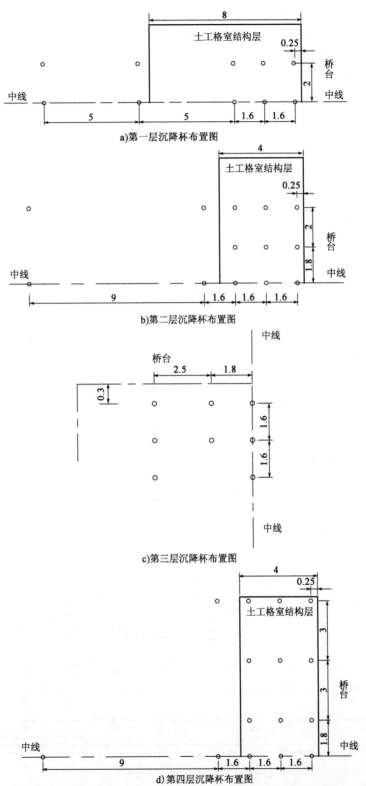

图 8-42 沉降杯布置示意图(自路基顶面向下分为四层)(尺寸单位:m)

沉降杯布设数量为：第四层沉降杯，共16个，布设于最下层（第四层）土工格室结构层上表面，主要是测试该层的顶面竖向位移，并与沉降面板的实际沉降曲线作以对比，主要是为了测定该层对地基沉降的消化作用；第三层沉降杯共计8个，布置在第四、第三层土工格室结构层中间部位，主要用于测试竖向位移的变化情况；第二层沉降杯共计13个，布设于第三层土工格室结构层上表面，主要测试该层的竖向位移；第一层沉降杯共计10个，布设于第二层土工格室结构层上表面，其作用与第二层类似；四层沉降杯总计47个。

③沉降板的位置

在处理路桥过渡段时，评价处治方法优劣的主要指标就是路基顶面的竖向位移。由于本试验过程之中，需要在路基顶面模拟车辆荷载，而且未铺设硬化的面层，土基在压路机作用下容易产生松散，致使路基顶面无法直接观测。同时考虑到测试、施工时间都较短，路堤本身沉降变形较小，故在最上面的土工格室结构层上表面布设沉降板，用于观测土工格室结构层本身的沉降，从而得到路基顶面的竖向位移曲线。

沉降板的布置位置主要参考第三章有限元分析的结果，路基顶面竖向位移的变化曲线、第一土工格室结构层上表面的竖向变形曲线来确定，具体位置如图8-43所示。

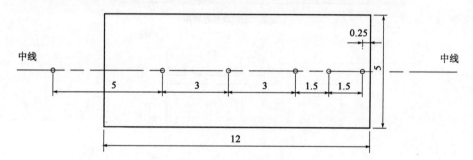

图8-43　沉降板布置示意图

对于肋板式桥台，其压力盒和沉降杯之间的埋设间距与重力式桥台一致；而第一个埋设位置与桥台距离均为40cm，与重力式桥台略有不同；同时根据第一次的测试结果和有限元分析结果，沉降板的埋设位置和间距有所不同，其实际布设位置如图8-44和图8-45所示。

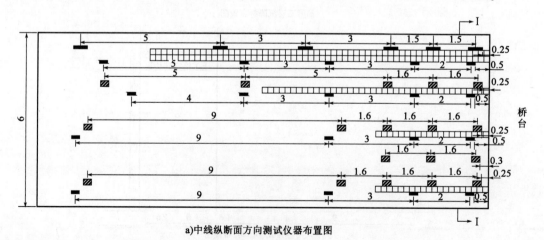

a) 中线纵断面方向测试仪器布置图

图 8-44

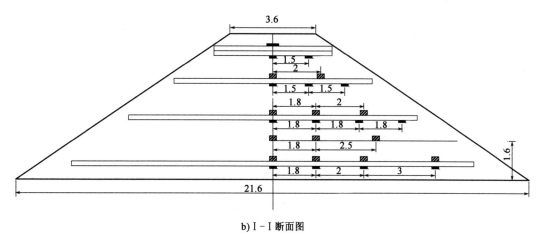

b) Ⅰ-Ⅰ断面图

图 8-44　总体布置图(尺寸单位:m)

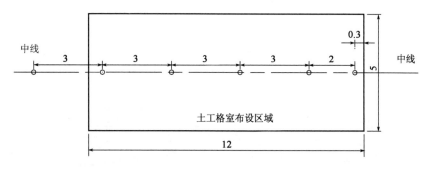

图 8-45　肋板式桥台沉降板布置图(尺寸单位:m)

3.试验结果分析

为评价地基沉降发生情况下楔形柔性搭板的处治效果,模型试验基于沉降试验平台,进行了对应于重力式、肋板式两种桥台类型的大比尺模型试验。测试过程中,地基沉降曲线不断累加,相应的测试结果主要包括竖向土压力、沉降值,通过对数据的分析,评价楔形柔性搭板对地基沉降的适应性。

(1)重力式桥台

①土压力

依据前述的试验方法,试验分别就各个工况的各个测点进行了土中竖向压力测试,其内容包括:空载时各压力盒的初始频率值、填土结束时各压力盒的初始频率值、各级沉降稳定时各压力盒的频率值、卸载后各压力盒的频率值以及每次读取数据时的室内温度等。

根据埋设位置,主要沿土工格室结构层的横断面方向,沿中线、边缘的纵断面方向对测试数据进行对比分析;根据试验进程,共分为 6 次沉降,7 次测试结果,分别为:LC0,初始数值;LC1,差异沉降,地基最大沉降为 3mm 时数据;LC2,不均匀沉降,地基最大沉降为 3cm 时数据;LC3,不均匀沉降,地基最大沉降为 6cm 时数据;LC4,不均匀沉降,代表地基最大沉降为 9cm 时数据;LC5,不均匀沉降,地基最大沉降为 12cm 时数据;LC6,不均匀沉降,地基沉降由不均匀沉降变化为均匀沉降,值为12cm时数据;LC7,均匀沉降,地基均匀沉降值为3cm,即沉降15cm时数据。

测试数据曲线如下:

a. 横断面方向

如图8-42所示,横断面方向埋设的压力盒,集中于土工格室结构层布置范围内,主要用于测试结构层下竖向土压力的分布情况,各层测试曲线如图8-46~图8-49所示。

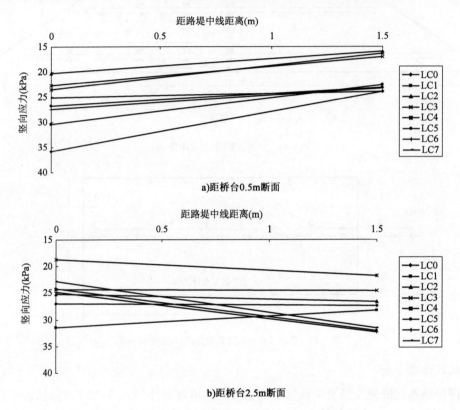

图8-46 第一层压力盒竖向应力值(横断面方向)

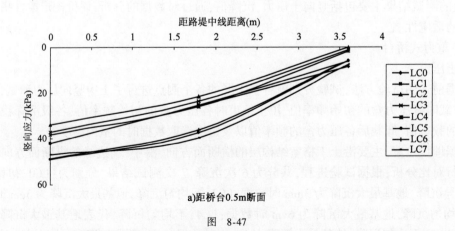

图 8-47

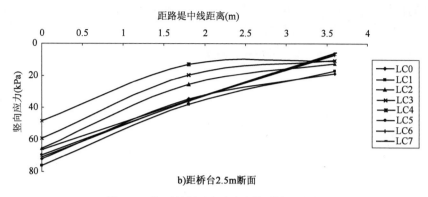

b) 距桥台2.5m断面

图8-47 第二层压力盒竖向应力值(横断面方向)

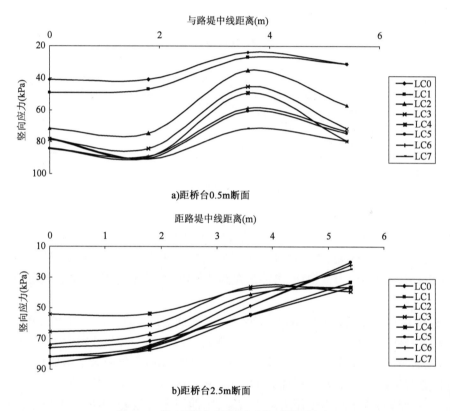

图8-48 第三层压力盒竖向应力值(横断面方向)

从图8-46可以发现:在距离桥台0.5m断面处,竖向压应力减小,随着地基沉降的加大,应力值逐渐均匀;在2.5m断面处,竖向压应力值变化不大,说明此处土工格室结构层的约束作用已经逐步减小。随着沉降的发展,该土工格室结构层的底面出现了应力松动区,其宽度为2.5m左右。

从图8-47a)可以看出,距桥台0.5m断面处,竖向压应力值先减小后增大,但变化幅度不大,同一处的变化小于10kPa;在2.5m断面处,竖向压应力值显著减小,呈现出明显的松动区。出现此种情况的原因是:随着沉降的发生,在近桥台端先出现松动区,随着沉降的进一步增大,在上部荷载的作用下,土工格室结构层出现松动,导致下部压力增大,随后松动区逐步向远桥台断面过渡,导致在2.5m断面处出现松动区。

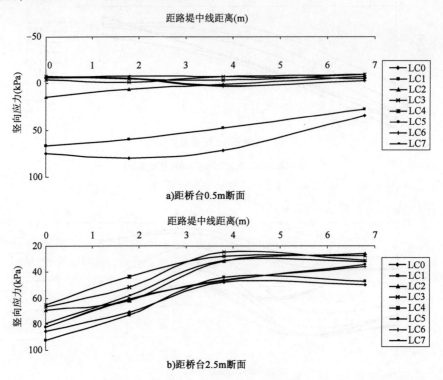

图8-49 第四层压力盒竖向应力值(横断面方向)

图8-48所示竖向压应力曲线与其他三层存在很大的差异。近桥台端值随着沉降的增加而增大;而远桥台端2.5m处,压力值随着沉降的增加先减小后增大。试验结束以后,进行复检,发现0.5m处埋设的压力盒损坏,可能是在其埋设以后,填土过程中,装载机的过载作用导致其损坏。

从图8-49的压应力变化曲线可以发现:该层的底面竖向压应力随着地基沉降的增加显著减小,出现了明显的应力松动区。在近桥台端,随着沉降的进一步发生,压力值逐渐减小接近至零,应力松动明显,其区域至少扩展到2.5m处,说明该结构层能有效抵消地基的沉降。

通过以上对于各层土压力分布曲线的分析,可以发现:从第一层到第四层,在近桥台的0.5m断面处在沉降过程中均出现压力减小现象,第四层尤为显著,表明土工格室结构层在其强度范围内可以发挥一定的支持作用,在近桥台的底部产生松动区,可以减小桥头地基的所受的附加应力;在距离桥台2.5m的断面,竖向应力在第四层减小幅度较大,同时自下向上减小幅度逐渐变小,即松动区范围逐渐变小,证明土工格室结构层可以较为有效地消化地基沉降变形。

b. 纵断面方向

如图8-41所示,纵断面方向埋设的压力盒,主要位于土工格室结构层布置范围的中线和边缘,根据具体情况而有所不同;主要用于测试沿路堤纵向,土工格室结构层下竖向土压力的分布情况,各层测试曲线如图8-50～图8-53所示。

第八章 路桥过渡段模型试验

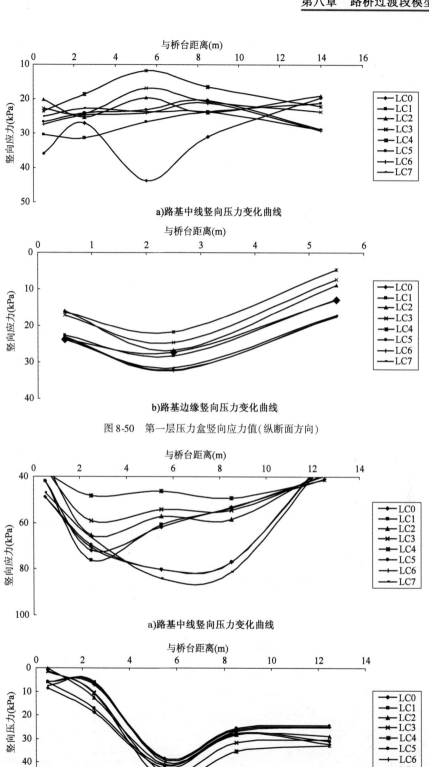

a) 路基中线竖向压力变化曲线

b) 路基边缘竖向压力变化曲线

图 8-50 第一层压力盒竖向应力值（纵断面方向）

a) 路基中线竖向压力变化曲线

b) 路基边缘竖向压力变化曲线

图 8-51 第二层压力盒竖向应力值（纵断面方向）

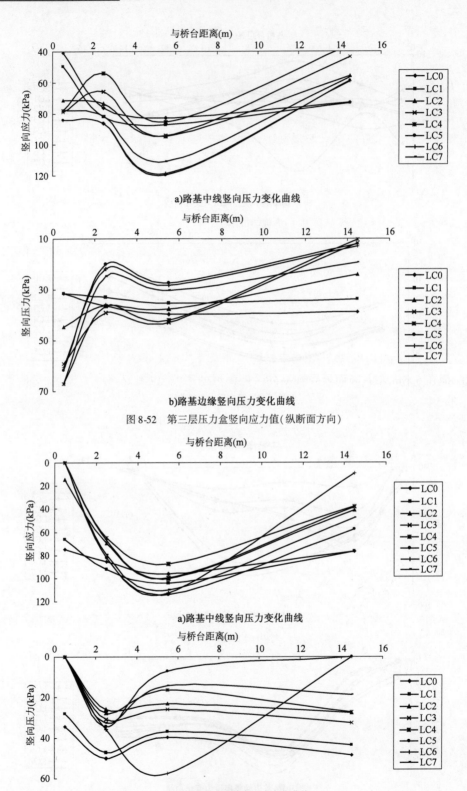

a)路基中线竖向压力变化曲线

b)路基边缘竖向压力变化曲线

图 8-52　第三层压力盒竖向应力值(纵断面方向)

a)路基中线竖向压力变化曲线

b)路基边缘竖向压力变化曲线

图 8-53　第四层压力盒竖向应力值(纵断面方向)

图 8-50 表明:在路基中线方向,土工格室结构层底部竖向应力变化趋势为:近桥台端应力减小,远桥台端变化不大,在 12m 以后出现较大的增加,这说明土工格室结构层具有均衡竖向应力,减小不均匀沉降的作用,与前述横断面方向的变化趋势类似;在 5.5m 断面处,竖向压应力值显著减小,与锥坡提供的摩擦力产生的约束效应有关。

图 8-51 表明:该土工格室结构层底部路基,沿中线方向近桥台端处压力变化不大,到 2.5m 附近出现较为明显的减小,随着距离的增大,其值逐渐变大,在锥坡附近再次变小;在路基的边缘附近,竖向应力值在近桥台端 6m 范围内变小,随着距离的增加,应力值先增加后减小,直至趋于初始状态。

图 8-52 可以发现:中线方向上出现故障的 0.5m 断面压力值均增加;5.5m 断面的压力值由于锥坡的作用,也是出现增加;2.5m 断面和 14.5m 断面的压力值均为先减小后增加。在路基边缘方向,除 0.5m 断面压力值增加外,其余各断面的值均为减小,表明随着沉降的发生,土工格室结构层的"网兜"作用有所发挥。

图 8-53 表明:在距离桥台越近的地方,土压力比正常值减少的越多;在路基中线断面上,随着距离的增加,压力值先增加后减小,说明锥坡提供的摩擦力作用显著;而在路基边缘,压力值随着距离的增加而减小,与第三层远桥台端压力减小趋势一致。

通过以上分析可以发现:土工格室结构层范围内,中线方向上压力的变化也表明了松动区的存在,但在 5.5m 左右断面处受到另外一侧锥坡的影响,出现局部压力增加;边缘方向上均表现出较为明显的松动区,且压力值随着与桥台距离增大而减小;不论中线还是边缘,压力的减小幅度自第四层向第一层逐渐减小。

②竖向位移

试验进程共分为 6 次沉降;在此过程中进行了 6 次测量,分别为 LC1 代表地基最大沉降为 3cm 时数据;LC2 代表地基最大沉降为 6cm 时数据;LC3 代表地基最大沉降为 9cm 时数据;LC4 代表地基最大沉降为 12cm 时数据;LC5 代表地基沉降由不均匀沉降变化为均匀沉降,且值为 12cm 时数据;LC6 代表地基均匀沉降 3cm,即总沉降为 15cm 时数据;相应于地基沉降 3mm 数值未进行测量。

a. 纵断面沉降曲线

通过图 8-54～图 8-58 可以发现:在土工格室结构层顶面,随着地基沉降的发生,变形值逐渐增加,但是仍然呈现出明显的渐变趋势,没有较大的突变,表明土工格室结构层在路堤与桥台之间可以起到平缓过渡,消化地基沉降的作用。所有竖向位移变形曲线均表现出近桥台端沉降最小,远桥台端次之,中间部分沉降最大,这与压力的结果相一致,都是受到锥坡提供的摩擦力的作用。从纵断面上看,土工格室结构层均表现出明显的"网兜"作用,尤其是在近桥台的锚固端附近效果尤为明显。

b. 横断面沉降曲线

横断面沉降观测的主要目的是观察土工格室结构层的存在对于路基横断面的沉降差异的消除作用,本节以第二层和第四层土工格室顶面距离桥台 1.8m 处横断面的竖向位移曲线(图 8-59)为例来说明。

从图 8-59 中可以发现:土工格室结构层范围内路基横断面沉降差异较小,并趋于均匀;第二层路基中线和边缘的沉降差异为 1.26cm,第二层路基中线和边缘的沉降差异为 0.8cm 左右,表明土工格室结构层的存在,可以使沉降趋于均匀。

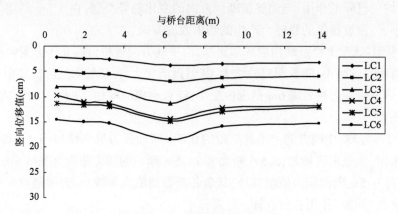

图 8-54 沉降板观测曲线

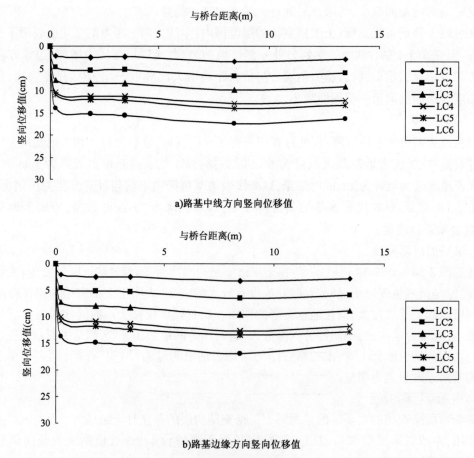

a)路基中线方向竖向位移值

b)路基边缘方向竖向位移值

图 8-55 第一层沉降杯观测曲线

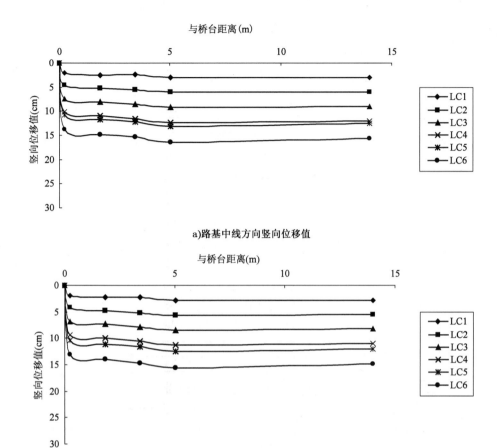

a)路基中线方向竖向位移值

b)路基边缘方向竖向位移值

图 8-56　第二层沉降杯观测曲线

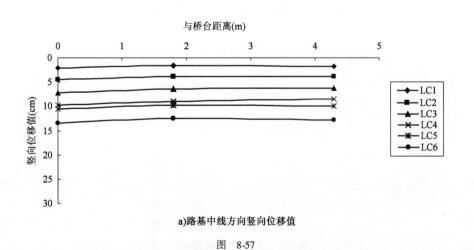

a)路基中线方向竖向位移值

图　8-57

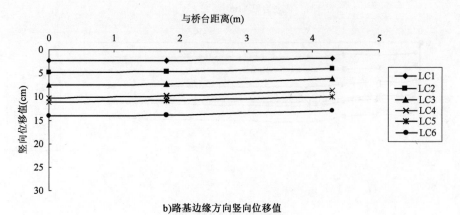

b)路基边缘方向竖向位移值

图 8-57　第三层沉降杯观测曲线

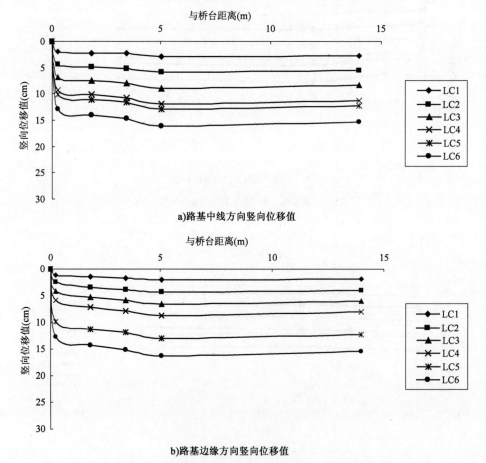

a)路基中线方向竖向位移值

b)路基边缘方向竖向位移值

图 8-58　第四层沉降杯观测曲线

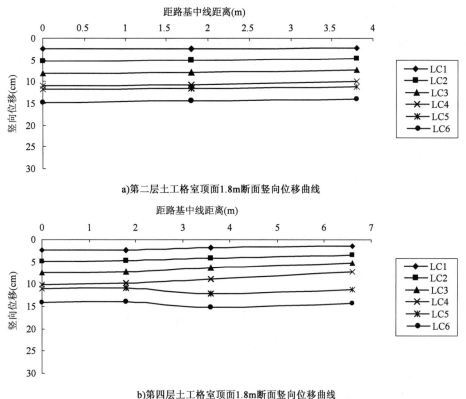

a)第二层土工格室顶面1.8m断面竖向位移曲线

b)第四层土工格室顶面1.8m断面竖向位移曲线

图 8-59 路基横断面竖向位移曲线

c. 路基顶面竖向位移

在试验过程中,对路基顶面的竖向位移进行了观测,结果如下:

当地基沉降为6cm时,重力式桥台一端的路基顶面和桥台未出现明显的差异沉降,在顶面路堤与桥台之间出现26mm的裂缝,在路基顶面以下36.5cm处裂缝宽度为8mm;路基的另外一端,肋板式桥台一侧,路基顶面出现6.1cm左右的差异沉降,两侧耳墙前端出现8.5mm左右的裂缝,路堤与锥坡出现明显的裂缝,宽度为5mm左右。

地基沉降9cm时,重力式桥台一端路基顶面裂缝增加为38.5mm,同时向下扩展,在深度43.5cm处裂缝宽度为8mm;路堤与桥台差异沉降为4mm。肋板式桥台一侧,差异沉降扩展为7.9cm,在盖梁前端出现6mm宽的裂缝。

最大沉降12cm时,重力式桥台一端路基顶面裂缝增加为47.5mm,裂缝已经扩展至第一层土工格室顶面;桥台与路堤之间出现1.3cm的差异沉降。肋板式桥台一侧,耳墙前裂缝宽度为13.5mm,差异沉降10.7cm,盖梁前端裂缝宽12mm,差异沉降为11cm左右。

整个地基沉降为12cm时,重力式桥台一端路基顶面裂缝增加为50mm,桥台与路堤之间的差异沉降值未变,仍为1.3cm。肋板式桥台一侧,耳墙前裂缝宽度为15mm,差异沉降未变,盖梁前端裂缝宽14.5mm,路基与桥台差异沉降为11cm左右;第一层土工格室上下出现2mm左右的裂缝;同时路基顶面出现纵向裂缝,锥坡与路堤之间的差异沉降为4.35cm,裂缝宽度为31mm。

均匀沉降 3cm,即地基沉降为 15cm 时,重力式桥台一端路基顶面裂缝增加为 57.5mm;桥台与路堤之间出现 4.45cm 左右的差异沉降,近桥台端路基顶面呈现出很明显的过渡,见图 8-59。肋板式桥台一侧,耳墙前裂缝宽度为 19mm,差异沉降 13.4cm,盖梁前端裂缝宽 21mm,差异沉降为 14cm 左右。路基顶面的裂缝贯穿;土工格室第一层不均匀沉降为 15cm,路基顶面变形见图 8-60。土工格室结构层最终变形见图 8-61,试验结束后路堤的侧面与顶面变形见图 8-62。

通过对土工格室结构层顶面竖向位移的量测和路基顶面变形的观测,尤其是路堤与桥台差异沉降的量测,得知采用土工格室楔形柔性搭板处治重力式桥台的路桥过渡段是有效的,与第三章有限元分析相吻合;当地基不均匀沉降值不大于 12cm 时,路堤与桥台的差异沉降不大于 1.5cm;当路基不均匀沉降值大于 15cm 时,土工格室楔形柔性搭板处治的效果并不明显,可以考虑结合刚性搭板共同使用。

图 8-60　地基沉降 15cm 时路基顶面变形

a)　　　　　　　　　　　　　b)

图 8-61　土工格室结构层最终变形图

a)锥坡与路堤裂缝

b)路基顶面贯穿裂缝

图 8-62　试验结束后路堤的侧面与顶面变形图

(2)肋板式桥台

采用该种类型桥台时,土工格室的布置尺寸如图 8-3 所示,第一层锚固于桥台盖梁之上,而其余几层均埋设在桥头锥坡之内,与重力式桥台中,土工格室结构层全部锚固在桥台有所不同。试验主要对竖向应力、竖向变形(位移)进行测试,比较两种桥台情况下土工格室发挥作用的程度,并给出楔形柔性搭板处治肋板式桥台时对地基沉降的适应性评价。

试验进程共分为 4 个工况,分别对应为:LC0,初始值;LC1,均匀沉降 4cm;LC2,均匀沉降 1cm,地基沉降至 5cm;LC3,不均匀沉降,最大值为 10cm,位于面板中间;LC4,不均匀沉降,地基最大沉降值 15cm,边缘沉降值 12cm。测试内容及要求与重力式桥台类似,其土压力(图 8-63 ~ 图 8-66)和竖向位移曲线分析如下。

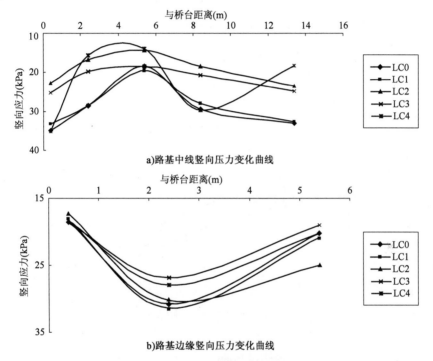

a) 路基中线竖向压力变化曲线

b) 路基边缘竖向压力变化曲线

图 8-63 第一层压力盒竖向应力值(纵断面方向)

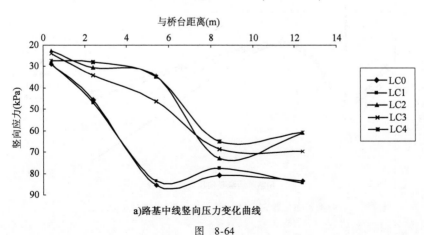

a) 路基中线竖向压力变化曲线

图 8-64

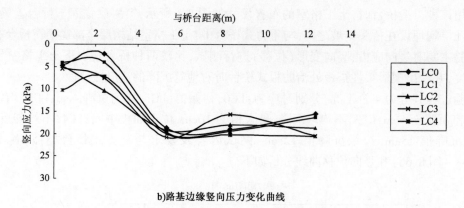

b) 路基边缘竖向压力变化曲线

图 8-64　第二层压力盒竖向应力值（纵断面方向）

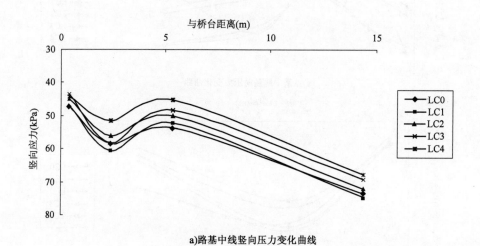

a) 路基中线竖向压力变化曲线

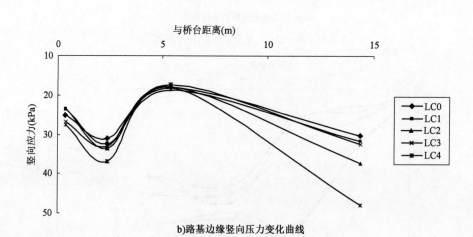

b) 路基边缘竖向压力变化曲线

图 8-65　第三层压力盒竖向应力值（纵断面方向）

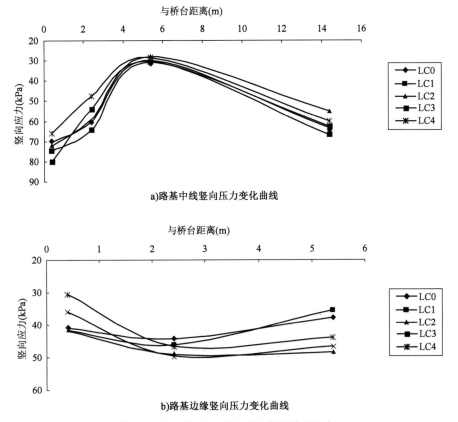

图 8-66　第四层压力盒竖向应力值(纵断面方向)

① 土压力

与重力式桥台采用同样的分析方法,主要从纵断面方向进行考虑,针对不同埋设位置的土工格室结构层底面土层所受到的竖向应力进行综合分析,以便比较采用该种桥台类型时,松动区的存在情况。

从图 8-63～图 8-66 可以发现采用楔形柔性搭板处治肋板式桥台时,土工格室结构层底部土层受到的竖向压应力的变化情况。从第一层土工格室结构层开始,在近桥台端出现比较明显的应力减小现象;而随着距离路基顶面距离的增加,应力减小现象越来越弱,第二层仍有比较大的减小幅度;第三层的减小幅度在 1/14 左右,减小不明显;到第四层时,竖向压应力几乎保持不变。同比重力式桥台采用土工格室楔形柔性搭板处治不均匀沉降时应力的减小幅度,肋板式桥台的折减很小,主要原因是最下三层土工格室无法采用锚固的形式来固定,锥坡提供的约束力有限。

② 竖向位移

如前所述,本次试验根据重力式桥台的测试结果和有限元分析对测试仪器进行了重新埋设,主要区别在最顶层沉降板;其余各层沉降杯的埋设主要区别在于初始位置有所不同,与桥台间距均由原来的尺寸改为间距 40cm。对于竖向位移的量测主要侧重路基顶面变形的观测和适应性的评价。

正如重力式桥台中所测的数据一样,竖向位移主要从路基纵断面方向(图 8-67～图 8-71)和路基横断面方向来分析,以便检验楔形柔性搭板在消除地基沉降,减小路基顶面变形的作用,并进一步对其在该种桥台类型下的适应性进行界定。

a. 纵断面方向

从图 8-67～图 8-71 可以发现:采用土工格室楔形柔性搭板处治肋板式桥台时,各结构层顶面的竖向位移变化均呈现一定的渐变趋势,且其趋势自第四层向第一层逐渐变得明显,同比重力式桥台的处治效果相对较差。第一层土工格室结构层顶面竖向位移值变化规律与重力式桥台类似,由于边界条件的影响,在远桥台端沉降变形均较路堤中间段的变形小;第二层土工格室结构层顶面的变形是中线附近竖向位移较大,路基边缘较小,与路基沉降曲线相类似;第三层变形在纵断面上呈现明显的过渡趋势,表明第四层土工格室对于地基沉降有一定的消化作用,且向上反射,在距离 1m 左右的位置仍比较明显;第四层的沉降变形直接受到地基沉降的作用,呈现出比较明显的过渡,没有较大的突变,中线沉降大于路基边缘的变形,同时该层远桥台端的变形更小,重力式桥台的约束作用更大。

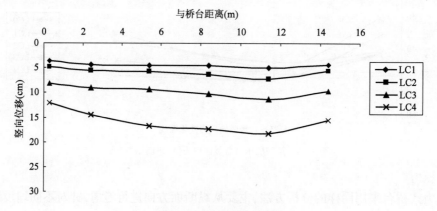

图 8-67　沉降板观测曲线

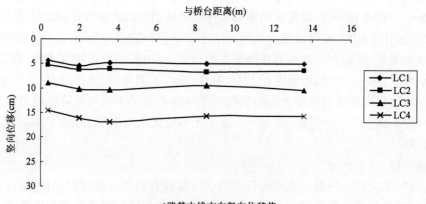

a)路基中线方向竖向位移值

图 8-68

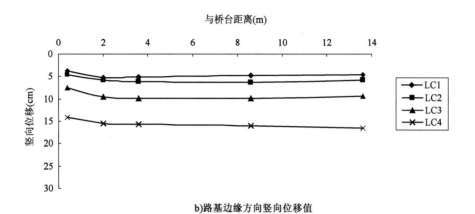

b) 路基边缘方向竖向位移值

图 8-68 第一层沉降杯观测曲线

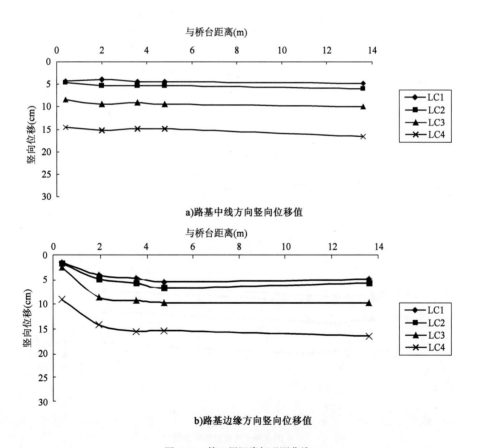

a) 路基中线方向竖向位移值

b) 路基边缘方向竖向位移值

图 8-69 第二层沉降杯观测曲线

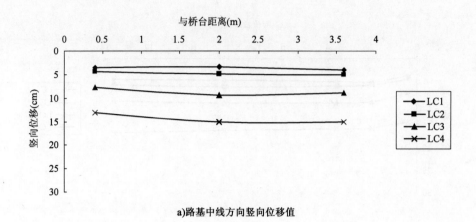

a) 路基中线方向竖向位移值

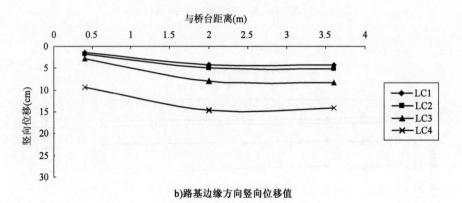

b) 路基边缘方向竖向位移值

图 8-70 第三层沉降杯观测曲线

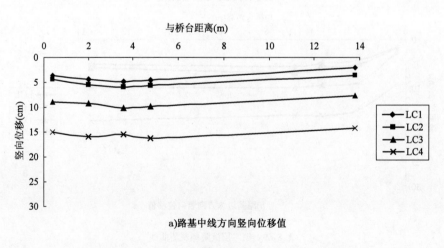

a) 路基中线方向竖向位移值

图 8-71

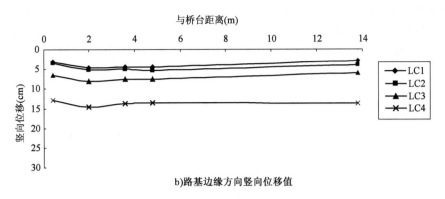

b) 路基边缘方向竖向位移值

图 8-71 第四层沉降杯观测曲线

b. 横断面方向

同重力式桥台，本节以第二层和第四层土工格室顶面距离桥台 2m 处横断面的竖向位移曲线（图 8-72）为例来说明。

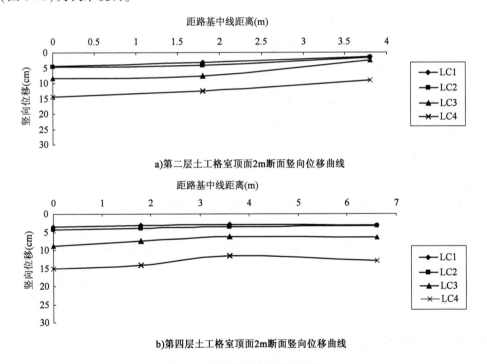

a) 第二层土工格室顶面2m断面竖向位移曲线

b) 第四层土工格室顶面2m断面竖向位移曲线

图 8-72 路基横断面竖向位移曲线

从上图可以发现：土工格室结构层范围内路基横断面沉降与地基沉降形式类似，但是相对均匀，通过这种现象可以发现土工格室锚固端的作用比较明显，单靠锥坡的锚固作用很有限。

③路基顶面变形

判断一种处治方法是否适合的主要依据是路基顶面沉降，以上测试的土工格室结构层各表面的沉降变形只是反映了路基内部的变形，与车辆直接相关的是路基顶面的变形，和重力式桥台的观测一样，对桥台与路堤的差异沉降、裂缝宽度等进行了量测。

a. 当地基均匀沉降 4cm 时,肋板式桥台一端的路基顶面和桥台出现差异沉降 9mm,在路堤与桥台之间出现 10mm 的裂缝;路基的另外一端,路基顶面出现 4.75cm 左右的差异沉降,路堤与锥坡出现裂缝。

b. 地基不均匀沉降至 10cm 时,肋板式桥台一端路基顶面裂缝增加为 15.5mm,同时向下扩展,路堤与桥台差异沉降为 3.6cm。重力式桥台一侧,差异沉降扩展为 7.92cm,在盖梁前端出现 8.5mm 宽的裂缝。

c. 地基不均匀沉降至 15cm 时,重力式桥台一端路基顶面裂缝增加为 32.5mm,裂缝已经扩展至第一层土工格室顶面;桥台与路堤之间出现 5.25cm 的差异沉降。重力式桥台一侧,裂缝宽度为 14.5mm,差异沉降 13.5cm。路基顶面形成一定的坡度,从路堤到桥台前缓慢过渡,其顶面最终变形如图 8-73 所示,变形结束后土工格室的变形情况如图 8-74 所示。

图 8-73 地基不均匀沉降 15cm 时路基顶面变形

图 8-74 变形结束后土工格室的变形情况

通过对土工格室结构层顶面竖向位移的量测和路基顶面变形的观测,尤其是路堤与桥台差异沉降的量测,得知采用土工格室楔形柔性搭板处治采用肋板式桥台的路桥过渡段是可行的;当地基不均匀沉降值为 4cm 时,路堤与桥台的差异沉降为 9mm,远大于重力式桥台相同沉降下的变形;当路基不均匀沉降最大值 10cm 时,两者的差异沉降为 3.6cm,接近重力式桥台在地基沉降值为 15cm 时的沉降。楔形柔性搭板在处治肋板式桥台的路桥过渡段时,其效果在地基沉降为 6.0cm 左右时比较明显,当大于 6.0cm 时,考虑与桥头搭板或其他处治形式结合使用。

(四)土工格室结构层作用分析

基于前述分析,结合施工情况,确定了对应于重力式、肋板式两种桥台类型的土工格室结构层布置位置、间距、锚固方式以及压力盒、沉降杯、沉降板的埋设位置、间距、层数。经过控制地基沉降,并进行相关的测试,对两种情况下土工格室结构层作用性状和适应性进行了分析,主要结论如下:

1. 作用性状

(1)有限元分析与实测数据反映的土工格室作用性状类似。

(2)两种桥台类型时,采用土工格室楔形柔性搭板,均可以起到一定的消化地基沉降的作用,且重力式桥台的作用比较显著。

(3)土工格室结构层范围内,压力的变化表明松动区的存在。

(4)路基中部断面受边界条件的影响,出现局部压力增加。

(5)土工格室结构层在地基沉降发生时,均呈现出均匀变化趋势,没有较大的突变。

(6)在重力式桥台情况下,松动区的范围自顶面至底面逐渐变小,说明底部的土工格室结构层消化作用较强。

(7)在肋板式桥台情况下,由于锥坡提供的锚固力较小,松动区的范围底面较小,顶面较大,说明顶面承受了较大的地基变形。

2. 适应性

适应性的判断主要依据路基顶面沉降变形,本书在测试路堤表面和桥台的差异沉降基础上给出楔形柔性搭板对应两种桥台的适应地基沉降值。

(1)重力式桥台情况下,地基最大沉降为12cm时,差异沉降为1.3cm,当沉降值变为15cm时,差异沉降增大为3.95cm。

(2)肋板式桥台情况下,地基不均匀沉降最大值为6.0cm时,差异沉降为1.5cm左右;地基不均匀沉降至15cm时,差异沉降为5.25cm。

(3)肋板式桥台路基顶面与桥台的差异沉降远大于相同地基沉降值的重力式桥台下的情况。

(4)对于重力式桥台,采用土工格室楔形柔性搭板可以较为有效的处治地基沉降最大值不大于12cm的情况;肋板式桥台,只能适合于地基沉降最大值不大于6.0cm的情况。

3. 处治效果

在合理布置土工格室、土工格栅位置的基础上,利用沉降杯、沉降板,针对采用重力式桥台,不同工况下的路基顶面竖向位移,进行测量,分析,得出了以下结论:

(1)在沉降控制在为20cm时,采用土工格室柔性搭板结合沙砾料处治差异沉降,最大沉降为26cm,最大坡度差为3.12%;当沉降为12cm时,最大坡度为2%,路基顶面沉降曲线平顺。

(2)在沉降控制在为20cm时,采用土工格室柔性搭板结合黄土处治差异沉降,最大沉降为27.7cm,最大坡度差为3.3%;当沉降为12cm时,最大坡度为2.12%,路基顶面沉降曲线平顺;在地基沉降较大情况下,处治效果较工况一稍差;当地基沉降为12cm以内时,两者处治效果相当,可以根据情况灵活选用。

(3)在沉降控制在为20cm时,采用土工格栅结合砂砾处治差异沉降,最大沉降为27.7cm,最大坡度为3.31%,相比工况一增加明显,同比工况二亦有所增加。当地基沉降12cm时,曲线坡度为2.12%左右,同比工况二变化不大,说明在地基沉降为12cm时,两者的处治效果相当。建议填料符合规范要求的情况下,地基沉降相当时,优先采用土工格室处治。

第九章 路桥过渡段数值模拟技术

路桥过渡段路堤分析包括两大问题:变形和强度。差异沉降产生的直接原因是桥台与路堤的差异沉降,故评价一种处治措施的优劣,主要看其在减小路基总沉降,尤其是消化和协调差异沉降能力的大小。因此,针对差异沉降处治方法的试验和研究最终都归结于如何消化和协调桥台和路堤间的不均匀变形。

路桥过渡段路堤有别于一般路堤,一是它是由地基、路基、路面、桥台以及处治构造物组成的一个复杂体系,体系中的各组成部分相互耦合,难以用简单的理论计算去模拟;二是由于对差异沉降敏感,致使对沉降变形控制的要求远远高于一般路堤,对变形计算的正确性要求也甚高;三是由于桥台类型、边坡防护和处治措施的差异,边界条件比较复杂。目前对桥头处治措施的评价多数通过现场试验和设计者的经验进行,由于采用的方法带有较大的主观性,又只有在投入了实际工程后才能检验它的有效性,因而带有一定的盲目性,缺乏理论上的说服力,难以有效地指导后续工程的开展。

有限元法是适应电子计算机而发展起来的一种有效的数值分析方法,其突出优点是适于处理非线性、非均质和复杂边界、复杂模型问题,而路桥过渡段路堤变形分析恰恰就属于这类问题,因此很适宜用有限元方法进行分析。可靠的数值分析可大大减小试验的工作量和造价,为处治措施的性状分析、适应性研究和设计优化提供了一条捷径。

一、数值仿真程序

(一) MARC 软件简述

MARC Analysis Research Corporation(简称 MARC)始创于 1967 年,总部设在美国加州的 Palo Alto,是全球第一家非线性有限元软件公司。作为全球最大的非线性有限元软件供应商,公司一贯倡导用非线性有限元技术更为准确地模拟真实自然现象,解决从简单到复杂的各种工程实际问题。

MARC 是基于位移法的有限元程序,程序按模块化编程,工作数组可根据计算机内存大小进行调整,能够在多种硬件平台上运行。MENTAT 是 MARC 的前后图形对话界面。两者严密整合的 MARC/MENTAT 是解决复杂工程问题,完成学术研究的高级通用有限元软件。MENTAT是新一代非线性有限元分析的前后处理图形交互界面,与 MARC 求解器无缝连接。它提供了多种建模功能、多种材料模型和边界条件的定义功能、分析过程控制定义、实时监控分析功能及可视化处理计算结果等。并且可以直接访问常用的 CAD/CAE 系统,如AutoCAD、MSC/NASTRAN、PATRAN 等。

MARC 程序充分体现了 30 年来有限元分析理论与方法的发展和软件实践的完美结合,它具有极强的结构分析能力,可以处理各种线性和非线性结构,提供了丰富的结构单元、连续单元和特殊单元的单元库,具有处理大变形几何非线性、材料非线性和包括接触在内的边界条件以及组合高度非线性的超强能力。分析采用高数值稳定性、高精度和快速收敛的高度非线性问题求解技术,更为可贵的是 MARC 拥有许多对用户开放的子程序,用户可以根据各自需要用 Fortran 语言编制用户子程序,实现数据的修改、材料本构关系的定义以及荷载条件、边界条件、约束条件的变更,大大扩大 MARC 程序的功能。

MARC 软件最初主要应用于核电行业,但随着软件功能的不断扩展,软件的应用领域已扩展到国防、航空、航天、汽车、造船、铁路、机械、材料、土木建筑等领域。在中国,MARC 是通过了全国压力容器分析设计标准 JB4732—1995 的有限元软件。在土木工程领域,已得到推广应用。

(二) MARC 用户子程序

数值分析技术作为一种解决工程实际问题不可或缺的基本手段和工具,其可靠性很大程度依赖于对结构模型的正确创建、本构模型和计算参数的正确选用及计算收敛精度的提高。国内很多研究人员花费了大量心血,编制了一些适合于岩土工程某一领域的优秀专业软件,但与国外通用的优秀软件相比,尚存在以下几点不足。

(1)数据准备工作量极大且烦琐易错。

(2)严格讲,没有独立的前后处理模块,必须依赖其他辅助软件才能使用。特别是数据准备和成果处理阶段,凡是涉及成图的,一般都要经过复杂的数据转换,然后用 Auto CAD 完成,使用很不方便。

(3)由于没有良好的图形处理界面,对使用者要求极高,必须花费大量时间来熟悉软件。

(4)由于较少优化计算机内存分配、存储方法和求解技术,自编程序对空间需求较大,完成复杂的非线性分析时收敛精度往往达不到要求,计算将耗费大量的时间。

可见,自编程序与通用程序的差异主要体现在软件的前后处理器、人机交互及界面技术上,而其严谨的岩土专业理论恰恰是通用程序所缺乏的。因此,如果能够扬长避短,既吸收通用程序的优点,又能将专业理论很好地用于所分析的问题,必将大大减少分析人员的强度和工作量,从而将其大量精力从程序烦琐的数据准备和后处理中解脱出来,而主要用于关注问题本身,使有限元分析能更好地为工程实际服务。MARC 软件强大的用户子程序功能为两者的结合提供了可能。

1. 基本功能

MARC 软件提供了 245 个有名公共块和 108 个用户子程序。用户在用户子程序中调用这些公共块,可以提取所需数据或者以新的数据赋值公共量和数值,进行数据交换。108 个用户子程序入口覆盖了 MARC 有限元分析的所有环节。从几何建模、网格划分、边界定义、材料模型到分析求解、结果输出,用户除了无法更改求解方法外,在有限元分析的其他环节上 MARC 都预留了用户可以访问的子程序接口,通过耦合子程序,使 MRAC 通用软件向特定领域的专业软件扩展。

这些用户子程序都是用 Fortran 语言编写的子程序模板文件。使用时,按 Fortran 编程规则,用户根据需要填充子程序模板文件。程序运行包含一个或若干个用户子程序的分析模型时,会以这些用户定义的子程序代替缺省的相应子程序,重新生成新的执行程序,使程序以用户期望的方式运行。

2. 用户子程序简介

由于参考资料有限,对 MARC 用户子程序的开发经历了一个逐步摸索和完善的过程。根据分析问题的需要,编写了以下子程序:

(1)模拟地基非均匀沉降的边界条件子程序 FORCDT;

(2)模拟车辆移动分布荷载的子程序 FORCEM;

(3)非线性邓肯-张本构关系的子程序 HYPELA;

(4)模拟脱空区材料特性的子程序 HYPELA;

(5)模拟筋材与土体界面相互作用的二维和三维 Goodman 接触面单元子程序 USELEM;

其中,用户单元子程序 USELEM 功能较为强大,编制也相对复杂。在此做一简要介绍。

USELEM 是提供给用户定义具有特殊性质的单元类型子程序,包含了离散单元有限元求解需要的完整信息。用户在子程序中需定义与单元相关的等效节点荷载、单元刚度矩阵、内力矩阵、应力、应变增量、高斯点坐标和输出信息,同时,在数据文件中,用户需定义单元的几何信息。运行过程中,主程序将根据求解流程,根据 iflag 指示参数(图9-1),调用相应的计算模块,将用户单元的相应信息叠加到总刚度矩阵和荷载矩阵中,并将计算结果返回子程序。当用户单元某些性质与 MARC 单元库中的标准单元一致时(如外部等效节点荷载),可以调用相同几何形式的标准单元,由程序根据标准单元的性质进行计算,从而大大简化了用户单元的定义。同时,在子程序中,用户可根据需要调用输入数据文件或其他子程序。这里,为了模拟筋材与土体的相互作用,应用 USELEM 子程序定义了二维和三维的 Goodman 接触面单元。

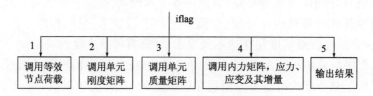

图 9-1　USELEM 用户子程序各组成部分

二、计算模型确定

(一)刚性搭板计算模型

考虑路堤沿纵向左右对称,取半幅路堤作为计算模型,如图9-2所示,路堤填高6m,路堤宽3.5,坡率1:1.5。搭板长分别取 6m、8m、10m,厚度取 30cm,布置于路基顶面。

边界条件如图9-2所示,Ⅰ-Ⅰ 断面 Z 方向为地基沉降(Δ),Ⅱ-Ⅱ 断面 X 方向位移为0;Ⅲ-Ⅲ 断面与桥台接触,Y 方向位移为零,Ⅳ-Ⅳ 断面 Y 方向无约束,搭板简支于桥台。

通过编制 FORCEM 用户子程序,模拟搭板上作用汽车随动标准轴载,为利于模型网格的划分,假设荷载作用面为正方形,面积为 $0.27m \times 0.27m$,均布压力 $q = 0.7MPa$,相应的轴载为

100kN。车轮荷载沿搭板纵缝边缘移动,每步距离为0.54m。

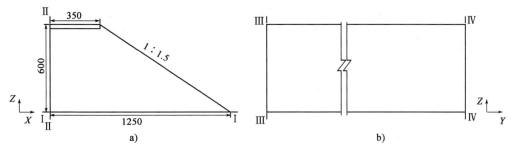

图9-2 搭板三维计算模型(尺寸单位:cm)

基于搭板与填土模量的巨大差异,应用MARC软件中基于直接约束迭代的接触分析方法Contact模拟搭板与填土之间在变形过程中可能发生的接触或分离现象,同时,结合单元的死活技术,将脱空区路基顶面的单元杀死,以此模拟搭板与填土部分脱空,部分弹性支承的现象。

有限元网格划分如图9-3所示,搭板与路堤填土均按线弹性考虑。计算参数如表9-1所示。

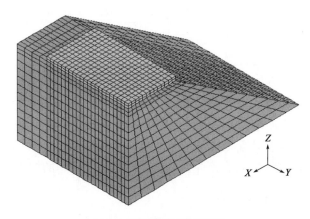

图9-3 计算模型网格划分图

计算参数   表9-1

材料	参数		
	弹性模量(MPa)	泊松比	密度(kN/m³)
路堤填土	50	0.35	20
搭板	2.8×10^4	0.15	24

(二)换填路基计算模型

计算模型如图9-4所示,路堤填高6m,计算长度30m,桥头路堤换填区域的布置为:路基底部长度4m,沿路堤高度按1:1换填。

边界条件为:路堤底面的地基沉降量(Δ),路堤两侧侧向位移为0,路基顶面之均布荷载$p = 40\text{kN/m}$。

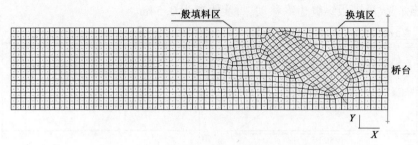

图 9-4 计算模型图

为保证在计算时换填区与一般填料区网格的连续与协调,应用 MARC 软件的网格自动划分功能。路堤本构模型选用基于 D-P 屈服准则的理想弹塑性模型。计算参数列于表 9-2 所示。

计算参数　　　　　　　　　　　表 9-2

填料类型	参数						
	弹性模量 (MPa)	C (kPa)	ψ (°)	密度 (kN/m³)	泊松比	α	σ (kPa)
土	30	25	22	20	0.35	0.122	68
砂砾	100	0	37	22	0.32	0.1895	0
灰土	200	52	33	19	0.30	0.1745	124.27

为了分析换填方式对地基沉降的适应性及其性状差异,沿路堤纵向分别考虑均匀沉降与差异沉降两种模式。地基均匀沉降可通过边界条件直接施加,而非均匀沉降的模拟方式与第二章所述有所差别。计算时考虑桥头地基存在局部软弱地段,即假定路堤一般填料区地基没有沉降,而换填区底面 4m 下设置一模量较小的软弱地基,因此,桥头换填区路基顶面沉降是外荷载与两侧沉降较小的路堤、桥台产生的向上裹附力相互作用的结果。

(三)楔形柔性搭板计算模型

考虑路堤沿纵向左右对称,取半幅路堤作为计算模型,路堤填高 6m,路堤宽 3.5m,坡率 1:1.5,计算长度取为 20m。土工格室的布置形式(计算模式)如图 9-5 所示,网格划分如图 9-6 所示。

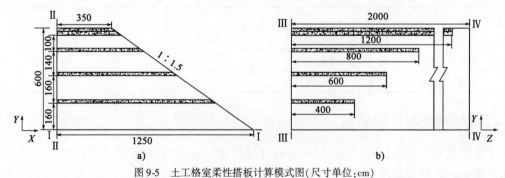

图 9-5 土工格室柔性搭板计算模式图(尺寸单位:cm)

Ⅰ-Ⅰ断面 Z 方向位移为 Δ(地基沉降条件),Ⅱ-Ⅱ断面 X、Z 方向位移为 0;Ⅲ-Ⅲ断面与桥台接触,土工格室固定于桥台上,Ⅳ-Ⅳ断面 Z 方向位移为零。

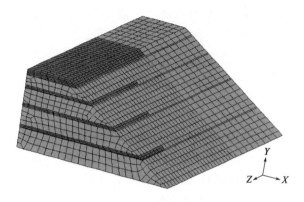

图 9-6　土工格室柔性搭板网格划分图

考虑到土工格室柔性搭板底部将产生脱空区,定义用户子程序 HYPLA 来模拟脱空区单元的材料特性。定义用户子程序 FORCDT 模拟地基横向的差异沉降。

路堤填土采用基于 D-P 屈服准则的理想弹塑性模型。计算参数为:弹性模量 $E=30\text{MPa}$,泊松比 $\nu=0.35$,$\gamma=20\text{kN/m}^3$,$C=25\text{kPa}$,$\varphi=22°$。

土工格室柔性搭板采用线弹性模型,复合模量取路堤填料的两倍,即 $E=60\text{MPa}$,泊松比 $\nu=0.30$,$\gamma=20\text{kN/m}^3$。

(四)平面加筋计算模型

土工格栅的计算模型和边界条件与土工格室柔性搭板基本相同,其布置形式(计算模式)见图 9-7。

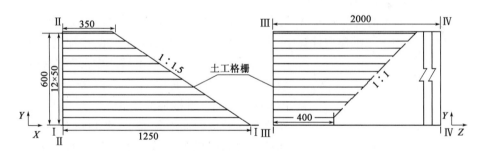

图 9-7　土工格栅计算模式(尺寸单位:cm)

路堤填土采用基于 D-P 屈服准则的理想弹塑性模型。计算参数为:弹性模量 $E=30\text{MPa}$,泊松比 $\nu=0.35$,$\gamma=20\text{kN/m}^3$,$C=25\text{kPa}$,$\varphi=22°$。

土工格栅取三维薄膜单元,采用线弹性模型,拉伸模量 $E=10000\text{kN/m}$。

三、关键技术问题

(一)接触面模型

土工格网、土工格室加筋处治技术在路桥过渡段差异沉降处治中得到了广泛应用。筋材与土体由于材料的差异较大,其接触面有可能产生错动滑移,因此,筋材和土体接触面特性的模拟是了解加筋技术作用性状的重要条件。目前对加筋土进行有限元分析中,常用的模拟方式有三种,即:

(1)将加筋土看成宏观上均匀的复合材料,土与筋材的相互作用表现为内力,筋材只对复合材料的性质产生影响,而不直接出现在应力应变的计算中。上述方法的最大缺点是无法揭示筋带与土之间相互作用的微观机理。

(2)把加筋土看成由土与筋材两种不同性质的材料组成,引入界面单元,对筋材和土体选用不同的单元类型进行分析,两者通过界面相互作用,相互影响。界面单元的处理方法有以下几种:一是假定筋带与土体变形协调时,取消界面单元,筋材与土体即为连续体中两种不同材料的单元;二是在筋材和土体界面设置接触面单元(如无厚度的 Goodman 单元),以此模拟两者变形的错动滑移;另一种是认为当界面的剪应力未超过界面抗剪强度时,筋、土变形协调,否则,筋土之间发生相互错动。

(3)介于上述两者之间,有人提出加筋土薄层单元来进行加筋土结构的有限元分析,即将复杂的界面单元简化为筋材与土组成的复合体,称为薄层单元,其拉应力由筋带承受,而压应力及剪应力由土体承担。

另外,李广信等提出了等效附加应力法,其基本思路是把加筋土中筋的作用等效成附加应力沿筋的方向加在土骨架上,有限元分析中只出现土单元,不出现筋材本身的单元。其难点主要是如何合理确定等效附加应力。

也有人应用基于直接约束的接触算法,即把接触问题处理成一个约束二次规划问题来模拟筋土的相互作用(如 MARC、ANSYS 中的 Contact 接触功能),但其较适合模拟运动物体的相互接触问题,且其计算参数较多,模拟筋材与土体的相互作用并不理想。

本书在进行加筋土的有限元分析时,在筋材和土体之间引入 Goodman 接触面单元。为了将 Goodman 单元应用于三维模型计算中,推导了 8 节点三维接触面单元,推导过程如下。

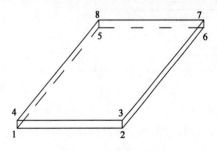

图 9-8 三维接触面单元

为适应 MARC 三维模型的内部节点编号规则,相应地调整了接触面单元节点的编号次序。建立如图 9-8 所示的三维接触面单元。它是由两片长度为 b,宽度为 h 的接触面单元 1265 和 4378 组成的。两接触面单元之间假想为无数微小的弹簧所连接,在受力前两接触面完全吻合,单元厚度 $e=0$。接触面单元与相邻的接触面单元或三维单元之间,只在节点处有力的联系,接触面有四个节点,一个单元有八个节点(1,2,6,5,4,3,7,8),建立直角坐标系 xyz,坐标原点在单元形心上,单元在 z 方向受接触压力,x、y 方向受摩擦剪应力。

设单元节点力 $\{F\}^e$ 及单元节点位移 $\{d\}^e$ 分别为:

$$\{F\}^e = [\{F\}_{bt}^T, \{F\}_{up}^T]^T, \{d\}^e = [\{d\}_{bt}^T, \{d\}_{up}^T]^T$$

其中

$$\{F\}_{bt} = [F_{x1}, F_{y1}, F_{z1}, F_{x2}, F_{y2}, F_{z2}, F_{x6}, F_{y6}, F_{z6}, F_{x5}, F_{y5}, F_{z5}]^T$$

$$\{F\}_{up} = [F_{x4}, F_{y4}, F_{z4}, F_{x3}, F_{y3}, F_{z3}, F_{x7}, F_{y7}, F_{z7}, F_{x8}, F_{y8}, F_{z8}]^T$$

$$\{d\}_{bt} = [u_1, v_1, w_1, u_2, v_2, w_2, u_6, v_6, w_6, u_5, v_5, w_5]^T$$
$$\{d\}_{up} = [u_4, v_4, w_4, u_3, v_3, w_3, u_7, v_7, w_7, u_8, v_8, w_8]^T$$

在节点力$\{F\}^e$作用下,接触面弹簧内受剪应力τ_{s1}, τ_{s2},受正应力σ_n,即内应力为$\{\sigma\} = [\tau_{s1}, \tau_{s2}, \sigma_n]$。

两接触面的相对位移为:$\{w\} = [\Delta u, \Delta v, \Delta w]^T$。

在线弹性假定下,$\{\sigma\}$与$\{w\}$的关系为

$$\{\sigma\} = [D]\{w\} \tag{9-1}$$

式中

$$[D] = \begin{vmatrix} E_s & 0 & 0 \\ 0 & E_s & 0 \\ 0 & 0 & E_n \end{vmatrix} \tag{9-2}$$

E_s, E_n分别为接触单元切向和法向的单位长度弹性模量,量纲kPa/m。

取线性位移模式,将接触面沿长度方向各点的位移表示为节点位移的线性函数,则底面和顶面底位移分别为:

$$[u_{bt}, v_{bt}, w_{bt}]^T = 1/4[G]\{d\}_{bt} \tag{9-3}$$

$$[u_{up}, v_{up}, w_{up}]^T = 1/4[G]\{d\}_{up} \tag{9-4}$$

其中

$$[G] = \begin{vmatrix} \alpha & 0 & 0 & \beta & 0 & 0 & \gamma & 0 & 0 & \delta & 0 & 0 \\ 0 & \alpha & 0 & 0 & \beta & 0 & 0 & \gamma & 0 & 0 & \delta & 0 \\ 0 & 0 & \alpha & 0 & 0 & \beta & 0 & 0 & \gamma & 0 & 0 & \delta \end{vmatrix} \tag{9-5}$$

$$\alpha = (1-2x/b)(1-2y/h) \qquad \beta = (1+2x/b)(1-2y/h)$$
$$\gamma = (1+2x/b)(1+2y/h) \qquad \delta = (1-2x/b)(1+2y/h)$$

则上下界面位移差为:

$$\{w\} = [u_{bt}-u_{up}, v_{bt}-v_{up}, w_{bt}-w_{up}]^T = 1/4[C]\{d\}^e \tag{9-6}$$

其中

$$[C] = \begin{vmatrix} \alpha & 0 & 0 & \beta & 0 & 0 & -\beta & 0 & 0 & -\alpha & 0 & 0 & \delta & 0 & 0 & \gamma & 0 & 0 & -\gamma & 0 & 0 & -\delta & 0 & 0 \\ 0 & \alpha & 0 & 0 & \beta & 0 & 0 & -\beta & 0 & 0 & -\alpha & 0 & 0 & \delta & 0 & 0 & \gamma & 0 & 0 & -\gamma & 0 & 0 & -\delta & 0 \\ 0 & 0 & \alpha & 0 & 0 & \beta & 0 & 0 & -\beta & 0 & 0 & -\alpha & 0 & 0 & \delta & 0 & 0 & \gamma & 0 & 0 & -\gamma & 0 & 0 & -\delta \end{vmatrix}$$
$$\tag{9-7}$$

根据虚功原理,单元应力所做的虚功等于单元节点力所做的虚功,

$$[\{d^*\}^e]^T \cdot \{F\}^e = \int_{-h/2}^{h/2} \int_{-b/2}^{b/2} \{w^*\}^T \{\sigma\} dxdy \tag{9-8}$$

其中
$$\{w^*\} = 1/4[C]\{d^*\}^e$$

由式(9-8)化简得

$$\{F\}^e = [K]^e\{d\}^e \tag{9-9}$$

式中

$$\{F\}^e = 1/16 \int_{-h/2}^{h/2} \int_{-b/2}^{b/2} [C]^T[D][C]dxdy \tag{9-10}$$

将式(9-2)、式(9-7)代入式(9-10)中,得到接触面单元的刚度矩阵$[K]^e$为:

$$[K]^e = \frac{bh}{36}\begin{vmatrix} 4|D| & & & & & & & \\ 2|D| & 4|D| & & & & & & \\ -2|D| & -4|D| & 4|D| & & & & & \\ -4|D| & -2|D| & 2|D| & 4|D| & & & & \\ 2|D| & |D| & -|D| & -2|D| & 4|D| & & & \\ |D| & 2|D| & -2|D| & -|D| & 2|D| & 4|D| & & \\ -|D| & -2|D| & 2|D| & |D| & -2|D| & -4|D| & 4|D| & \\ -2|D| & -|D| & |D| & 2|D| & -4|D| & -2|D| & 2|D| & 4|D| \end{vmatrix} \tag{9-11}$$

接触面单元的刚度矩阵与一般三维单元刚度矩阵一样,可以按节点平衡条件叠加到总的刚度矩阵中,由结构平衡方程求解位移,进而求得接触面上的应力。

本书在进行平面模型分析时,采用了平面四节点接触面单元,其单元刚度矩阵推导过程与上述类似,很多文献都有相应叙述,这里不再赘述。

(二)土体的本构模型

土是地表岩石经风化、剥蚀、搬运、沉积后的产物,土的松散性、多相性、多变性、特别是天然性以及由此引起的结构非均匀性、各向异性、流变性、剪胀性,导致了受力状态的千差万别,且受到应力水平、应力历史、应力路径、应力状态以及应力速率的影响,可以说任何一个数学模型都不能全面地、正确地表达土的这些特性。对于岩土介质非线性问题的计算,人们较多采用的是以塑性势理论为基础的弹塑性本构关系和需进行应力修正和迁移的非线性弹性本构关系。程序的研编选择了已被广泛应用的杜拉克-普拉格本构模型和非线性弹性邓肯-张模型。

1. 弹塑性本构模型

弹塑性本构模型将总的变形分为弹性变形和塑性变形两部分,弹性变形用胡克定律计算,塑性变形用塑性理论求解。对于塑性变形,要做三方面的假设:①破坏准则和屈服准则;②硬化规律;③流动法则。

MARC 软件中提供了多种屈服准则,如 Von Mises、Mohr-Coulomb 等。Mohr-Coulomb 屈服准则简单实用,材料参数 C、φ 可以通过各种不同常规试验测定,因此在岩土力学和塑性理论中得到广泛应用,在主应力空间上,Mohr-Coulomb 屈服条件的屈服面是一个棱锥面,在 π 平面上,Mohr-Coulomb 屈服条件是一个不等角的等边六边形,当 $\sigma_1 > \sigma_2 > \sigma_3$ 时,其屈服函数可写为:

$$F = \frac{1}{2}(\sigma_3 - \sigma_1) + \frac{1}{2}(\sigma_3 + \sigma_1)\sin\varphi - \cos\varphi = 0 \quad (9\text{-}12)$$

但 Mohr-Coulomb 屈服面存在尖顶和棱角这些奇异点，使数值计算变繁和收敛缓慢，不便于塑性应变增量的计算。

MARC 中采用的广义 Mohr-Coulomb 行为由 Drucker 和 Prager 提出，其屈服准则实际是 Drucker-Prager 屈服准则，分线性和抛物线两种（图9-9、图9-10）。

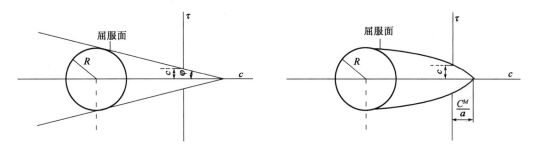

图 9-9　线性 Mohr-Coulomb　　　　图 9-10　抛物线 Mohr-Coulomb

线性 Drucker-Prager 的屈服函数为：

$$F = \sqrt{3}\alpha J_1 + \sqrt{3J_2} - \sigma_y = 0 \quad (9\text{-}13)$$

式中：J_1——第一应力张量不变量，$J_1 = \sigma_{ij}$，也即静水压力；

J_2——第二偏应力张量不变量 $J_2 = \sigma'_{ij} \cdot \sigma'_{ij}$。

其屈服函数 α, σ_y 为与 c, φ 值有关的试验常数，即

$$\begin{cases} \alpha = \dfrac{\sin\varphi}{\sqrt{9 + 3\sin^2\varphi}} \\ \sigma_y = \dfrac{9c\cos\varphi}{\sqrt{9 + 3\sin^2\varphi}} \end{cases}$$

抛物线屈服准则的屈服函数为：

$$\begin{cases} F = (3J_2 + \sqrt{3}\beta\sigma_y J_1)^{\frac{1}{2}} - \sigma_y = 0 \\ \beta\sigma_y = \dfrac{\alpha}{\sqrt{3}} \end{cases} \quad (9\text{-}14)$$

Drucker-Prager 屈服准则考虑了中主应力和静水压力对屈服与破坏的影响，且其屈服曲面光滑无棱角，有利于塑性应变增量方向的确定和数值计算。且材料参数少，易于试验测定或由莫尔-库仑准则材料常数换算。

MRAC 软件采用相关联流动法则，硬化准则包括各向同性硬化、运动硬化和混合硬化三种，可通过定义应力和塑性应变的关系曲线来指定硬化曲线。这里分析时采用基于线性 Drucker-Prager 屈服准则的理想弹塑性模型。

2. 非线性弹性模型

非线性弹性本构关系以最为著名的邓肯-张模型为代表。邓肯-张模型反映了土体变形的主要规律,它把总变形中的塑性变形部分也当作弹性变形来处理,通过弹性常数的调整来近似考虑这部分塑性变形,用于增量计算时能反映应力路径对变形的影响,通过回弹模量 E_{ur} 和加荷模量 E_t 的区别体现加荷历史对变形的影响。

$$E_t = \left[1 - R_f \frac{(1-\sin\varphi)(\sigma_1-\sigma_3)}{2c\cos\varphi + 2\sigma_3\sin\varphi}\right]^2 kPa \left(\frac{\sigma_3}{P_a}\right)^n \quad (9\text{-}15)$$

$$E_{ur} = k_{ur} P_a \left(\frac{\sigma_3}{P_a}\right)^n \quad (9\text{-}16)$$

泊松比的计算采用了丹尼尔提出的较简单的 V_t 随应力水平直线变化的公式

$$V_t = V_i + (V_{if} - V_i)\frac{(\sigma_1-\sigma_3)(1-\sin\varphi)}{2c\cos\varphi + 2\sigma_3\sin\varphi} \quad (9\text{-}17)$$

(三)地基条件的模拟

桥头过渡段路基的沉降由路基填土沉降和路基下地基沉降两部分组成。对大多数桥头过渡段而言,路基下地基的沉降是桥头过渡段出现差异沉降的主要因素。因此,要考察一种处治方法的适用性实际上就是研究其消化路基下地基工后沉降变形的能力。这一差异沉降处治思想是贯穿本书数值分析和研究的一条主线索。

地基工后沉降是一个随时间变化的固结过程,它受多种因素影响,包括地基的地质水文条件、处理方法、路堤设计及路面施工前的预压时间等。地基工后沉降也具有空间分布的不均匀性,在路堤纵断面和横断面分布都是不均匀的,其中路堤纵向的沉降分布形式对差异沉降处治措施的选用和布置影响甚大。因此,如何比较真实地模拟地基沉降的规律,同时又能使计算方便、快速十分重要。

本书对地基沉降的模拟是通过在路基底部施加一个 Δ(沉降量)的边界条件来实现。Δ(沉降量)考虑了不同的沉降模式和时间效应。其中,在路堤横向考虑了地基的非均匀沉降模式,在路基纵向考虑了均匀沉降和非均匀沉降两种模式。其中,均匀沉降可通过边界条件直接施加,非均匀沉降曲线可通过前述的用户子程序 FORCDT 来施加,沉降的时间效应可通过表格和子程序实现。

我国现行的公路软土地基设计与施工技术规范规定,高速公路、一级公路的容许工后沉降为:桥台与路堤相邻处不大于 10cm,涵洞或箱形通道处不大于 20cm,一般路堤不大于 30cm,所以本书把 Δ 的变化范围确定为 0~30cm。

(四)土工格室复合体的处理

传统的加筋土是将具有较大变形模量和抗拉与黏着强度的加筋材料成层平铺埋置在填土结构中,构成一个加筋复合体。而土工格室加筋体不同于其他加筋土,在土工格室加筋结构中,筋材面与大主应力方向重合。土工格室与其中的填料共同作用,对填料提供了较大的侧向约束作用,格室侧壁对填料产生了向上的摩擦支承力,从而形成了一个具有较大压拉强度与抗剪强度的复合体。在实际工程结构中,这种复合体可视为具有一定抗弯刚度的柔性筏基。由于土工格室是一个立体结构,它与土体之间的相互作用比较复杂,因此对其复合体模量的计算还没有一个合适的理论公式。目前,土工格室的回弹模量和变形模量值是通过承载板试验而获得的。室内试验结果表明,复合模量的大小与其中的填料有很大关系。黏性土模量的提高在 1.5 倍左右,而砂粒的模量提高 2~3 倍,甚至更大。另据一些资料介绍,土工格室中填料的 c 值提高较为明显,而 φ 值变化不大。本书认为,上述两个结论之间有着密切的关系。砂粒的 c 值为零,故土工格室强大的限制侧向变形能力对砂粒侧胀的限制等同于给砂粒加了一个 c 值,因此,砂粒填料模量的提高就较大;分析时土工格室复合体模量取填料模量的两倍。

(五)脱空区的计算处理

路基填土的沉降量是地基沉降变形和填土自身压缩变形的叠加累积。要达到消除桥头差异沉降的目的,实现路桥过渡段桥台与路堤衔接处零位移十分重要,常用的处治措施如搭板、土工格网及柔性搭板,其一端都固定于桥台上。因此,在有限元计算中,固定段的边界条件取为 $(x,y=0)$。但是,固定段下部填土的变形量是不断累积的。因此必然会在固定端与其下层的填土之间产生一个沉降差,也即产生填土松动区。这种情况在大部分的刚性搭板中都是存在的,这也是造成刚性搭板产生断裂的一个重要原因。在用 MARC 进行数值仿真分析中,为了较形象地反映松动区现象和其产生的区域范围与变化规律,同时也为了消除 $(x,y=0)$ 边界条件下固定端对下层土体单元变形的限制(即产生拉应力),通过在单元与土体单元之间设置一种厚度较薄的特别材料层单元,此单元类型与土体单元无异,唯一区别是其材料模量。由于松动区长度是随地基沉降值而变化的量,因此,需要建立材料模量和拉应力的关系。当为拉应力时,表明单元受拉,由于土体不能受拉,故将材料模量定义一个很小的值,如 10kPa。由于单元的模量很小,在受到拉应力情况下,单元可以任意拉伸,但其传递到下层土单元的拉应力可忽略不计。当为压应力时,材料模量与其他土体一致。为实现以上这一功能,定义了相应的用户子程序 HYPELA2。

(六)路堤分级加载的模拟

路堤在施工过程中,并不是一次填筑到顶,而是逐级施加的。通过模拟逐级加载,可反映出结构本身随施工填筑变化对应力、变形的影响。

MARC 软件中,可通过两种方式实现这种逐级加载的过程。一种方法是利用单元的死活技术。在划分网格时,一次生成全部路堤单元,然后将路堤单元分层定义为死单元,在求解过程中,程序将自动从下向上激活路堤单元,从而实现分级加载的模拟。另一种方法是利用表格功能,通过定义路堤荷载随加载时步的变化曲线,实现路堤荷载的分级加载。

(七)计算技术及收敛判据

无论是几何非线性、材料非线性还是边界条件或荷载引起的非线性,所描述的非线性有限元方程,都需要通过迭代增量非线性有限元方程组才能完成方程的求解。

对于增量非线性有限元方程组,MARC 提供了以下 4 种迭代算法:

(1) Newton-Raphson 方法。
(2) 修正 Newton-Raphson 方法。
(3) 修正应变方法。
(4) 割线法。

本书计算中,采用了 Newton-Raphson 方法,简述如下:

$$k^t(u)\Delta u = \Delta p \tag{9-18}$$

解得:$\Delta u = \Delta u_1$

$k^t(u)$ 为增量步开始时的切线刚度矩阵。

下一次迭代(在循环)有:

$$k^t(u + \Delta u_1)\Delta u = p - I \tag{9-19}$$

式中:p、I——外部节点荷载矢量、内部节点荷载矢量。

解得:$\Delta u = \Delta u_2$

方程反复迭代得:

$$u = \Delta u_1 + \Delta u_2 + \cdots$$

Newton-Raphson 方法的优点是收敛性较好,适用于高度非线性问题。但是每次迭代需要根据新的迭代位移更新切线刚度矩阵,并重新分解,故计算时间较多。

MARC 软件提供的判断收敛性判据主要有检查残差、检查位移和检查应变能三类。本书采用了残差检查判定法。

$$\frac{\|F_{residual}\|_\infty}{\|F_{reaction}\|_\infty} < TOL_1 \tag{9-20}$$

式中 $F_{residual}$、$F_{reaction}$ 分别是节点自由度上力的残差和最大反力,TOL_1 为用户给定的残差误差允许值(隐含为 0.1)。

第十章 工程实例分析

大量调查资料和文献表明,目前我国已建高等级公路差异沉降病害十分普遍。随着高等级公路建设的加快,差异沉降带来的潜在危害、经济损失及不良社会影响,已引起公路建设单位和技术人员对此问题的高度重视,并开展了不少研究,提出了很多新方法和新措施。但常见的处治方法由于作用机理的差异,都存在一定的适用范围和局限性,故目前差异沉降处治中,既有成功的实例,也不乏失效的工程。本书在研究过程中,从消化地基沉降和实现路桥过渡段刚柔过渡的机理出发,提出了土工格室楔形柔性搭板处治新技术,并将其应用于工程实践中。

楔形柔性搭板作用性状的仿真分析表明,楔形柔性搭板能够较好地协调桥台和路堤之间的沉降差,从而减少差异沉降现象。拓扑优化和设计优化为楔形柔性搭板的工程设计提供了理论指导。但楔形柔性搭板技术作为一种新的处治方法,其处治差异沉降的效果需要经过工程实例的检验,其施工工艺和设计方法也需通过实体工程的实施加以完善。因此,选用了4个不同工况的工程实例进行分析。这些实例所在的台背填土较高、填料较差、地基情况复杂,其工程环境对于差异沉降病害的产生具有一定的代表性。其中应用实例一(柳忠高速公路)位于湿陷性黄土地基上,填料为粉性黄土,压缩性大,桥台类型各异。应用实例二(古永高速公路)填料为风积砂;应用实例三(祁临高速公路)填料为粉土,地基为粉砂和黏土,且台背回填施工质量较差;应用实例四(靖王高速公路)填料为黄土状土。为实时跟踪施工质量,评价柔性搭板加固效果,分别有针对性地开展了柔性搭板结构层的承载板试验,并进行了路面沉降测试。

一、柳忠高速公路

(一)工程概况

柳忠高速公路位于国道312线兰州柳忠高速公路AK0+238~AK0+350段。桥位两侧的地基以新堆积黄土为主,且桥头处路堤填土较高(柳沟河一侧最大填土高10.3m,忠和一侧最大填土高9m),故路桥衔接处出现差异沉降是不可避免的。由于当地特殊的地质条件,砂石类填料很难就近取到,如果采用换填方法,一方面将影响到施工进度;另一方面,由于材料价格和运费都较贵,将大大增加桥头路堤的造价。以往通过在路桥过渡段设置刚性搭板来解决差异沉降,但实践证明这种方法并不能完全解决这一问题。因而,采用了楔形柔性搭板方法来处治路桥过渡段的差异沉降。桥头路堤填料就近取土,与相邻路基填料相同。

该地区黄土以全新世(Q_4)和晚新世(Q_3)黄土为主,质地较疏松,成岩性差,具有湿陷性,土层分布及各物理力学指标如图10-1所示。地面下为新近堆积黄土,厚约8.3m,其下为中细砂互层,层厚3.8m。再下面是砾类土,层厚约为1.65m,接着是强风化砂岩。桥台基本情况如表10-1所示。

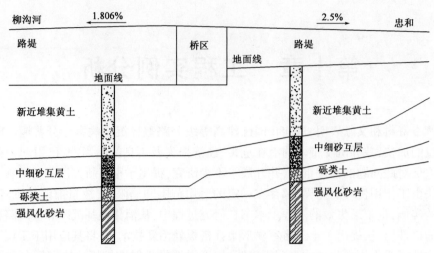

图 10-1 地质纵断面图

依托工程处治桥台基本情况 表 10-1

桩 号	台 号	桥台形式	填土高度(m)	填料类型
K20+447	0	重力式	10.3	粉黄土(粗颗粒较多)
	1	重力式	9.0	粉黄土(粗颗粒较多)
K20+670	0	桩柱式	10.1	粉黄土(粗颗粒较多)
	3	桩柱式	9.0	粉黄土(粗颗粒较多)
K32+497	0	肋板式	5.3	粉黄土
	3	重力式	5.3	粉黄土

(二)试验工程设计与施工

1. 设计方案

本书针对实体工程不同的桥台形式、地基条件、路堤高度,分别设计了不同的方案,如图10-2、图10-3、图10-4所示。

2. 施工

要保证柔性搭板处治方法的成功,有力的施工保障是必不可少的。同时柔性搭板作为一种新方法,现行规范中没有相应的施工要求,国内外也没有相应的施工经验可以参考。因此,和施工单位的密切配合,制定了一套施工方案,实践证明,这套方案是切实可行的。

(1)施工设备要求

为了保证台背填料的充分压实,施工单位除应准备一般路堤填筑所必要的压实机械外,还应准备足量和性能适宜的小型振动压实设备和打夯设备,以保证边角的压实度达到设计和规范的要求。柔性搭板处治台背回填所需工具如表10-2所示。

第十章 工程实例分析

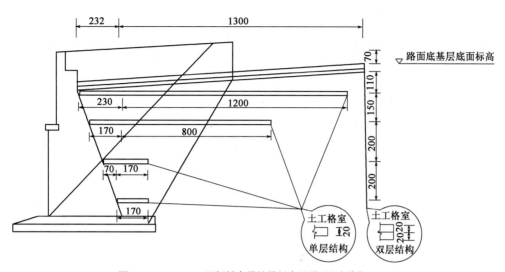

图 10-2 K20+447 两侧桥台柔性搭板布置图(尺寸单位:cm)

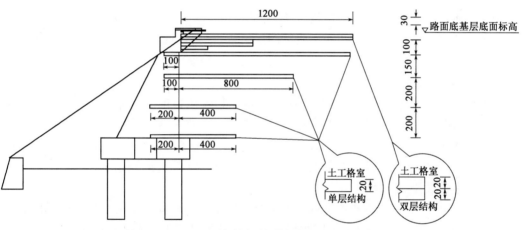

图 10-3 K20+467 两侧桥台柔性搭板布置图(尺寸单位:cm)

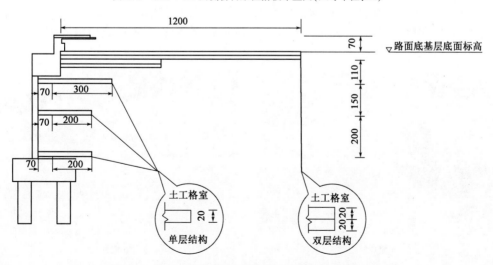

图 10-4 K32+997 两侧桥台柔性搭板布置图(尺寸单位:cm)

柔性搭板施工所需工具　　　　　　　表 10-2

机具	射钉枪（把）	汽车（辆）	墨斗（只）	墨汁（瓶）	钢卷尺（把）	打夯机（台）	φ6 钢纤（根）	射钉（个）	扳手（把）	钳子（把）
数量	2	1	2	2	2	1	若干	若干	2	2

（2）填料

台后填料与路基填料一致；施工中，由于填料含水率较低，必须进行洒水处理。洒水量须按计算所需要求严格控制，洒水应均匀，洒水后，经过一段时间（一个晚上）放置后才能被用于填充格室和进行压实。填料中应拣去直径大于 5cm 的颗粒和杂草、树根。

（3）土工格室材料检查验收

施工前对购进的土工格室材料进行抽样检查验收，检查结果须达到设计的材料要求。

（4）施工方法

图 10-5 为施工现场照片，施工方法具体如下：

①整平地面并振压

铺设土工格室前，台背的地基应进行整平振压，压实度要达到施工规范的要求。桥台附近的路基填土稍高于设计标高，防止土工格室固定于桥台后，发现因设计标高不够，在土基之上土工格室之下形成一层没有压实的虚土，从而影响土工格室的压实效果。

②固定件安装

土工格室与桥台连接的质量直接影响土工格室的使用性能。固定件安装前必须精确定位，施工时先用墨汁线按设计标高要求在桥台上弹出一条水平线，并用钢卷尺以 20cm 间距在水平线上划出十字标志点。然后用射钉枪（或电转机）把 φ10～φ12 锚钉或同样尺寸的膨胀螺栓打入桥台中，再安装固定件。全部安装完以后，检查安装质量，要求锚固力≥1kN。

③张拉并铺设土工格室

铺设土工格室前，应根据布置区域的大小对土工格室的不同规格尺寸进行合理配置。首先，采用 φ6 的钢纤（须采取一定的防腐措施）或合页式插销把土工格室连接在固定件上，把土工格室一侧拉到指定尺寸，用钢钎或填料固定，再用力张开整块土工格室，相邻土工格室板块采用合页式插销整体连接。在完全张拉开土工格室后，在四周用钢钎或填料固定，否则，严禁进行下一工序的施工。

a) 照片1

b) 照片2

图 10-5

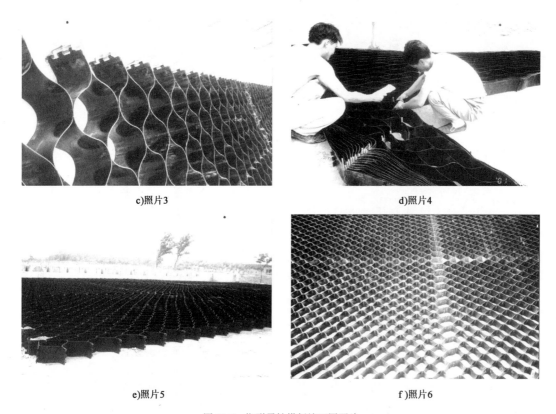

图 10-5 楔形柔性搭板施工图照片

④格室填料

土工格室柔性搭板按现有路基施工规范施工。首先检查填料,铺料采用人工和机械相结合的方式,用推土机把含水率均匀的填料逐渐填充格室,机械虚填厚度到达 25cm 左右时,用人工填充桥台附近死角,然后整平。格室未填料前,严禁机械设备在其上行驶。

⑤压实

台背路基压实与现行规范要求基本一致,施工中采用振动压路机压实。台背附近,采用小型振动压实机和打夯设备压实,格室层机械压实次数应稍多于其他层 1~2 遍。

⑥检查验收

a. 桥台柔性搭板以压实度标准进行检查验收,结构压实度与该部位路基压实度相同。

b. 桥台固定锚钉按总数的 2% 进行检查,要求锚钉锚固力≥1kN。

c. 配合施工进度,对各桥台进行沉降、回弹模量、变形模量等项目的现场测试,获取必要的参数。

(三)测试成果分析及评价

土工格室与填料组成的复合体能够明显地提高地基的强度和刚度,这一点已经在很多工程中得到验证。但土工格室柔性搭板应用于台背跳车处理在国内外尚属首次。因此,为了进一步了解柔性搭板处理差异沉降的作用机理,获取计算参数,实时监控施工质量和评价处治效果,本书对实体工程六个桥台进行了承载板和弯沉试验,路面设置了沉降观测点。

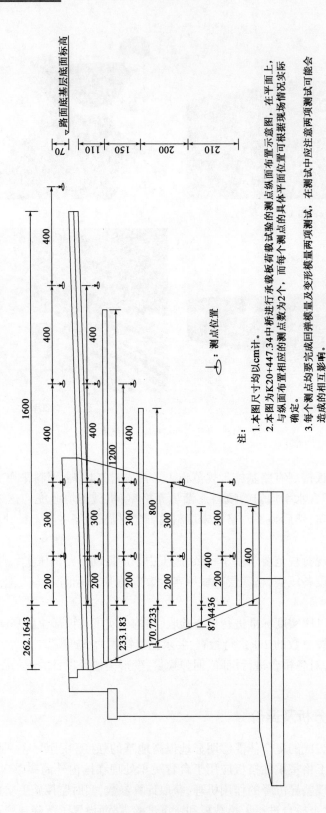

图10-6 K22+447.340跨线桥现场试验测点布置图

1. 承载板试验

配合施工进度,对六个桥台加土工格室区和未加土工格室区分别进行了承载板试验。测试点布置如图10-6所示。承载板试验自2000年6月一直延续到2001年5月;同时,由于受施工进度、现场试验环境和天气因素的影响,部分测点没有进行试验。

测试过程严格按照《公路路基路面现场检测规范》(T 0943—1995)进行,测试结果通过线性回归,按式(10-1)、式(10-2)分别计算得回弹模量和变形模量值。

回弹模量计算:

$$E_t = \frac{\pi D}{4} \cdot \frac{\sum p_i}{\sum L_i}(1-\mu^2) \tag{10-1}$$

式中:E_t——土基回弹模量(MPa);
μ——土的泊松比,取0.35;
L_i——结束试验前的各级荷载实测回弹变形值;
p_i——对应于L_i的各级压力值;
D——承载板的直径或宽度。

变形模量计算:

$$E_0 = \frac{pb(1-\mu^2)}{S}\omega \tag{10-2}$$

式中:E_0——土的变形模量;
p——荷载强度;
S——对应于p的承载板下沉量;
ω——与承载板的形状、刚度等有关的系数(无量纲),也称沉降影响系数,方板$\omega=0.89$;圆板$\omega=0.79$;
b——承载板直径或者宽度。

表10-3、表10-4、表10-5给出了三处试验点两侧桥台的回弹模量和变形模量测试结果,比较分析可以发现K32+497两侧桥台测试值明显小于K20+447和K20+670测试值,这是由于K32+497两侧桥台所用填料颗粒较细,含水率偏低,黏性较差,故回弹模量和变形模量值较小。而K20+447和K20+670两侧桥台填料中含有较多砾石,并且黏性较好,故测试值较大。

K20+447 两侧桥台测试结果   表10-3

桥台号	层数	模量类型	未铺土工格室模量(MPa)	铺土工格室模量及提高量					
				模量/距离(MPa/m)	提高量(%)	模量/距离(MPa/m)	提高量(%)	模量/距离(MPa/m)	提高量(%)
1	5	回弹模量	87.1	111.9/13.1	28.5	94.7/7.6	8.7	105/11.6	20.6
	4		68	83.7/4.3	23.1	76.1/7.3	11.9	71.9/11.3	5.7
	2		65.5	79.6/2.8	21.5	—	—	—	—
	1		59.7	72.3/2	21.1	—	—	—	—

续上表

桥台号	层数	模量类型	未铺土工格室模量（MPa）	铺土工格室模量及提高量					
				模量/距离（MPa/m）	提高量（%）	模量/距离（MPa/m）	提高量（%）	模量/距离（MPa/m）	提高量（%）
1	5	变形模量	89	—	—	105.1/7.6	18.1	93/11.6	4.5
	4		38.7	51.1/4.3	32.4	47.7/7.3	23.3	44.6/11.3	15.2
	2		39.2	46.3/2.8	18.1	—	—	—	—
	1		38.2	48.9	28	—	—	—	—
0	5	回弹模量	139.2	157.9/4.6	13.4	219.5/7.6	57.7	157.9/11.6	13.4
	4		81.4	86.5/4.3	6.2	88.1/7.3	8.2	—	—
	3		76.7	81/3.7	5.6	82.7/6.7	7.8	—	—
	2		73.2	76.1/2.8	4	—	—	—	—
	1		53.8	57.3/2	6.5	—	—	—	—
	5	变形模量	97.1	118.1/4.6	21.6	125.7/7.6	29.5	107.1/11.6	10.3
	4		34.8	38/4.3	9.2	36.1/7.3	3.7	—	—
	3		30	42.6/3.7	42	35.6/6.7	18.7	—	—
	2		25.7	31.4/2.8	22.2	—	—	—	—
	1		36.8	43.9/2	19.3	—	—	—	—

K20+670 两侧桥台测试结果　　表10-4

桥台号	层数	模量类型	未铺土工格室模量（MPa）	铺土工格室模量及提高量									
				距离1m		距离3m		距离6m		距离10m		距离14m	
				模量（MPa）	提高量（%）	模量（MPa）	提高量（%）	模量（MPa）	提高量（%）	模量（MPa）	提高量（%）	模量（MPa）	提高量（%）
3	5	回弹模量	99.5	102.5	3	116.5	17.1	122.8	23.4	132.8	33.5	109.6	10.1
	3		68.4	—	—	80.4	17.5	71.6	4.7	—	—	—	—
	2		44.3	58.7	32.5	48.1	8.6	—	—	—	—	—	—
	5	变形模量	58.5	71.3	21.9	65.1	11.3	77.8	33	71	21.4	68.4	16.9
	3		44.6	—	—	47.7	7	53.8	20.6	—	—	—	—
	2		43.4	47.9	10.4	51.5	18.7	—	—	—	—	—	—
0	5	回弹模量	83.6	—	—	94.3	12.8	105.4	26.1	93.1	11.4	84.3	1
	3		65.3	—	—	76.5	17.2	71.3	9.2	—	—	—	—
	2		64.6	—	—	65.1	1	—	—	—	—	—	—
	1		47.9	—	—	57.3	19.6	—	—	—	—	—	—
	5	变形模量	61.8	73	18.1	70.9	14.7	76.4	23.6	70.4	13.9	64.1	3.7
	3		30.9	—	—	39.2	26.9	41.5	34.3	—	—	—	—
	2		37.6	—	—	38.7	3	—	—	—	—	—	—
	1		41.96	—	—	44	5	—	—	—	—	—	—

K32+497 两侧桥台测试结果 表10-5

桥台号	层数	模量类型	未铺土工格室模量（MPa）	铺土工格室模量及提高量					
				距离3m		距离6m		距离10m	
				模量(MPa)	提高量(%)	模量(MPa)	提高量(%)	模量(MPa)	提高量(%)
0	4	回弹模量	62.06	66.51	7.17	66.38	6.96	70.46	13.54
	3		62.96	42.51	-32.48	67.02	6.45	—	—
	2		59.21	67.92	14.71	—	—	—	—
	1		42.65	49.82	16.81	—	—	—	—
	4	变形模量	70.98	44.65	-37.09	71.34	0.51	77.88	9.72
	3		28.57	36.54	27.90	37.72	32.03	—	—
	2		30.05	32.06	6.69	—	—	—	—
	1		31.09	32.07	3.15	—	—	—	—
3	4	回弹模量	58.29	42.82	-22.54	55.26	-5.2	59.23	1.61
	3		56.28	62.1	10.34	60.1	6.79	—	—
	2		36.36	44.44	22.22	—	—	—	—
	1		33.13	39.4	18.93	—	—	—	—
	4	变形模量	32.56	27.68	-14.49	33.9	4.12	33.63	3.29
	3		29.68	33.82	13.95	36.79	23.96	—	—
	2		27.79	33.93	22.09	—	—	—	—
	1		30.05	34.7	15.47	—	—	—	—

从 K20+447 和 K20+670 两侧桥台可以看出，铺设土工格室后的路基回弹模量和变形模量值都得到了不同程度的提高，提高量在 5% ~ 30% 之间。

K32+497 桥台由于填料压实过程中含水率的不均匀，导致压实度离散，故测试所得回弹模量和变形模量值也存在着较大离散，通过对 K32+497 测试结果的方差分析可知，铺设土工格室后台背路基的回弹模量和变形模量提高量在 3.268% ~ 12.568% 和 3.305% ~ 14.255% 之间。

与室内试验结果比较，现场测试所得回弹模量和变形模量的提高值偏低。可能是由于在现场工地，填料的含水率较室内试验低、含水率不均匀、路基压实度差异较大以及填料不如室内试验均匀等原因造成的。

综合 K20+447、K20+670 和 K32+497 共 6 个桥台的测设结果，可以认为，台背铺设土工格室柔性搭板后，路基回弹模量和变形模量都得到不同程度的提高，改善了台背填土扩散荷载和降低沉降的能力，从而可以减小桥头的不均匀沉降。

2. 弯沉试验

路基施工完成后，于 2001 年 5 月对土工格室柔性搭板处治的 6 个桥台的路基顶面进行了弯沉试验，K32+497 桥梁 3 号桥台左侧由于堆积了杂物，没有安排试验。此外，由于受自然因素影响，路基顶面含水率大大减少，试验时部分桥台路基顶面存在薄松散层，一定程度影响测试结果。

表 10-6 是路基顶面弯沉值测试结果，从表中可以看出，路基顶面弯沉从铺设土工格室区 6m 至未铺土工格室区 18m，基本呈逐渐增大的趋势，虽各桥台测试值有一定差异，但土工格室

柔性搭板布置区路基强度大于未布置区的强度。

路基顶面弯沉值 表10-6

桩号	K20+447				K20+670				K32+497			
桥台号	0		1		0		3		0		3	
	左侧	右侧	左侧	右侧	左侧	右侧	左侧	右侧	左侧	右侧	左侧	右侧
6m	64	58	76	80	74	78	74	76	85	91	—	82
10m	72	62	78	78	78	80	82	74	89	90	—	86
14m	74	70	72	74	76	82	78	78	105	102	—	96
18m	84	74	82	82	80	86	84	80	94	105	—	98

注:6m、10m、14m、18m表示测点距台背的距离,左侧、右侧分别指左右半幅道路的中心线。

3. 路面沉降观测

依托工程6个路桥过渡段路面工后2年的实测沉降曲线示于图10-7中。可以看出,路桥过渡段沉降曲线呈抛物线形状,路桥衔接处有很小的台阶高差,在0~6m范围内曲线变化较大,6~10m范围内变化较小,6座桥台过渡段的最大沉降值在1~3cm范围内,各桥台有所差异,其中K20+447桥台过渡段沉降值最小,K32+620桥台的沉降值最大。

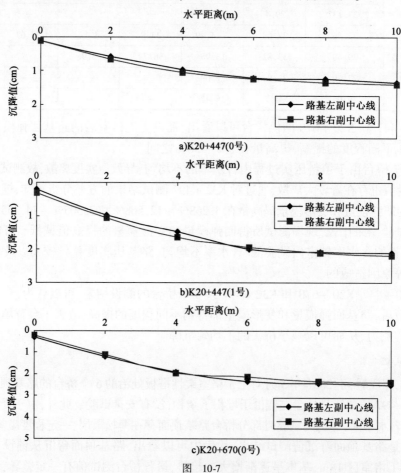

图 10-7

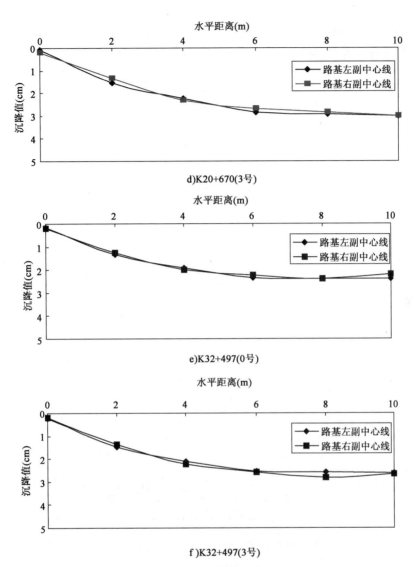

图 10-7　路桥过渡段路面工后 2 年沉降曲线

表 10-7 是各沉降曲线的统计值,从数据也可看出,6 座桥台的台阶高差在 0.1~0.3cm,纵坡变化率小于 0.5%,均满足路桥过渡段消除跳车的要求。

路桥过渡段实测沉降数据统计表　　　　　　表 10-7

桩　号	最大沉降值(cm)	纵坡变化值(%)	桥头台阶高差(cm)
K20+447 0 号	1.4	0.206	0.1
K20+447 1 号	2.2	0.33	0.3
K20+670 0 号	2.5	0.393	0.2
K20+670 3 号	3.0	0.472	0.2
K32+497 0 号	2.4	0.43	0.15
K32+497 3 号	2.65	0.388	0.25

从以上分析可以看出,楔形柔性搭板处治技术很好地协调了路桥过渡段的沉降差,减小了总沉降值,从而消除了差异沉降病害,达到了处治目的。

二、古永高速公路

古永高速公路是国道主干线连云港至霍尔果斯公路在甘肃省境内的重要路段,全长69.4548km,分为古浪至武威、武威至永昌两条路段,其中古浪至武威段起于古浪县城西八里营村,经双塔镇、黄羊镇至武威南与武威过境公路相接,该段全长40.887km;武威至永昌段起于武威市青林乡孔星墩,途经八坝村、六坝乡至永昌县东寨乡,与永昌至山丹公路相接,该段全长28.634km。

古永高速公路为四车道高速公路,计算行车速度100km/h,路基断面采用整体式断面,路基总宽度25.5m,桥梁设计荷载为汽车—超-20级、挂车-120,桥梁净宽为 2×11.25m,全封闭全立交,路面设计为沥青混凝土路面。全线有路基土石方481m^3;中桥542.84m/9座;小桥448.74米/18座;通道58座;涵洞245道;互通式立交2处;分离式立交21处。

全线处于黄土状土地区,其中需处理的桥台30座。如果采用原设计的刚性搭板+土工格栅+砂砾填料方案,由于加筋材料——土工格栅用量大,造价相对较高。同时,这种方法也并不能完全解决差异沉降这一问题。为此,根据模量过渡原理,采用土工格室楔形柔性搭板方法,实现路桥过渡段刚柔平稳过渡,防止产生不均匀沉降。并根据桥台类型、台后填土高度、填料和地基情况,提出了60个台背的楔形柔性搭板设计方案,制定了相应的施工工艺和质量保证措施。柔性搭板布置典型结构如图10-8、图10-9所示。

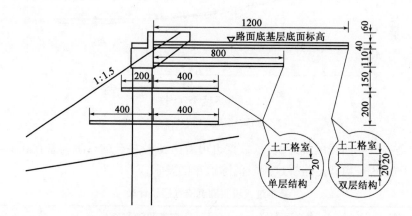

图10-8 桩柱式桥台柔性搭板布置图(尺寸单位:cm)

古永高速公路于2002年6月建成通车,经过2年多的运营,实测得到部分桥头沉降差曲线(图10-10)。从曲线可以看出,除个别桥头产生较小的台阶差外,其余桥头纵坡变化很小,最大沉降差在2cm左右,并在柔性搭板布置区内得到很好的过渡。图10-11为现场调研得到的部分桥头实景照片,从图中可以看出,路线纵坡过渡平缓,差异沉降病害没有发生。工程实践表明,楔形柔性搭板技术可较好地解决不均匀沉降病害。

第十章 工程实例分析

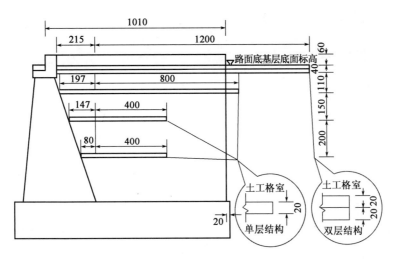

图 10-9　重力式桥台柔性搭板布置图（尺寸单位：cm）

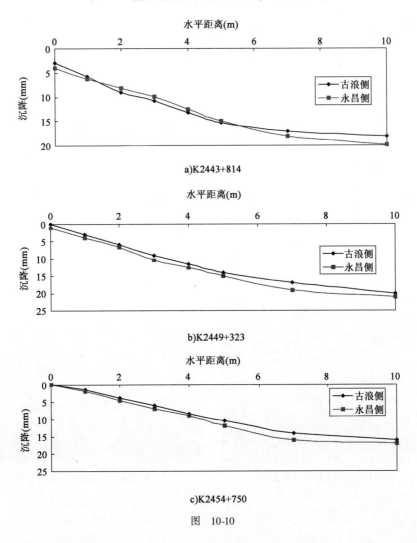

a) K2443+814

b) K2449+323

c) K2454+750

图 10-10

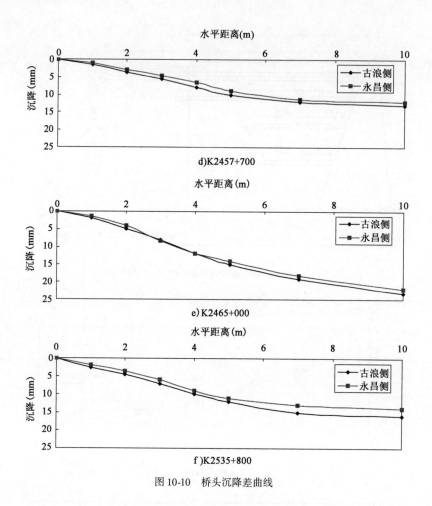

图 10-10 桥头沉降差曲线

a) K2449+323（路堤填土高5m，黄土回填）

b) K2454+750（路堤填土高5m，砂粒土回填）

图 10-11

c) K2457+700（路堤填土高3m，砂粒土回填）

d) K465+0009（路堤填土高6m，砂粒土回填）

e) K2528+300（路堤填土高3m，砂粒土回填）

f) K2535+8009（路堤填土高5m，砂粒土回填）

图 10-11　古永高速公路桥头实景

三、祁临高速公路

惠济河桥位于祁临高速公路与 108 国道平遥城东连接线上，为四跨简支梁桥，采用桩柱式桥台。台背地基表层为粉砂，3.8m 以下为粉土，8.5m 以下为粉黏土，填料为粉土。为便于比较，北岸采用钢筋混凝土搭板处理，搭板现浇，长 4m，底铺 60cm 二灰土。南岸采用土工格室柔性搭板处理，台背按楔形布置土工格室，间距由上至下逐渐增大，顶层固定于台帽上，下面三层伸入锥坡一定长度，具体布置方案如图 10-12 所示。

楔形柔性搭板施工过程中，针对柔性搭板加固区开展了路基回弹模量和变形模量试验，路基顶面进行了弯沉试验，所有试验均按照《公路路基路面现场检测规程》（JTG 3450—2019）进行。测试结果汇总见表 10-8～表 10-10。

从表中结果可以看出，土工格室柔性搭板层自远处土基至近桥台，回弹模量和变形模量值都呈逐渐增大的趋势，模量提高值在 15%～30% 之间。弯沉值也呈相同的变化趋势。这说明了土工格室柔性搭板处理后，台背路基的强度得到提高，从而减弱了台背填土压实不足的影响，减小了路基压缩变形。同时，表中数据也较好地说明了土工格室柔性搭板具有较强的刚柔过渡能力。

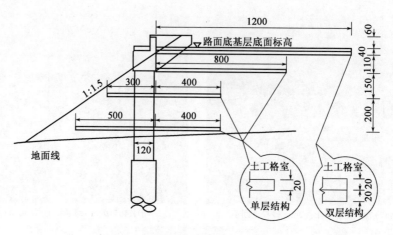

图 10-12 柔性搭板布置图(尺寸单位:cm)

回弹模量值(MPa)　　　　　　　　　　　　　　　　　　　　　表 10-8

层　号	距桥台距离			
	2m	5m	9m	13m
第二层格室	100.81	87.9(土基)	—	
第三层格室	100.49	101.13	103.5(土基)	—
第四层格室	123.6	119.5	93.9	95.3(土基)

变形模量值(MPa)　　　　　　　　　　　　　　　　　　　　　表 10-9

层　号	距桥台距离			
	2m	5m	9m	13m
第三层格室	70.36	64.3	56.16(土基)	—
第四层格室	59.2	53.16	54.7	50.78(土基)

弯沉值(×0.01mm)　　　　　　　　　　　　　　　　　　　　表 10-10

距桥台距离	4m	7m	10m	13m
弯沉值(0.01mm)	37	35	46.5	46

该工程于 2001 年 8 月通车,通车 5 个月后对试验桥头进行了沉降观测。图 10-13 与图 10-14 为桥台与台背路面的高差曲线。从图中曲线和现场调查可以看出,刚性搭板桥头出现两条横向裂缝,一条在搭板与桥台连接处,另一条在刚性搭板与路基连接处,其中刚性搭板与路基连接处横向裂缝较为严重,差异沉降达 0.5cm。且道路纵坡出现较为明显的变化。而楔形柔性搭板台背路面在通车 5 个月后第一次调查时,只在桥台处出现轻微的差异沉降,路线纵坡变化平缓,但经过 2 个月后,桥头连接处差异沉降显著增加,最大处约 1cm。台背沥青路面出现较多龟裂病害,经调查当地技术人员,知是由于铺完水泥碎石基层后,在铺设路面面层时发现桥头附近基层标高未达到设计要求,相差 10cm,施工单位未按要求进行返工,只是在原来基础上加铺了 10cm 的水泥碎石基层,从而导致路面基层整体性和强度大大降低,且由于

当地运煤超重车辆较多,该加铺厚度基层很快失去承载能力,从而导致桥头附近路面在通车约 6 个月后就出现龟裂和水平推移等严重病害。后经对路面进行返工修复,桥头过渡段路面纵坡过渡缓和,未出现跳车病害。

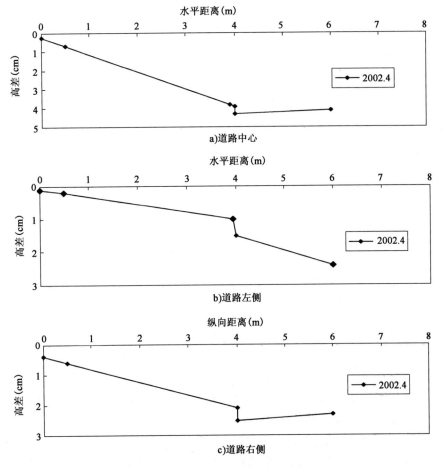

图 10-13　刚性搭板布置一侧路面相对高差曲线

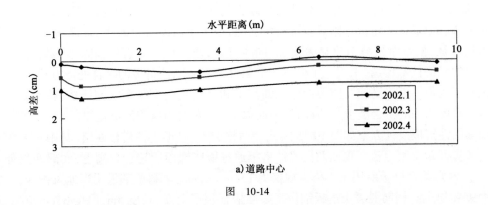

图 10-14

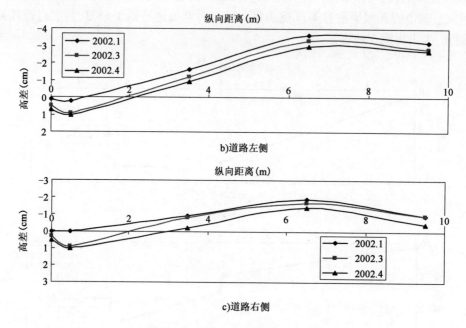

图 10-14　柔性搭板布置一侧路面相对高差曲线

四、靖王高速公路

靖王高速公路位于国道主干线青银（青岛-银川）高速公路陕西境内的靖王高速公路。全线位于陕北黄土高原北部，毛乌素沙漠南缘的古长城沿线风积沙区，地形以波状沙丘和高差几十米的黄土丘陵覆盖沙为主，绿化较好、植被丰富。

沙漠地区最丰富的材料是风积沙，由于风积沙土质松散、塑性指数很小、无黏聚力、不易形成整体，在外力作用下，容易产生位移，完成压实后路基不能稳定，长期以来一直困扰着公路工程建设单位和施工单位。尤其在桥头台背回填中，因台背填土高度较大，如采用风积沙作填料，由于路基压实效果不佳，将导致台背产生较大的压缩变形，从而引起台背路基与桥台的显著差异沉降。原设计中将台背附近全部换填灰土，但由于当地缺少黏性土和石灰，将导致原材料需大量外运，使台背换填造价显著增加，同时，回填灰土也无法有效消除不均匀沉降现象。经过方案的经济技术比选，采用土工格室楔形柔性搭板＋刚性搭板的综合处治方法。

试验工程位于靖王高速公路第四标段韩窖子和吕曲坑两座分离式跨线桥，路面宽6.5m，台背填土高度约7m，桥台类型为肋板式，地面以下4m左右为风积沙覆盖层。

楔形柔性搭板设计方案如图10-15所示，台背共布设楔形柔性搭板四层（其中顶层为双层结构），布置间距由密至疏。顶面两层柔性搭板通过膨胀螺栓固定于台帽上，底部两层伸入桥台70cm。楔形柔性搭板所用土工格室规格为15cm×40cm，填料全部采用当地风积沙，压实度要求达95%以上。钢筋混凝土搭板铺设于柔性搭板顶层上面，长度5m，厚度35cm，其一端支承于牛腿上，另一端支承于路堤上。

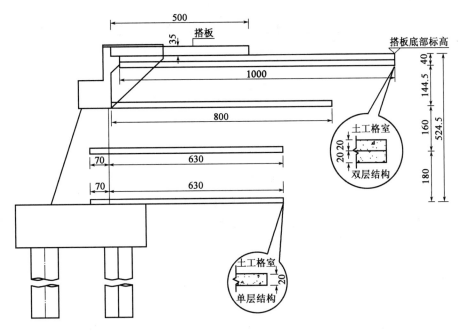

图 10-15　柔性搭板设计方案图(尺寸单位:cm)

靖王高速公路于 2003 年初开工,同年 10 月通车。柔性搭板施工期间,为保证施工质量,实时跟踪土工格室加固效果,开展了土工格室结构层的承载板试验;并于通车后 1 年即 2004 年 9 月对试验段进行路面沉降观测,基于对比分析需要,选择了相邻的砖井立交、通达跨线桥进行比较。其中砖井立交台背采用灰土换填+刚性搭板处治方法。通达跨线桥填高约 2m,台背仅铺设钢筋混凝土搭板,填料采用当地风积沙。

桥台与路堤之间的台阶差是引起差异沉降的主要原因。因此,桥台与路堤之间的相对高差能较好地反映台背跳车处治效果。图 10-16 为四座分离式立交南北面路面中心相对高差曲线。从图中可以看出,吕圈坑、韩窖子、砖井匝道南北面桥台与台背路面之间的相对高差曲线基本呈线性关系,桥台连接处无台阶差,路面无显著纵坡变化,台背楔形柔性搭板布置区路面完整,无车辙和裂缝出现,实景如图 10-17 ~ 图 10-19 所示。而通达跨线桥虽然路基填土高度较小,但北面桥台台背刚性搭板路基搭接处两端差异沉降达 0.8cm,南面两端沉降为 0.1cm,南北面刚性搭板与路基连接处路面均已出现贯穿横向的裂缝,如图 10-20 所示,表明单纯采用刚性搭板进行沉降过渡的方法无法避免桥头差异沉降病害的产生。同时,从图 10-18 可以看出,吕圈坑楔形柔性搭板布置区外(约 11m 处),路面出现约 5cm 深的车辙,主要原因可能是施工时路基压实未达到要求而导致的,而相邻台背楔形柔性搭板区路面完好,表明由于土工格室具有较强的侧向限制作用,其侧壁提供了向上的摩擦力,当其加固无黏聚力的风积沙时,类似于给风积沙填料施加了一个等效视黏聚力,从而显著提高风积沙填料的整体性和强度,相应增强了路基的强度和刚度。此工程实例表明,采用楔形柔性搭板加固风积沙地区路桥过渡段,不仅可以充分利用风积沙作为台背回填料,大大减小工程造价,同时也很好地解决差异沉降问题,经济效益和社会效益显著。

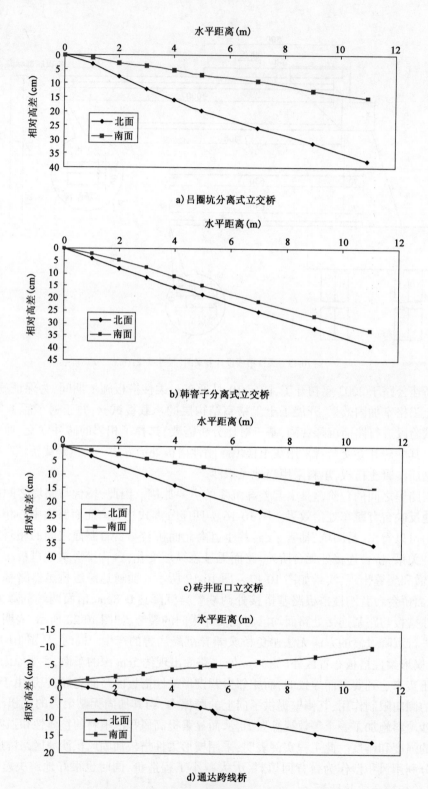

图 10-16 路面中心相对高差曲线

图 10-17　吕圈坑桥头实景

图 10-18　吕圈坑楔形柔性搭板布置区外车辙

图 10-19　韩窨子桥头实景

图 10-20　通达跨线桥搭板末端横向裂缝

五、工程实例小结

根据 4 个应用实例的不同工程特性，提出了台后楔形柔性搭板设计方案，并进行了系统的承载板试验、弯沉试验及路面工后沉降观测，在此基础上，与搭板过渡措施进行了效果对比，通过对现场测试数据的分析，可以得出以下结论：

（1）承载板试验和弯沉试验结果表明：楔形柔性搭板布置区的强度和刚度相对于未布置区均有较大提高，从而改善了台背填土扩散荷载和抗变形的能力，减小桥头的差异沉降。

（2）路面工后沉降观测值表明，楔形柔性搭板处治技术能很好地协调路桥过渡段的沉降差，减小总沉降值，从而消除了差异沉降病害，达到了处治目的。

（3）台背采用土工格室楔形柔性搭板方法加固，填料可就地取材，对于缺乏换填料地段的台背处理不仅经济效益显著，其处治效果也能满足要求。

参 考 文 献

[1] 沙庆林. 公路压实与压实标准[M]. 3版. 北京：人民交通出版社, 1999.

[2] Briaud Jean-Louis, Maher, Stephen F. Bump at the end of the bridge[J]. Civil Engineering, 1997, V67(5): 68-69.

[3] Long J H, Olson S M., Stark T D., et al. Differential movement at embankment-bridge structure interface in Illinois[J]. Transportation Research Record, 1998, 1633:53-60.

[4] 冯忠居, 方贻立, 龚坚城, 等. 高等级公路桥头跳车的危害及其机理的分析[J]. 西安公路交通大学学报, 1999,19(4):33-35.

[5] 张洪亮, 胡长顺. 路桥过渡段桥头搭板容许坡差确定的参数影响[J]. 长安大学学报, 2003,23(3):11-14.

[6] 叶见曙, 赖国麟, 蒋爱祥, 等. 宁通一级公路扬江段桥头搭板的调查与分析[J]. 华东公路, 1995,6:27-30.

[7] 叶见曙. 桥头引道工后沉降控制标准的研究[J]. 东南大学学报, 1997,27(3):14-19.

[8] Allen D L. A Survey of the states on problems Related to Bridge Approaches[J]. Kentucky Transportation Center Research Report, 1985, V1(UKTRP-85-25).

[9] Ardani A. Bridge Approach Settlement[R]. Report NoCDOH-DTP-R-87-06, Colorado Department of Highwats, 1987.

[10] Smith T. Bridge Approach Settlement and Proposed Repairs, Natchez Trace[R]. Washington, D.C.: Federal Highway Administration.

[11] Hopkins T C. Long-term Movements of Highway Bridge Approach Embankments and Pavements[R]. Research Report UKTRP-85-12, Kentucky Transportation Research Program, 1985.

[12] Hunt H E. M., Settlement of railway track near bridge abutments[J]. Proceedings-ICE: Transport, 1997, V123(1):68-73.

[13] TRB, NCHRP. Synthetic of Highway Practice 2: Bridge Approach Design and Construction Practices[M]. Washington, D.C: Transportation Research Board, 1969.

[14] 程翔云. 桥头跳车防治综述[J]. 公路, 1997(12):1-7.

[15] 王明怀. 高等级公路桥头跳车病害的成因与防治措施研究[J]. 华东公路, 1996(1):31-35.

[16] 秦禄生. 高等级公路桥头跳车成因及处治对策[J]. 国外公路, 1999,19(1):35-39.

[17] 周志刚, 郑健龙, 李强. 土工格网处理填挖交界路基非均匀沉降的机理分析[J]. 岩土工程学报, 2002,24(5):576-579.

[18] 郑传超, 胡长顺, 王秉纲. 高等级公路路桥(涵)过渡段研究：唐港高速公路建设实践与认识[M]. 北京：人民交通出版社, 2003.

[19] Muzas Labad F. Behaviour and design of transitional slabs[J]. Revista de Obras Publicas, 2000, V147(3397):51-56.

[20] Wong H K W, Small J C. Effect of orientation of approach slabs on pavement deformation[J]. Journal of Transportation Engineering, 1994, V120(4):590-602.

[21] 陈鹏, 郑传超. 路桥过渡段搭板受力分析[J]. 西安公路交通大学学报, 1998,18(3B):104-111.

[22] 王康. 关于桥头搭板的设计和计算问题[J]. 河北工学院学报, 1995,24(1):12-20.

[23] 刘文全, 邵容光. 桥头搭板受力分析[J]. 东北公路, 1993,000(002):36-39,82.

[24] 王淑波,赖国麟. 斜交桥头搭板受力分析[J]. 中国公路学报,1996,9(3):47-54.
[25] 张巍. 样条子域法在桥头搭板内力分析中的应用[J]. 太原理工大学学报,1999,30(5):532-536.
[26] 王淑波,赖国麟. 桥头搭板配筋的新方法[J]. 华东公路,1996(5):18-21.
[27] 罗隆辉. 内宜高速公路内江至自贡段桥头搭板设计的修改[J]. 西南公路,1997(3):42-44.
[28] 杨成学,严长卿. 桥头搭板的新型设计[J]. 河南交通科技,2000,20(2):7-8.
[29] 马炽藩,王盛源. 可抬升式桥头搭板处理桥头跳车[J]. 广东公路交通,2001(3):38-39.
[30] 孙江,孙宗君. 桥头搭板脱空后压浆补强技术应用[J]. 华东公路,1997(4):26-28.
[31] 苏检来,李健. 化学灌浆在高速公路施工中的应用[J]. 湖南交通科技,2001,27(2):81-82.
[32] Wu J T H, Helwany H B. Alleviating Bridge Approach Settlement with Geosynthetic Reinforcement[C]. The Hague, Netherlands: A A Balkema,1990:107-111.
[33] Abu-Hejleh N, Wang T, Zornberg J G. Performance of Geosynthetic-Reinforced Walls Supporting Bridge and Approaching Roadway Structures[C]. Geotechnical Special Publication, 2000:218-243.
[34] Price J T, Sherman W F. Geotextiles eliminate approach slab settlement[J]. Public Works, 1986, V117(1):58-59.
[35] 高燕希,陈永福,张起森. Netlon 土工网在公路桥头跳车处理中的室内研究与分析[J]. 长沙交通学院学报,1995,(30):43-49.
[36] 陈永福,高燕希,张起森. Netlon 土工网在高等级公路跳车处理中的试验研究[J]. 土木工程学报,1996,(1):41-47.
[37] 喻泽红,韩理安. 土工网处理桥头差异沉降的有限元分析[J]. 岩土工程学报,1996,18(6):24-30.
[38] 喻泽红,张起森. 土工网与土相互作用机理的有限元分析[J]. 岩土工程学报,1997,(03):79-85.
[39] 周志刚,郑健龙,宋蔚涛,等. 土工格网处理桥头跳车的设计、施工与检测[J]. 公路,2000(08):12-15.
[40] 张连成. 土工格栅处理桥头跳车的应用研究[D]. 重庆:重庆交通学院,2002.
[41] 张志强. 土工格网处理桥头跳车的优化设计[D]. 长沙:长沙交通学院,2001.
[42] 孙吉苏. 加筋粉煤灰治理桥头跳车病害的研究[D]. 天津:河北工业大学,2002.
[43] 冯光乐,凌天清,许志鸿,等. 土工合成材料处理桥头过渡段路基离心模型试验研究[J]. 公路交通科技,2003(05):10-14.
[44] 冯光乐,许志鸿,凌天清. 台背回填加筋竖向间距设计方法研究[J]. 同济大学学报(自然科学版),2003(11):1299-1303.
[45] 冯光乐. 桥头引道沉降标准及台背回填加筋应用研究[D]. 上海:同济大学,2002.
[46] 中华人民共和国行业标准. 土工合成材料应用技术规范:GB 50290—2014[S]. 北京:中国计划出版社,2015.
[47] 田小革,应荣华,张起森. 应用土工格栅处理软土地基上的桥头跳车问题[J]. 岩土工程学报,2000(06):744-746.
[48] 黄庆,王桂尧. 桥头跳车的几种处理方法及适用条件[J]. 中南汽车运输,2000(03):27-29.
[49] 蒋功雪. 高等级公路台背回填设计与施工的探讨[J]. 中国公路学报,1995(02):19-24,52.
[50] Rygg N O, Sorlie A, Polystyrene foam olystyrene foam for lightweight road embankment[J]. Proceedings of the International Conference on Soil Mechanics and Foundation Engineering, 1981, V2:247-252.
[51] 洪显诚,杨航宇,朱赞凌,等. EPS 材料在桥头软基处理中的试验研究[J]. 桥梁建设,2001(04):5-7.
[52] 刘松. 粉煤灰在处理桥头跳车上的应用[J]. 交通科技,2000(04):19-21.
[53] 赵可. 桥头跳车病害综合治理研究[R]. 天津:天津市市政工程研究院,2001-11-30.
[54] 刘绍云,杨春巍,张学. 渐变混凝土桩根治桥头跳车的理论浅析[J]. 东北公路,1999(03):57-62.

[55] 刘代全,刘晓明,龙正聪.桥头跳车力学分析及台背刚柔过渡设计参数[J].公路,2002(06):81-84.
[56] Holmberg, Soren. Bridge approaches on soft clay supported by embankment piles[J]. Geotechnical Engineering, 1979,V10(1):77-89.
[57] 郭院成,周同和,刘海涛.路基工后沉降变形控制新技术与桥头跳车处理[C]//中国土木工程学会.中国土木工程学会第九届土力学及岩土工程学术会议论文集(下册).北京:清华大学出版社,2003:5.
[58] 周志刚,郑健龙,宋蔚涛.土工格栅加筋柔性桥台的机理分析[J].中国公路学报,2000(01):21-24.
[59] Tatsuoka F, Tateyama M, Uchimura T, et al. Some recent permanent geosynthetic-reinforced soil structures in Japan[C]//中国土木工程学会.中国土木工程学会第九届土力学及岩土工程学术会议论文集(上册).北京:清华大学出版社,2003:18.
[60] 王海鸣,陈思德,张一工.软基桥台型式的探讨[J].华东公路,2002(05):49-52.
[61] 谢永利.公路建设中的岩土工程问题.岩石力学新进展与西部开发中的岩土工程问题[M].北京:中国科学技术出版社,2002.
[62] 王亦麟.软土地基桥头跳车处理探讨[J].公路交通科技,2000(01):30-32+40.
[63] 陈显荣.桥头跳车的防治与处理[J].国外公路,1999(01):40-42.
[64] 谢晓华,柳和气,苏贵臣,等.粉喷桩在桥台引道段软基处理中的效果分析[J].广东公路交通,2001(03):18-20.
[65] Stewart C F. Highway Structure Approachs[M]. Calofornia Department of Transportation, 1985.
[66] Rajiagopal K, Krishnaswamy N R, et al. Behaviour of Sand Confined with Single and Multiple Geocells[J]. Geotextiles and Geomembranes, 1999,V17(3):171-184.
[67] Sujit Kumar Dash, et al. Bearing Capacity of Strip Footings Supported on geocell- reinforced sand[J]. Geotextiles and Geomembrances, 2001,V19(4):235-256.
[68] Richard J B, et al. Analysis of Geocell Reinforced-soil Covers over Large Span Conduits[J]. Computers and Geotechnics, 1998,V22(3):205-219.
[69] 欧阳仲春.现代土工加筋技术[M].北京:人民交通出版社,1990.
[70] 铁道部第一勘测设计研究院.土工格室处理盐渍土、沼泽地区、软弱地基探讨与研究,1996.
[71] 梅卫国.土工格室加固风积砂研究[D].西安:西安公路交通大学,1998.
[72] 黄文熙.土的工程性质[M].北京:水利水电出版社,1983.
[73] 谢康和,周健.岩土工程有限元分析理论与应用[M].北京:科学出版社,2002.
[74] 郑颖人,沈珠江,龚晓南.岩土塑性力学原理[M].北京:中国建筑工业出版社,2002.
[75] 刘祖典,党发宁.土的弹塑性理论基础[M].北京:世界图书出版公司,2002.
[76] 龚晓南.土塑性力学[M].2版.杭州:浙江大学出版社,1997.
[77] 谢永利.大变形固结理论及其有限元法[M].北京:人民交通出版社,1998.
[78] 周志刚,郑健龙.公路土工合成材料设计原理及工程应用[M].北京:人民交通出版社,2001.
[79] 黄晓明,朱湘.公路土工合成材料应用原理[M].北京:人民交通出版社,2001.
[80] 钱家欢,殷宗泽.土工原理与计算(第二版)[M].北京:中国水利水电出版社,1996.
[81] 沈珠江.理论土力学[M].北京:中国水利水电出版社,2000.
[82] 交通部公路司.公路工程质量通病防治指南[M].北京:人民交通出版社,2001.
[83] 土工合成材料工程应用手册编写委员会.土工合成材料工程应用手册[M].北京:中国建筑出版社,1994.
[84] 中华人民共和国行业标准.公路软土地基路堤设计与施工技术规范:JTJ 017—1996[S].北京:人民交通出版社,1996.
[85] 中华人民共和国行业标准.公路养护技术规范:JTJ 073—1996[S].北京:人民交通出版社,1996.

[86] 孙钧,迟景魁. 新型土工材料与工程整治[M]. 北京:中国建筑工业出版社,1998.
[87] 龚晓南. 地基处理手册[M]. 2版. 北京:中国建筑工业出版社,2000.
[88] 李峻利,姚代禄. 路基设计原理与计算[M]. 北京:人民交通出版社,2001.
[89] 交通部第二公路勘察设计院. 公路设计手册(路基)[M]. 2版. 北京:人民交通出版社,1996.
[90] 铁路第一勘察设计院. 铁路工程设计技术手册(路基)[M]. 北京:中国铁道出版社,1996.
[91] 高大钊. 岩土工程的回顾与前瞻[M]. 北京:人民交通出版社,2001.
[92] 龚晓南. 复合地基理论及工程应用[M]. 北京:中国建筑工业出版社,2002.
[93] 吴世明,杨挺,等. 岩土工程新技术[M]. 北京:中国建筑工业出版社,2001.
[94] 王勖成,劭敏. 有限单元法基本原理和数值方法[M]. 2版. 北京:清华大学出版社,1996.
[95] 陈火红. MARC有限元实例分析教程[M]. 北京:机械工业出版社,2002.
[96] 曾锡庭,于志强. 土工格室及其应用[J]. 中国港湾建设,2001(02):33-37.
[97] 杨晓华. 土工格室加固饱和黄土地基性状及承载力[J]. 长安大学学报(自然科学版),2004(03):5-8.
[98] 顾良军. 土工格室结构层工程性状试验研究[D]. 西安:长安大学,2004.
[99] 中华人民共和国行业标准. 土工合成材料 塑料土工格室:GB/T 19274—2003[S]. 北京:中国标准出版社,2003.
[100] 杨晓华. 土工格室处理软化基床室内模型试验研究报告[R]. 西安:西安公路交通大学,1996.
[101] 刘俊彦,罗强. 土工格栅、土工格室加筋垫层对软土地基沉降控制效果的有限元分析[J]. 铁道标准设计,2002(12):5-7+0.
[102] 王炳龙,周顺华,宫全美,等. 不同高度土工格室整治基床下沉病害的试验研究[J]. 岩土工程学报,2003(02):163-166.
[103] 杨晓华,俞永华. 土工格室在太古公路路基不均匀沉降病害处治中的应用[J]. 重庆交通学院学报,2004(05):27-29+111.
[104] 俞永华. 桥头楔型柔性搭板作用性状的仿真分析[D]. 西安:长安大学,2002.
[105] 马卓军,张兴彦,贾振功. 土工格室加筋粘性土的强度特性研究[J]. 公路,2000(10):34-35.
[106] 曹新文,蔡英,苏谦. 土工格室和土工网改善基床动态性能模型试验[J]. 西南交通大学学报,2001(04):350-354.
[107] 苏谦,蔡英. 土工格栅、格室加筋砂垫层大模型试验及抗变形能力分析[J]. 西南交通大学学报,2001(02):176-180.
[108] 傅舰锋. 土工格室柔性结构层力学性状的试验研究[D]. 西安:长安大学,2002.
[109] 巴仁基. 路桥过渡段路基病害特征与处治对策研究[D]. 西安:长安大学,2005.
[110] 林法力. 台后路基处治技术大比尺模型试验研究[D]. 西安:长安大学,2006.
[111] 杨晓华. 土工格室工程性状及应用技术研究[D]. 西安:长安大学,2005.
[112] 牛思胜. 沿河公路路基冲刷理论及防护研究[D]. 西安:长安大学,2000.
[113] 俞永华. 路桥过渡段差异沉降处治技术研究[D]. 西安:长安大学,2005.
[114] 李又云. 同时考虑加荷、变形和时间的公路软基固结沉降理论及仿真的研究[D]. 西安:长安大学,2000.
[115] 张宏光. 楔型柔性搭板作用性状的模型试验与仿真分析[D]. 西安:长安大学,2004.
[116] 牛思胜. 黄土地区台后跳车柔性搭板处治技术研究[D]. 西安:长安大学,2006.